최신 인간행동과 사회환경

최신

인간행동과 사회환경

김윤배 · 간호옥 · 김민정 · 시옥진 · 김성수 공저

동문사

머리말

하나의 인간행동에는 다양한 행동요인과 환경요인이 연계되어 있다. 인간행동의 원인을 찾고, 설명하고, 이해하기 위해서는 단일한 하나의 원인으로 행동을 설명하는 것은 불가능한 일이다. 다양한 사회적 환경, 심리적 요인, 발달상의 특성 등을 고려해야 한다. 더욱이 현대사회는 빠른 속도로 변화하고 있다. 정보통신과 교통수단의 발달로 인해 전 세계적으로 사람, 지식, 상품 등이 지속적으로 이동하고 있어 인간을 둘러싼 사회환경은 기존의 어떤 변화속도보다 빠르게 변화하고 있다. 사회환경에 대한 이해의 중요도가 높아지고 있는 것이다.

Human Behavior and Social Environment

'인간행동과 사화환경'은 주로 사람이 사람을 돕는 '휴먼서비스'분야에서 공부하는 학생들을 대상으로, 강의를 위한 교재로 활용하고자 초점을 맞추고 집필하였다. 인간행동과 사회환경은 사회복지, 교육, 의료, 심리학, 경영학 등 다양한 학문에서 인간의 행동을 이해하고, 인간의 행동을 변화시키는 데 도움이 될 수 있다.

'인간행동과 사회환경'은 사회복지 교과과정에서 사회복지사들이 사회복지를 실천하기 위한 지식을 제공하는 중요한 기초과목이다. 인간관계에 관한 과학적 지식과 체계적인 기술을 바탕으로 학문을 연구하고 실천하는 분야로 이 과목을 통해 얻은 지식과 경험이 어우러져 효과적인 사회복지서비스를 제공하길 바란다.

이 책은 위의 내용을 기본적으로 구성하여 총 13장으로 구성하였다. 1부에서는 발달적 관점의 인간행동에 대한 내용으로 1장에는 인간행동과 발달, 2장에는 생애주기별 발달단계인 태내기와 영아기, 3장에는 유아기와 아동기, 4장에는 청년기와 성년기, 5장에는 중년기와 노년기로 나누어 설명하였다.

2부에서는 인간행동에 관한 주요 이론으로 6장에는 프로이트의 정신분석이론과 에릭슨의 심리사회적 발달이론, 7장에는 융의 분석심리와 아들러의 개인심리이론, 8장에는 파블로프의 고전적 조건화와 스키너의 조작적 조건화 그리고 반두라의 관찰학습이론으로 구성하였다. 9장에는 피아제의 인지발달과 콜버그의 도덕성 발달, 10장에는 매슬로의 욕구위계이론과 로저스의 인간중심이론으로 기술하였다.

3부에서는 사회환경과 사회체계에 관한 내용으로 11장은 체계이론과 12장은 사회 주요체계, 13장은 사회환경의 이해로 기술하였다.

이 책을 출간하기 위해 많은 학자와 연구자들의 자료를 활용하였으며, 선행 연구를 하신 연구자에게 감사드린다. 그리고 책 출판을 위해 수고를 아끼지 않으신 동문사 이중수 사장님과 관계자 여러분께 감사를 표하고자 한다.

2025년 1월
저자 일동

차례

PART 01

발달적 관점의 인간행동

CHAPTER

01

인간행동과 발달

1. 인간과 사회를 보는 사회복지의 기본 가치

사회복지학은 가치 중심의 실천학문으로 ‘인간의 존엄성’이라는 기본가치에 입각해서 실천한다. 인간의 존엄성은 인간의 권리를 존중하고 보장하는 사회복지의 실천과 연관되어 있다. 사회복지는 취약계층과 소외계층 등 사회적 약자의 욕구해소와 문제해결을 위해 노력해왔다. 사회복지 주요 서비스 대상자들의 인권과 권리의 보장은 사회복지실천에서 중요한 가치로서 사회복지 교육과 사회복지실천에서의 기본가치로 인권은 지속적으로 강조되어 왔다(장수복 외, 2024).

인권은 국적이나 인종, 문화, 연령, 성별 또는 그 밖의 어떤 것과도 무관하게 모든 사람에게 적용되는 것으로서 주장되는 권리를 의미한다. 「헌법」 제10조에는 “모든 국민은 인간으로서의 존엄과 가치를 가지며, 행복을 추구할 권리를 가진다. 국가는 개인이 가지는 불가침의 기본적 인권을 확인하고 이를 보장할 의무를 진다”라고 명시되어 있다. 모든 사람들은 인간으로 존중받고, 인간답고 행복한 삶을 살아갈 권리를 가지며, 국가는 개인의 인권을 보장해야 하는 의무가 있다.

국가는 인권의 보장을 통한 인간의 존엄성과 삶의 질의 향상을 위해 법과 제도를 통해 노력해 왔다. 사회복지도 이러한 노력의 일환이다. 인권에 대한 이해와 구체적인 실천적 담론을 통해 복지분야의 새로운 방향을 제시하며, 복지가 개인적이고 추상적인 인간이 아닌 공동체 구성원으로서의 구체적 인간의 존재를 인식하게 하고, 인권이 내포하고 있는 인간의 존엄, 자유와 평등과 같은 인권 사상은 욕구 중심의 복지에서 권리 중심의 복지로 잔여적 복지에서 보편적 복지로 나아가는 데 이념적 근거가 된다고 보는 것이 바람직하다(임경옥 외, 2018).

사회복지사의 윤리강령에도 인권실천의 내용이 담겨 있다. 윤리강령에 따르면 “사회복지사는 인본주의·평등주의 사상에 기초하여, 모든 인간의 존엄성과 가치를 존중하고 천부의 자유권과 생존권의 보장 활동에 헌신한다"고 하였다. 여기에서 천부의 자유권과 생존권은 인권의 하위 범주로 해석이 가능하다(손병돈 외, 2008).

사회복지사들은 빈곤가정, 한부모가족, 조손가족, 다문화가족 등 다양한 가족의 형태, 북한이탈주민과 외국인 노동자의 유입, 노인, 장애인, 성적 소수자 등 다양한 개인과 가족의 특성을 존중하고 권리를 보장하기 위한 노력이 필요하다. 이러한 인권에 바탕을 둔 실천은 사회복지실천의 기본원칙인 개별화, 수용, 비심판적 태도, 통제된 정서적 관여, 비밀보장 등의 원칙과도 연결된다.

사회정의(social justice)는 사회복지사 윤리강령의 핵심가치로써 사회적으로 취약한 계층에 있는 사람들을 위하여 일하고 그들과 함께 사회적 변화를 추구하는 것을 의미한다(엄태완 외, 2012).

일반적으로 사회정의는 절차상의 정의, 실질적인 정의, 능동적 과정으로써의 정의 측면에서 다음과 같이 살펴볼 수 있다(윤철수 외, 2018). 절차상의 정의는 법률에서 정한 합법적인 절차를 강조하고, 실질적인 정의는 결과로써의 분배적 정의를 강조한다. 또한 능동적 과정으로써의 정의는 불의한 현상을 예방하고 치료하는 사회적 과정을 강조한다. 사회복지에서는 실질적인 정의와 능동적 과정으로써의 정의를 강조하며, 사회적으로 보다 나은 처우와 권한 및 자원의 배분이 이루어지도록 노력한다.

사회복지실천과 정책의 방향은 사회정의의 실현을 위해 빈곤, 자원과 정보에서의 배제, 신체적·정신적 장애, 기회 및 자원의 박탈, 사회적 소외와 차별 등의 문제를 해결하고 예방하도록 노력해야 한다. 이를 위해 사회복지사는 부조리한 사회환경에 대한 이해와 인종이나 문화적 다양성에 대한 이해와 민감성을 증진시켜야 한다.

NASW 윤리강령에 의하면 전문직으로서의 사회복지사의 윤리적 책임에는 '인종·민족·국적·피부색·성별·성적지향·연령·혼인상태·정치적 신념·종교·정신적 또는 신체적 장애로 인한 어떠한 유형의 차별도 행하거나 이를 묵과·조장·협조하여서는 안 된다'는 내용이 포함되어 있다. 사회복지사는 사회

정의와 인간의 존엄성이라는 기본 가치를 바탕으로 인간의 천부적 권리를 보장하기 위하여 부조리한 환경과 사회문제를 이슈화하여 대중의 관심을 이끌어 내고, 클라이언트 집단을 조직화하고 클라이언트 집단과 협력하며, 클라이언트를 대변하고 옹호하는 역할을 수행한다.

2. 인간행동

1) 인간행동의 개념

인간행동이란 인간이 동작으로 행하는 일로서 자극에 대한 근육반응 또는 내분비선의 작용상태를 말한다. 심리학에서 인간행동은 내·외적 자극에 대해 반사적, 본능적인 동작의 반응을 의미한다(유수현 외, 2015a; 노수희, 2023). 사회복지는 인간에 대한 사회적 기능 향상과 안녕 및 삶의 질을 높이는 것과 밀접한 관련이 있으며 실천에서 매우 중요한 개념이다. 따라서 모든 사회복지실천 활동은 필연적으로 인간에 대한 이해를 바탕으로 접근할 수밖에 없다. 인간행동이 사회복지실천에서 중요한 이유는 사회복지사가 사회복지실천에 참여하는 모든 사람들의 행동에 주목해야 하기 때문이다. 따라서 사회복지전문직에서는 인간을 돕는 실천행위를 하기 이전에 반드시 인간에 대한 정확한 이해를 갖추어야 한다.

일반적으로 인간행동은 겉으로 드러난 인간의 신체적 움직임을 말한다. 그러나 심리학에서는 외부로부터 관찰할 수 있는 신체적 행동뿐만 아니라 사고나 인지과정과 같은 심리적, 정신적 행동까지를 포함한다. 그러므로 인간행동은 여러 가지 형태로 나타난다. 즉, 신체적 행동으로는 언어, 비언어적인, 표정, 가벼운 손놀림, 일 등을 들 수 있다. 정신적, 심리적 행동으로는 느낌, 스트레스, 우울, 불안 등이 있다. 이러한 행동은 특정한 목적을 위해 일시적으로 일어나기도 하고 무의식적으로 나타나기도 한다. 예를 들어, 클라이언트(client)가 약속하고 사회복지사를 만나러 가는 것은 의식적인 행동이지만 면접 중 클라이언트가 사회복지사에게 하는 비언어적인 하품, 발을 떠는 행위, 입에 손을 가져가는 행위 등은 무의식적 행동이다. 또한 인간행동은 자극에 의해 일어나기 때문에 이런 자극을 일으키는 행동을 동기라고 부른다. 이러한 자극을 사회복지실천에서는 개인의 욕구라고 말하기도 한다(표갑수 외, 2021).

인간행동은 생애발달단계별로 상이한 특성을 가지고 있다. 즉, 유아기, 아동기, 청소년기, 성인기, 장년기, 노년기와 같은 각 발달단계마다 인간행동은 특이하고 다른 성격을 가지고 있다. 그렇기 때문에 사회복지의 각 분야를 위한 지식으로는 발달연령에 따른 신체적·심리적·사회적 변화를 이해함으로써 구체적인 인간이해에 도달해야 한다. 최근 사회복지실천에서는 개인의 무한한 능력과 다양한 체계수준의 환경 간 영향을 고려하여 인간행동을 파악하려는 시도가 다양한 이론적 수준에서 이루어지고 있다(이영호 외, 2018). 인간행동은 문화, 태도, 정서, 가치, 윤리, 유전, 환경 등에 영향을 받은 인간에 의해 표출된 행위이고, 그 행위는 본능, 욕구, 충동, 분노, 기쁨, 절망 등의 내적 상태를 포함한다.

2) 인간행동 이해의 관점

인간행동은 주로 개인의 성격에 의해 결정되므로, 인간행동을 이해하기 위해서 인간발달뿐만 아니라, 인간의 성격을 이해하여야 한다. 성격이란 개인의 사고, 감정, 행동의 결정요인으로 지속적, 통합적인 정신기제로서 생리적 욕구나 환경적 자극만으로는 설명할 수 없다(노수희, 2023). 즉, 개인의 독특한 성질이며, 타인과 구분 지어주는 개인적의 내적 속성이다. 동일한 상황에 처해 있어도 사람의 성격 차이에 따라 다른 방식으로 생각하고 반응한다. 이러한 성격은 시간이 지나가고 상황이 바뀌어도 비교적 일관되고 안정된 특성을 보인다. 개인의 성격을 이해하면 왜 그가 그런 방식으로 행동하는지 그 이유를 알 수 있으며, 앞으로의 행동변화를 예측하고, 바람직한 행동으로 변화시킬 수 있는 방법까지도 모색할 수 있게 된다. 즉, 사회복지실천의 기초가 되는 인간행동의 이해를 위해서는 성격에 관한 정확한 이해를 갖추어야 한다(권중돈, 2021).

인간행동을 이해하고자 하는 접근 중에서 19세기 후반부터 20세기 초까지의 정신분석 관점은 무의식에 저장된 아동의 초기 경험들의 기억이 인생을 통해서 행동에 지속적으로 영향을 준다는 입장이다. 또한 행동주의 관점은 정신적 경험과는 달리, 행동은 눈앞에서 관찰, 경험될 수 있는 객관적이고 실험적인 측면으로 다른 사람들에게 증명되어야 한다고 강조한다. 그러므로 인간행동에 관한 이해는 눈으로 드러난 행동, 특정 체계 안의 개인 간 상호작용, 즉 과거의 생활력, 부모의 영향 등으로 한정하여 이해하고 있다. 이러한 초기 관점은 인간의 자율성과 변화 가능성 그리고 다양한 주변 환경으로부터의 영향을 고려하지 않음으로써 인간행동을 편향되게 이해하고 편향된 이해를 바탕으로 개입, 실천할 수밖에 없었다.

20세기 중반에 이르러서는 인간행동에 대한 이해의 관점은 인본주의 심리학과 사회체계이론들의 관점으로 주를 이룬다. 인간행동의 원천은 자유의지에 있으며, 인간이 경험한 것에 대한 긍정적인 면에 중점을 두고, 개인이란 체계는 집단, 지역사회, 국가 등 상위체계와 상호작용하고 영향을 주고받는다고 설명한다. 인간행동에 대한 이해의 관점은 초기에는 눈으로 드러난 행동에 그리고 특정체계 안에서 개인 간 상호작용에만 한정하여 인간행동에 관한 이해가 이루어졌다. 그러나 최근에는 관련 이론의 발달과 함께 개인의 무한한 능력과 다양한 체계수준의 환경 간 영향을 고려하여 인간행동을 이해하게 되었다(표갑수 외, 2021).

3) 인간행동의 유형

인간행동은 눈에 보이는 외부로 표현된 행동, 눈에 보이지 않는 내면의 행동, 그리고 내면에 존재하지만 의식하지 못하는 무의식이라는 정신세계로 구분된다. 즉, 인간행동이라고 하면 이 세 가지 모두를 포함하여 행동의 개념으로 이해하여야 한다. 그 내용은 다음과 같다(이우언 외, 2017; 노수희, 2023).

(1) 외현적 행동

눈에 보이는 외현적 행동은 늘 접하게 되는 인간의 일상적인 행동들이다. 즉, 웃고 말하고, 걷고, 달리는 것과 같은 행동들을 의미한다. 이러한 행동들은 왓슨(Watson), 파블로프(Pavlov), 스키너(Skinner)와 같은 행동주의이론에 관심을 갖고 연구를 한 주제이다. 행동주의이론에서는 행동을 '자극과 반응의 결합 혹은 연합', 즉 조건화된 반응을 통해서 학습된 결과로 본다. 행동주의는 어떤 방식으로 행동이 조건화가 되는지에 관심을 가졌으며, 환경과 자극에 의해서 조건화가 된다는 것이 이들 이론의 핵심이다. 따라서 인간행동의 대부분은 환경에 의해 조건화되었으며, 환경적인 조건의 변화를 통해서 행동을 변화시킬 수 있다는 이론이다. 이들의 이론을 적용한 행동변화를 '행동수정(behavior modification)기법'이라고 한다.

기본적으로 인간의 대부분은 자신의 욕구를 해소하려고 행동하는데, 욕구가 충족되지 않으면 문제가 발생한다. 사회복지서비스는 주로 인간의 충족되지 못한 욕구를 만족시켜 삶의 질을 향상시키려는 목표를 이루고자 하기 때문에 사회복지사는 대상자의 행동으로 기본적인 인간욕구에 대한 이해가 필요하다.

(2) 내현적 행동

내현적 행동은 인간행동 중에 내면의 정신활동 혹은 정신활동의 틀로서 작동하는 신념, 태도, 가치관 등을 의미한다. 내면의 정신활동은 굉장히 광범위한 스펙트럼의 심리현상이므로 단일한 하나의 행동으로 규정짓기는 어렵고 불가능하다. 정신활동은 사고, 인지, 의식, 신념, 태도, 가치관 등과 같이 정신활동의 내용으로 구분되고 또는 특정한 분야를 중심으로 설명되고 있다. 정신활동을 발달적 관점으로 분석한 이론에는 '인지발달', '도덕성 발달'과 같은 이론들이 있다. 인간행동의 원인으로서 행동에 영향을 미치는 정신활동들이 개인의 내현적 행동 등으로 연구된다. 이 내현적 태도가 외현적으로 나타난 반응이 행동이며. 이러한 태도는 경험을 통해 체계화된 심리적 행동의 준비 상태로 현재 상황과 의식적 동기의 영향을 고려한 경험적 방법론에서 나오는 산물이라고 보았다(Allport 외, 1967).

(3) 무의식

정신활동을 의식과 무의식으로 구분하고 무의식의 중요성을 다룬 연구는 프로이트(Freud)의 정신분석이론이다. 정신분석이론은 인간행동의 원인을 무의식적 소망 또는 욕망으로 전제한다. 행동의 원인을 찾아 설명하고 이해하기 위해서는 무의식이 행동에 미치는 영향을 모르면 불가능하다. 프로이트는 “무의식적 욕망은 성적 욕망과 공격적 욕망 두 가지가 있으며, 생의 본능은 바로 성적 욕망”이라고 주장하였다. 즉, 인간의 삶을 지배하는 모든 행동의 원인은 ‘성적 욕망’이기 때문에 성적 욕망과 행동과의 관련성을 인지하지 못하면 행동을 이해할 수가 없다는 이론이다.

정신적인 문제인 불안이나 신경증 등의 문제는 바로 성적 욕망을 지나치게 억압함으로써 기인한 문제로 본다. 즉, 억압된 성적 욕망이 언제 분출되어 나올지 모른다는 막연한 불안이 정신적인 문제의 하나인 ‘불안’의 원인이라고 진단한다. 따라서 정신적인 건강을 위해서는 자신의 욕망을 억압하는 것이 아니라, 적절하게 잘 해소해야 한다.

정신분석이론은 인간의 성격 또는 인격은 5세 이전의 성적 경험에 의해서 결정된다고 가정하기 때문에 인생의 초기 경험(5세 이전)을 매우 중요하게 고려한다. 만일 성격의 문제가 있다면 이것은 5세 이전의 성적 경험의 문제로 귀인 되기 때문에 과거의 경험을 분석하여야 한다고 설명한다. 특히, 과거의 경험 중에 상처가 된 경험은 우리의 삶에 지속적으로 영향을 미친다고 주장한다.

4) 인간행동이해를 위한 심리학의 주요 관점

인간의 행동은 너무나 다양하고 복잡하기 때문에 인간의 행동을 쉽게 이해하기란 어쩌면 불가능한 일일 수도 있다. 인간의 행동을 분석하고 이를 통해서 인간을 과학적으로 이해해 보고자 하는 학문분야가 바로 '심리학'이다. 독일에서 시작된 심리학은 '인간의 행동을 과학적 방법으로 연구'하는 학문으로 출발하였다. 다른 사회과학 분야의 학문에 비해서 역사가 매우 짧다. 심리학의 목표는 '인간이해'이다. 심리학은 인간을 이해하기 위해서 무엇을 주제로 어떤 방법으로 인간을 연구하는 것이 최선의 방법이 될 것인지를 두고 연구를 해왔다. 그 결과는 완벽한 인간이해를 위한 방법을 찾아내기보다는 다양한 관점의 인간이해의 방법들을 제안하고 있다. 이런 관점이 바로 인간을 이해하기 위한 다양한 심리학이론으로 자리를 잡고 있다. 이들 이론이 인간이해를 위한 하나의 단일한 최선의 방법이 아니라 각각의 방법이 나름대로의 장점과 단점을 지니고 특정한 인간의 행동에 더 적합한 형태로 존재하고 있다.

다시 말해서 인간의 외현적 행동을 중시하는 '행동주의', 인간의 사고를 중요시하는 '인지주의', 그리고 과학적 방법으로 인간을 분석하고 탐구하기보다는 각각의 인간의 독특성에 관심을 두는 '인본주의' 등으로 발전해 왔다. 따라서 사회복지사는 어느 하나의 단일한 이론이 아니라 인간을 이해하기 위한 심리학의 다양한 관점을 학습하고 이를 바탕으로 보다 객관적이고 합리적으로 인간을 이해할 수 있는 능력을 갖추어야 한다. 여기에서는 인간이해를 위한 심리학의 대표적인 주요 관점들을 간단히 정리하고자 한다(윤경원 외, 2022).

(1) 정신분석주의 관점의 인간이해

정신분석주의는 19세기 후반에 오스트리아의 정신과 의사인 프로이트에 의해서 만들어진 심리학파이다. 정신분석주의는 인간의 정신을 의식과 무의식으로 구분하였으며 의식보다는 무의식이 중요하다고 가정하였다. 즉, 인간의 행동을 결정하는 동기는 의식이 아니라 우리가 알지 못하는 무의식이다. 따라서 인간의 행동을 이해하기 위해서는 행동의 원인이 되는 무의식이 어떻게 행동에 영향을 미치는지를 알아야 한다고 주장한다.

(2) 행동주의 관점의 인간이해

행동주의는 러시아의 심리학자 파블로프(Pavlov), 미국의 심리학자 왓슨(Watson)에 의해서 만들어진 학파로 이들의 이론을 고전적 조건형성이론이라 한다. 이후에 미국의 심리학자 스키너(Skinner)에 의해 발전된 이론은 조작적 조건형성이론이다. 이들 이론은 보이지 않는 정신을 연구하는 것은 과학적이지 못하며, 따라서 정신연구를 통한 인간이해는 불가능하다고 간주하였다. 따라서 이들은 인간을 과학적으로 연구할 수 있는 유일한 방법은 눈으로 볼 수 있고 측정이 가능한 외현적 행동뿐이라고 주장하였다.

외현적 행동만을 정확하게 분석하고 행동의 원인을 밝혀내면 인간을 이해할 수 있다고 가정하였다. 따라서 이들을 행동주의라고 부른다. 행동주의이론에 따르면, 행동은 자극과 반응의 결합(혹은 연합)으로 학습된다. 고전적 조건형성에서는 개가 종소리(자극)에 타액 분비(반응)를 보이는 행동을 학습한 것은 개가 본능적으로 타액 분비를 하는 음식물과 거의 동시에 종을 치고 음식을 제공하는 환경적인 조건을 반복하게 되면 종소리가 음식의 신호가 되어서 개는 종소리에 타액을 분비하는 반응(행동)을 학습하게 된다. 즉, 종소리(자극)와 타액 분비(반응)의 결합이 곧 학습이다. 조작적 조건형성이론에서는 자극과 반응의 결합, 즉 학습은 반응의 결과에 의해서 이루어진다. 굶주린 쥐가 실험상자 안에서 특정한 지렛대를 누르게 되면 먹이가 제공되고 다른 지렛대는 먹이가 제공되지 않는 조건에서 쥐는 특정한 지렛대를 누르면 먹이가 나온다는 것을 학습하게 된다. 즉, 특정 지렛대(자극)와 먹이제공(반응)을 학습하게 되어서 먹이가 필요하면 특정한 지렛대를 누르는 행동을 학습하게 된다.

고전적 조건형성이나 조작적 조건형성 모두 환경적인 조건에 해당하며 환경적 조건에 의해서 행동이 학습된다는 것이 행동주의이론의 핵심이다. 학습된 행동을 변화시키는 것도 새로운 행동을 하도록 학습시키는 것도 모두 환경적 조건에 의해서 가능하다. 따라서 행동주의이론에 따르면 학습은 환경적 조건에 의해서 이루어지기 때문에 환경의 중요성을 매우 강조하고 있다.

(3) 인지주의 관점의 인간이해

20세기 중반에 접어들면서 행동주의의 영향력이 약화되면서 인간을 바르게 이해하기 위해서는 인간의 정신적 현상을 이해하는 것이 중요하다는 신념이 촉발되었다. 즉, 인간행동을 정신과정과 정신구조의 과학적인 분석을 통해 이해하려 했던 것이다. 이러한 변화에 맞춰 많은 연구들이 인간이해를 위한 과학적 연구방법에 초점이 맞추어졌다. 비록 정신에 관한 연구가 관심에서 벗어난 기간이 꽤 길긴 했지만 형태주의 심리학파를 중심으로 인간의 '지각과정'이 우리가 감각기관을 통해서 사물을 감각한 이후 이것이 뇌로 전달되어 감각적 자극 자체로만 인식이 되는 것이 아니라 우리의 뇌의 활동을 통해서 이를 해석하고 조직화하는 적극적인 처리과정을 거치게 된다는 사실들이 밝혀지면서 인간의 정신활동의 중요성이 다시 부각되었다.

그리고 인간의 정신을 과학적으로 연구하는 객관적인 방법으로 외현적 행동을 통한 내현적 행동인 사고과정을 추론하는 것과 인간의 사고과정과 유사한 컴퓨터와 뇌를 비교하여 사고과정을 연구하는 '정보처리이론'을 통해서 인간의 사고과정을 과학적으로 연구하게 되었으며, 인간의 사고과정을 주로 다루는 심리학의 학파를 인지주의라고 한다.

이들 심리학파의 연구를 통해서 인간의 기억과정을 정보의 부호화, 저장, 인출의 과정으로 구분하여 각각의 과정을 설명함으로써 인간의 사고과정에 관한 많은 연구업적들이 만들어지게 되었다.

(4) 인본주의 관점의 인간이해

과학적 연구방법을 통해서 인간을 이해하고자 하는 정통적인 심리학의 학파와 달리 과학적인 연구를 통한 인간의 연구 자체를 부정하는 심리학을 제3

의 심리학이라 하며, 이 중 대표적인 학파가 인본주의 학파이다. 따라서 인간은 모두가 다른 존재(독특성[uniqueness])이므로 과학적인 연구를 통해서 인간의 대표적인 특성을 찾아내고 그 결과를 바탕으로 인간은 어떠하다라고 설명하고 이해하는 것은 잘못되었다고 보는 입장이다.

인본주의는 인간은 누구도 같을 수가 없는 각자가 다 다른 독특한 존재이므로 인간 개개인에 관심을 가져야 한다고 주장한다. 인본주의의 기본가정은 인간은 누구나 선한 존재이며 각자가 나름대로의 능력을 갖고 세상에 태어난 존재라고 본다. 즉, 인간이 각자 지니고 있는 독특성을 존중받게 되면 인간은 각자가 원하는 삶을 통해서 만족스러운 삶을 살아갈 것으로 가정하고 있다. 그러나 우리의 삶은 태어나면서부터 각자의 독특성이 그대로 받아들여지기보다는 부모, 형제 그리고 주변의 중요한 인물들에 의해서 특정한 행동 혹은 삶을 살도록 강요를 받게 된다. 그러면서 독특성을 잃어버리고 사회에서 요구하는 모습의 자신을 만들게 되고 이를 페르소나(가면 혹은 성격)라 한다.

페르소나가 자신이 원하는 삶과 일치하면 만족스러운 삶을 살게 되겠지만 이것이 자신이 원하는 삶과 멀어지면 멀어질수록 만족하지 못하는 불만족한 삶이 된다. 이러한 불만족에서 벗어나기 위한 유일한 방법은 자신의 독특성을 찾는 것이며 이를 바탕으로 자신이 원하는 삶을 살아가는 것이다.

3. 인간발달의 개념과 특징

1) 인간발달의 개념

인간발달은 생물학적, 심리적, 사회적, 정서적으로 태아에서 노년기에 이르는 동안 일어나는 변화의 과정이다. 신체적, 정신적, 사회적, 정서적 측면에서 이루어지며, 각 측면은 서로 영향을 미친다. 인간발달은 다양한 요인에 의해 영향을 받는다. 이러한 요인에는 유전, 환경, 문화 등이 있다. 인간발달에서 유전, 환경, 문화는 모두 중요한 역할을 한다. 유전은 인간발달의 기초를 제공하며 환경은 인간발달에 영향을 미치는 중요한 요인이며 문화는 인간발달에 영향을 미치는 또 다른 중요한 요인이다.

유전, 환경, 문화는 모두 인간발달에 영향을 미치는 중요한 요인으로 이 세 가지 요인은 상호작용하여 인간의 발달을 촉진하거나 저해할 수 있다. 예를 들어, 유전적으로 키가 큰 아이가 영양이 풍부한 음식을 먹고 운동을 하면 더 키가 커질 수 있다. 또한, 사랑과 관심을 받고 자란 아이는 행복하고 건강하게 자랄 수 있다. 인간발달은 복잡한 과정이며, 유전, 환경, 문화 등 다양한 요인이 영향을 미친다. 유전, 환경, 문화를 이해하고, 적절한 환경을 제공함으로써 인간발달을 촉진할 수 있다.

인간발달은 생애주기 전반에 걸쳐 이루어지며, 단계마다 특징적인 발달이 이루어진다. ① 아동기는 신체적 발달, 인지적 발달, 정서적 발달, 사회적 발달이 급속도로 이루어지는 시기, ② 청소년기는 신체적, 인지적, 정서적, 사회적 발달이 완성되는 시기, ③ 성인기는 신체적, 인지적, 정서적, 사회적 발달이 안정된 시기, ④ 노년기는 신체적, 인지적, 정서적, 사회적 발달이 쇠퇴하는 시기이다. 그러므로 인간발달은 복잡하고 역동적인 과정으로 인간발달을 이해하는 것은 개인의 성장과 발전을 돕고, 건강한 사회를 만드는 데 도움이 된다. 이와 같은 인간발달의 개념을 정리하는 것은 쉬운 일은 아니다. 하지만, 인간발달과 관련된 일반적인 개념으로 발달, 성장, 성숙, 학습, 사회화 등이 있다(김영미, 2023).

(1) 발달(development)

발달은 생물학적, 심리적, 사회적, 문화적 요인에 의해 영향을 받는 복잡한 과정이며 신체적, 인지적, 정서적, 사회적, 도덕적, 영적 등 모든 측면에서 이루어진다. 한 단계에서 다음 단계로 자연스럽게 이어지며, 각 단계마다 특정한 목표가 있다. 발달은 개인의 삶에 중요한 영향을 미치며, 개인의 성격, 가치관, 능력, 취향 등을 형성한다.

(2) 성장(growth)

성장은 나이가 들면서 신체적으로 커지고 발달하는 과정으로 신체의 모든 부분에서 일어나며, 신체의 크기, 모양, 기능이 변화한다. 신체의 생명 유지에 필수적인 과정이며, 건강한 삶을 살기 위해서는 적절한 성장이 이루어져야 한다. 키나 몸무게 근력 등 신체적 발달의 양적인 증가, 상승하는 변화를 말한다.

(3) 성숙(maturation)

성숙은 태어난 후 신체적으로, 정신적으로, 사회적으로 성인과 같은 모습과 기능을 갖추게 되는 과정이다. 성숙은 신체적, 정신적, 사회적으로 다양한 변화를 가져온다. 신체적으로는 키가 자라고, 몸무게가 증가하며, 성징이 나타난다. 정신적으로는 사고가 발달하고, 감정이 성숙해지며, 자아 정체성이 형성된다. 사회적으로는 친구를 사귀고, 가족과 관계를 맺고, 사회에 참여하게 된다.

(4) 학습(learning)

학습은 인간발달의 중요한 부분이며, 개인의 신체적, 정신적, 사회적, 정서적 발달에 영향을 미친다. 학습은 다양한 방법으로 이루어질 수 있다. 첫째, 경험을 통한 학습이다. 개인은 자신의 경험을 통해 새로운 것을 배우고, 자신의 지식과 능력을 향상시킨다. 예를 들어, 자전거를 타는 법을 배우는 것은 경험을 통해 이루어지는 학습이다. 둘째, 타인과의 상호작용을 통한 학습이다. 개인은 타인과의 상호작용을 통해 새로운 것을 배우고, 자신의 지식과 능력을 향상시킨다. 예를 들어, 학교에서 친구들과 함께 공부하는 것은 타인과의 상호작용을 통해 이루어지는 학습이다. 셋째, 교육을 통한 학습이다. 개인은 교육을 통해 새로운 것을 배우고, 자신의 지식과 능력을 향상시킬 수 있다. 예를 들어, 학교에서 수업을 듣는 것은 교육을 통해 이루어지는 학습이다.

(5) 사회화(socialization)

사회화는 개인이 사회의 구성원으로서 적응하고 기능할 수 있도록 하는 과정으로 태어날 때부터 시작되어 평생 지속되며, 개인, 가족, 친구, 학교, 직장, 지역사회 등 다양한 환경에서 이루어진다. 사회화를 통해 개인은 사회적 규범과 가치관을 배우고, 타인과의 관계를 형성하고, 사회에서 자신의 역할을 수행할 수 있다. 인간발달은 성장, 성숙, 학습, 사회화가 서로 통합적인 과정으로 인간의 발달은 모두 연결되어 있고 이 과정이 공존할 때 이루어진다.

따라서 인간발달이란 전 생애 동안 양적·질적 상승 하강, 유전·문화·통합을 모두 포함하여 신체적·사회적·심리적 차원을 모두 포괄하는 전 생애적이고 지속적인 변화를 의미한다. 사회화를 통한 개인의 삶의 질을 향상시키기 위한 다양한 노력을 기울이고 있다. 예를 들어, 아동의 사회화를 지원하기 위해 보육 서비스를 제공하고, 노인의 사회화를 지원하기 위해 노인복지서비스를 제공한다. 개인이 사회의 구성원으로서 적응하고 기능할 수 있도록 지원함으로써 개인의 삶의 질을 향상시키고자 한다.

2) 인간발달의 원리와 특징

인간은 일생을 거치면서 끊임없이 변화한다. 신체는 물론이고 사고, 행동 등도 시간의 흐름에 따라 점진적으로 변화한다. 이러한 인간의 발달은 신체적 발달과 심리적 발달 등 모든 면에서 일정한 원리와 순서를 지니고 있으며 이러한 발달의 과정은 일정한 단계를 거치게 된다고 보는 것이 발달의 원리이다. 인간의 연령이 증가하고 신체의 크기가 변화하는 것은 물론이거니와 그들의 행동방식, 인지능력, 가치관 등에서도 변화모습을 볼 수 있다. 이러한 인간의 변화는 발달 수준에 따라 일정한 특성을 나타낸다. 인간의 발달은 개인마다 차이가 있지만 모든 인간이 공통적으로 보여주는 발달적인 양상이 존재한다. 인간발달의 주요 원리는 다음과 같다(유안진 외, 1996; 이근홍, 2010; 윤경원 외, 2022; 장수복 외, 2024).

(1) 상관성

발달이란 시간의 경과에 따른 인간의 모든 변화를 의미한다. 따라서 신체적·사회적·정서적·지적 특성 등 모든 측면의 변화가 이루어지며 이들 변화는 각기 독립적으로 변화하는 것이 아니라 서로 관련성을 지니고 변화하게 된다. 이를 발달의 상호관련성 혹은 상관성이라 한다. 예를 들면, 신체적 건강 혹은 변화의 양상은 지적 발달에 영향을 미친다. 따라서 신생아의 지능 측정은 지적 능력을 직접적으로 평가하기는 불가능하지만 운동발달을 통해서 측정이 가능하다. 그 이유는 발달의 상관성 때문이다.

(2) 연속성

발달적 변화는 획득(+)과 상실(-)의 과정을 거쳐서 일어난다. 신생아나 영아의 경우는 매우 미발달한 상태로 태어나서 엄청나게 빠른 속도로 변화를 보여준다. 즉, 획득을 통해서 하지 못하던 상태에서 많은 것을 할 수 있게 된다. 예를 들면, 자신의 목도 스스로 가누지 못하다가 목을 가누게 되는 것과 같은 수없이 많은 것들을 획득해 나가게 된다. 그러나 중년기에 접어드는 40대가 되면 획득과 상실을 비교할 때 상실이 보다 많은 시기가 된다. 즉, 근력이나 지구력 등과 같은 신체적 능력이나 유동적 지능과 같은 타고난 지적 능력 등에서 상실이 일어나게 되며, 이 시기에 획득을 통해서 알게 되거나 얻게 되는 것보다는 상실을 통해서 잃어버리는 것이 많아지는 시기가 도래하게 된다. 다시 말해서 '늙기 시작한다' 시점에 해당한다.

이러한 발달적인 변화의 양상(획득과 상실)은 일생 동안 지속된다. 이러한 특성을 '발달의 연속성'이라 한다. 물론 발달적인 변화는 영속적이기는 하지만 발달의 속도는 특정한 발달의 영역에 따라서 일정하지 않고 늦거나 빠를 수 있다.

발달이 연속성을 지닌다는 원리와 더불어 발달은 불연속성을 지닌다는 견해도 존재한다. 정확하게 구분해서 단정적으로 연속성과 불연속성으로 구분지어서 인간의 특성을 열거할 수는 없지만 정신적인 특성의 변화는 불연속성의 변화 양상으로 발달하고 신체적인 변화는 영속성의 원리에 따르는 것으로 구분해서 연속성 개념을 설명하고 있는 것이 보편적이다.

(3) 개별성

발달은 연속성을 지니고 보편적인 순서에 의해서 변화하는 양상을 보인다. 그러나 인간은 유전적으로 타고난 능력이 차이가 나며 각자가 살아가는 환경 또한 상당한 차이를 보이기 때문에 발달의 속도나 발달적인 변화의 크기나 내용적인 부분에서 차이가 있다. 이러한 발달적인 변화에서 개인이 갖는 차이를 발달의 '개별성' 원리라 한다. 예를 들면, 우리 주변의 아이들이 누구는 말을 일찍 배워서 돌 이전에 엄마, 아빠라고 했는데 누구 집 아이는 돌이 지나고 두 돌이 되어가는데도 옹알이 정도의 말을 사용한다고 무엇이 문제인지 모르겠다는 이웃들을 흔히 보게 된다. 유전적으로 타고난 언어능력이 문제가 아니라면 단지 언어적인 변화가 다소 빠르거나 늦는 것에 따른 언어 사용의 차이를 보일 수가 있으며, 이러한 특성을 '개별성'이라 한다.

(4) 순서성

신체 및 운동적인 변화, 즉 발달은 일정한 방향이나 순서를 통해서 일어나며 발달의 이런 특성을 발달의 '순서성' 원리라고 한다. 대표적인 발달의 순서는 다음과 같다.

① 머리에서 아래로

신생아는 신체적인 발달이 우선 목 → 허리 → 다리와 같은 순서로 변화가 나타난다. 처음에 목을 가누고, 다음으로 허리로 힘을 줘서 앉을 수가 있고,

다음으로 다리로 설 수 있는 순서로 신체발달을 보여준다.

② 중심에서 말단으로

인간의 중심은 뇌이며 이를 지배하는 것이 중추신경이다. 다음으로 척수가 있고 신체발달에 말초신경이 분포되어 있다. 이들 신경의 발달 순서도 중추신경에서 말초신경 방향으로 발달이 진행된다.

③ 전체운동에서 특수운동으로

영아들은 처음에는 온몸을 움직여서 이동을 하다가 점차 배밀이를 하고 다음으로 양팔로 그 다음에는 양팔과 양발로 움직이는 것과 같은 점차 특수하고 세분화된 운동으로 변하게 된다.

(5) 적기성

발달의 주요한 특성 중의 하나가 특정한 내용의 발달은 일정한 시기에 최고의 변화를 보여주지만 이 시기에 적절한 발달을 이루지 못하게 되면 정상적인 발달을 이루지 못하거나 불가능하게 되며 그 결과 발달상의 문제를 가져올 수 있는 발달적 원리를 의미한다. 비교행동학자 로렌즈(Lorenz)는 알에서 갓 부화한 새끼 오리는 처음 움직이는 대상을 어미로 학습하게 되며 처음 마주하는 움직이는 물체를 어미로 학습하게 되는 이 시기가 어미 학습의 결정적 시기로서 이때 로렌즈처럼 사람을 어미로 학습한 경우에 진짜 어미가 나타나도 이미 때를 지나쳐서 학습이 불가능한 것을 실험을 통해서 보여주었으며 이런 오리의 행동을 '각인행동'이라 하였다. 이와 같이 인간도 특정한 행동은 특정한 시기에 최적으로 잘 이루어지며 이 시기를 지나치면 학습이 매우 어려운 발달의 원리가 존재하며 이를 '적기성'이라 한다.

인간의 경우는 출생해서 1세 이전의 시기가 애착행동 학습의 결정적 시기로 알려져 있다. 따라서 이 시기에 적절한 애착형성을 하지 못하면 평생 애착형성이 어려울 수 있으며, 그 결과 다른 사람을 신뢰하고 사랑하는 마음에 문제가 발생할 수 있다.

(6) 분화와 통합성

인간의 발달은 분화의 과정이면서 동시에 통합이 이루어지는 과정이다. 즉, 인간의 발달은 점진적으로 분화해 가고 전체적으로 통합해 가는 과정이다. 영유아의 신체 발달과정을 보면 처음에는 신체의 각 부분들이 분화되지 못한 상태의 모습을 보이지만, 점차 각 기관의 세밀한 부분들이 분화되면서 발달해 가는 모습을 볼 수 있다. 예를 들어 영유아가 물건을 잡는 모습을 보면 처음에는 몸을 물건 쪽으로 구부려서 잡지만, 점차 신체의 부분이 분화되면서부터는 팔을 뻗쳐 물건을 잡기 시작하고, 나중에는 손목과 손가락을 사용하여 물건을 잡는 모습을 볼 수 있다. 이처럼 인간발달은 전체적인 측면에서 부분적인 측면으로 분화되어 나가고, 동시에 분화된 각 측면들이 통합을 이루어 나가면서 하나의 체제를 형성해 나가는 통합의 과정을 거치게 된다. 따라서 인간의 성장과 발달은 분화와 통합의 연속적 과정이라고 할 수 있다.

(7) 환경과의 상호작용성

인간의 발달은 유전적인 요인과 외부로부터 주어지는 환경의 영향에 따라 상호작용을 하며 발달한다. 즉, 인간의 발달은 부모로부터 물려받은 유전적인 영향만으로 또는 물리적 환경의 영향만으로 이루어지지 않는다. 부모로부터 물려받은 유전적인 인자와 환경적인 영향과의 역동적인 상호작용에 의해 이루어진다. 유전적인 인자는 환경의 영향을 받아 잠재능력을 발휘하도록 하는데, 환경적 요인은 유전인자를 확장시키거나 통제할 수 있는 요인이 된다. 즉, 선천적인 유전적 영향과 후천적인 환경적 요인의 상호작용에 의해 발달한다고 볼 수 있다.

3) '환경 속의 인간' 관점에서 전 생애의 통합적 이해

사회복지는 인간의 행복과 삶의 질 향상을 목적으로 환경 속의 인간이라는 관점을 견지하며 인간과 환경에 개입하는 활동이다. 환경 속의 인간이라는 인간이해의 도식은 사회복지 전문직에서는 없어서는 안 될 필수 요소이며, 사회복지 전문직의 이론기반 구축과 실천기술의 발전뿐 아니라 전문직 자체의 정체성 확립에도 많은 기여를 한다(장수복 외, 2024).

이러한 환경 속의 인간이라는 관점은 인간의 발달과 생애주기에 대한 개입이나 사회복지적 실천 대안을 마련할 때도 기본 전제가 된다. 인간의 발달은 전 생애에 걸쳐 이루어지는 과정이며, 각 발달단계별로 나타나는 인간의 보편적 특성과 함께 개별적 특성의 역동적 과정에 대해서도 관심을 가져야 한다.

4) 생애주기별 발달

발달심리학자들은 인간발달 시간의 흐름에 따라 달라지는 인간의 특징을 근거로 하여 전체 발달과정을 세분화하였다. 일반적으로 대부분 기준은 연령이며, 그 연령에 나타나는 신체·심리·사회적 특징들을 중심으로 구분하였다. 생애주기에 대해 사회복지 영역에서 관심을 가지는 이유는 다음과 같다(장수복 외, 2024; 유미림 외, 2024).

첫째, 모든 인간은 전 생애에 걸쳐 삶을 영위하기 위해 연령별 또는 시기별로 다양한 욕구를 공통적으로 가지며, 이러한 연령별 시기별 욕구를 충족하지 못할 때 대다수 인간은 문제에 맞닥뜨리거나 위험에 빠짐으로써 복지 증진을 이룰 수 없음을 미리 알고 사전 대책을 강구할 수 있기 때문이다(윤철수 외, 2018). 따라서 사회복지실천에서는 각 발달단계별 인간의 변화와 성숙과 각 단계별 발달과업에 따른 기본 지식과 이해가 필수적이다.

둘째, 사회복지실천에서 생애주기별 특성에 대한 지식은 사회복지의 대상과 가족을 이해하고 사정하고 개입함에 있어서 유용한 지식이 된다. 대상자 및 가족의 욕구를 파악하고 문제를 사정할 때 유용하며, 그에 따라 필요한 자원이 무엇인지, 문제해결을 위한 개입계획의 수립과 서비스와 프로그램을 고안하고 실행할 때 유용하다.

인간의 발달은 수정에서 죽음에 이르기까지 전 생애를 통해 이루어지는 모든 양적 또는 질적 변화의 양상과 과정을 의미한다. 인간은 태아기와 영아기를 거쳐서 학령 전기(유아기), 아동기, 청소년기, 청년기, 중장년기, 노년기에 이어 죽음에 이르게 되는 인간의 전 생애에 걸쳐 나타난다. 모든 인간은 전 생애에 거쳐 변화되며, 각 발달단계마다 공통적인 욕구가 발생하며, 발달단계별 기본 욕구를 충족시키지 못할 때 문제에 직면하고 적응상의 어려움을 겪을 수 있다. 인간의 발달단계에서 이러한 문제나 적응상의 어려움은 발달단계상의 보편적 특성과 함께 환경 속 인간의 관점에서 각 사람이 직접적으로나 간접적으로 사회환경과 접촉하고 상호작용하며 발생되는 개별적 욕구와 문제에 대해서도 통합적으로 이해하고 관심을 기울여야 한다.

표 1-1 발달단계 비교

<table>
<tr><th colspan="2"></th><th colspan="2">피아제</th><th colspan="2">프로이트</th><th colspan="2">에릭슨</th><th colspan="2">하비거스트</th></tr>
<tr><th>발달 단계</th><th>연령</th><th>발달 단계</th><th>연령</th><th>발달 단계</th><th>연령</th><th>발달 단계</th><th>연령</th><th>발달 단계</th><th>연령</th></tr>
<tr><td>태내기</td><td>수정~ 출생 전</td><td></td><td></td><td></td><td></td><td></td><td></td><td></td><td></td></tr>
<tr><td>영아기</td><td>출생~ 3세</td><td>감각 운동기</td><td>0~1세</td><td>구강기</td><td>0~2세</td><td>신뢰감 대 불신감</td><td>0~2세</td><td rowspan="3">아동 초기</td><td rowspan="3">0~ 5, 6세</td></tr>
<tr><td rowspan="2">유아기</td><td rowspan="2">3~6세</td><td rowspan="2">전조작기</td><td rowspan="2">2~7세</td><td>항문기</td><td>2~4세</td><td>자율성 대 수치감</td><td>2~4세</td></tr>
<tr><td>남근기</td><td>4~6세</td><td>주도성 대 죄책감</td><td>4~6세</td></tr>
<tr><td>아동기</td><td>7~13세</td><td>구체적 조작기</td><td>7~13세</td><td>잠복기</td><td>6~ 13세</td><td>근면성 대 열등감</td><td>6~13세</td><td>아동 중기</td><td>5, 6~ 12, 13세</td></tr>
<tr><td>청년기</td><td>14~ 20세</td><td>형식적 조작기</td><td>14세~</td><td>생식기</td><td>14세~</td><td>자아정체감 대 역할혼미</td><td>14~22세</td><td>청년기</td><td>12, 13~ 18세</td></tr>
<tr><td>성년기</td><td>20~ 40세</td><td></td><td></td><td></td><td></td><td>친밀감 대 고립감</td><td>22~34세</td><td>성인 초기</td><td>18~ 35세</td></tr>
<tr><td>중년기</td><td>40~ 65세</td><td></td><td></td><td></td><td></td><td>생산성 대 침체감</td><td>34~60세</td><td>성인 중기</td><td>35~ 60세</td></tr>
<tr><td>노년기</td><td>65세 이상</td><td></td><td></td><td></td><td></td><td>통정성 대 절망감</td><td>60세~</td><td>성인 후기</td><td>60세~</td></tr>
</table>

출처 : 유미림 외, 2024

CHAPTER 02

태내기, 영아기

1. 태내기

남자의 정자와 여자의 난자가 만나 수정이 이루어지면 인간의 발달이 시작된다고 본다. 태내기의 기본적인 발달과 건강 그리고 태내 진단(발달장애)에 대한 기초적인 지식과 이해가 필요하다(김영미, 2023; 노수희, 2023; 유미림 외, 2024).

1) 태내기 발달과 건강

(1) 태내기 발달단계

태내기 발달은 수정에서부터 출산에 이르기까지 배란기, 배아기, 태아기의 세 단계로 구분되며, 태아의 발달은 수정란이 자궁에 착상되면서 시작된다. 수정란은 착상 후 약 1주일 만에 배아로 변하고, 배아는 약 2주일 만에 태아로 변한다. 태아는 태내에서 약 9개월 동안 성장하고 발달하여 출생하게 된다.

① 배란기

배란은 난소에서 한 달에 한 번 성숙한 난자를 배출하는 과정이다. 배란은 월경 주기의 한 부분으로, 보통 월경 시작 2주 전경에 발생한다. 배란이 일어나면 난자는 난관을 따라 자궁으로 이동한다. 만약 난자가 정자와 수정되면 임신으로 이어진다. 태내기발달에서 배란은 태아의 성별을 결정하는 데 중요한 역할을 한다. 여성의 난자는 X염색체를 가지고 있고, 남성의 정자는 X염색체와 Y염색체를 가지고 있다. 배란이 일어나는 날에 정자가 난자와 수정되면 태아는 XX염색체를 가지고 태어나서 여성이 되고, 정자가 난자와 수정되지 않으면 태아는 XY염색체를 가지고 태어나서 남성이 된다. 배란은 태내기 발달에서 태아의 성장에도 중요한 역할을 한다. 배란이 일어나면 난소에서 황체호르몬이 분비되어 자궁 내막을 두껍게 만들어 태아의 착상을 돕는다.

또한, 황체호르몬은 태아의 성장을 촉진하는 역할을 한다.

② 배아기

배아기는 수정란이 수정된 후 8주까지의 기간을 말한다. 배아는 분열과 성장을 거듭하여 태아의 형태를 갖추기 시작한다. 배아기는 태아의 신체적, 정신적 발달에 매우 중요한 시기이기 때문에, 산모는 영양가 있는 식단으로 영양분을 공급하고 휴식도 충분하게 취하는 것이 중요하다. 배아기에는 수정란이 자궁 내막에 착상, 배아는 3개의 층으로 분화, 심장, 뇌, 척추, 팔, 다리 등이 형성, 배아는 태아의 형태를 갖추기 시작, 배아기는 태아의 신체적, 정신적 발달에 매우 중요한 시기이기 때문에 산모는 건강한 식단을 섭취하고 충분한 휴식을 취하는 것이 중요하다. 또한, 산모는 정기적인 산부인과 검진을 받아 태아의 건강 상태를 확인해야 한다.

③ 태아기

임신 10주 차는 임신 3개월 차에 해당한다. 태아는 약 5cm 정도의 크기이며, 몸무게는 약 10g 정도이다. 태아의 손과 발은 이미 형성되어 있으며, 손가락과 발가락까지 구별할 수 있다. 눈도 형성되기 시작하지만, 아직 닫혀 있다. 태아의 뇌도 빠르게 성장하고 있으며, 뼈와 근육도 발달하기 시작한다.

태아는 이 시기부터 움직이기 시작하지만, 아직 엄마는 그 움직임을 느끼지 못한다. 태아의 건강을 위해 철분과 엽산을 충분히 섭취하는 것이 중요하다. 철분은 태아의 혈액 생성을 돕고, 엽산은 태아의 신경관 결손을 예방하는데 도움이 된다. 태아의 성장과 발달이 빠르게 이루어지는 시기이므로 태아가 건강한 환경에서 성장할 수 있도록 엄마가 충분한 영양분을 섭취하고, 규칙적인 운동을 하는 것이 중요하다.

(2) 태아 건강

태아의 건강에 영향을 미치는 것은 다양하다. 그 중에서 임신부의 건강 및 영양 상태, 임신부의 정서 상태, 임신부의 질병, 임신부의 연령, 임신부의 분만 횟수, 모자의 혈액 불일치, 약물, 출산 과정의 영향, 흡연 등이 크게 영향을 미친다.

① 임신부의 건강 및 영양 상태

임신기간의 산모의 건강 및 영양 상태는 태아의 성장과 발달에 매우 중요하다. 산모가 영양 부족 상태에 있으면 태아는 필요한 영양소를 충분히 공급받지 못하여 저체중, 선천성 기형, 성장 지연 등의 문제를 겪을 수 있다. 임신 중 영양 부족의 가장 흔한 원인은 식사량의 부족이다. 그러나 과식, 과도한 운동, 스트레스와 같은 다른 요인도 영양 부족을 초래할 수 있다. 임신 중에는 균형 잡힌 식단으로 영양분을 골고루 섭취하는 것이 중요하다. 곡물, 과일, 채소, 단백질, 지방을 골고루 섭취해야 하며, 임신 중에는 비타민과 미네랄 보충제를 복용하는 것이 좋다. 임신 중 영양 부족은 태아의 건강에 심각한 영향을 미칠 수 있으므로 주의해야 한다. 균형 잡힌 식단을 섭취하고 비타민과 미네랄 보충제를 복용함으로써 임신 중 영양 부족을 예방할 수 있다. 임신 중 영양 부족으로 인해 발생할 수 있는 문제는 저체중, 선천성 기형, 성장 지연, 저체중 출생, 신경계 발달장애, 면역력 저하, 감염에 대한 취약성, 사망, 임신 중 영양 부족을 예방하기 위해서 주의해야 한다.

② 임신부의 정서 상태

임신은 신체적, 정신적으로 많은 변화를 겪는 시기이다. 이러한 정서적 변화는 기쁨, 행복, 기대감과 같은 긍정적인 것부터 불안, 두려움, 스트레스와 같은 부정적인 것까지 다양하다. 개인의 성격, 임신 전의 정신건강 상태, 임신 중의 건강 상태, 임신과 출산에 대한 기대감, 사회적 지원 등이 영향을 미칠 수 있다. 임신 중 정서적 변화가 심하거나 일상생활에 지장을 줄 정도로 문제가 된다면 산부인과 의사와 상담하는 것이 좋다. 임신은 기쁜 일이지만, 동시에 스트레스가 많은 시기이기도 하다. 임신 중 정서적 건강을 유지하는 것은 임산부와 태아 모두에게 중요하다.

③ 임신부의 질병

임신부의 질병의 종류, 임신부의 건강 상태, 태아의 발달 단계 등에 따라 영향을 미치는 정도가 다르다. 임신성 당뇨병은 태아의 체중 증가를 증가시키고, 태아의 사망 위험을 증가시킨다. 또한, 태아에게 신경계 이상을 일으킬 수 있다. 임신성 고혈압은 태아의 성장을 지연시키고, 태아의 사망 위험을 증가시킨다. 또한, 태아에게 신경계 이상을 일으킬 수 있다. 임신 중 바이러스 감염은 태아에게 태아기 바이러스 감염증을 일으킬 수 있다. 태아기 바이러스 감염증은 태아의 신경계, 심장, 눈, 간 등에 손상을 입힐 수 있다. 임신 중 약물 복용은 태아에게 태아기 약물 이상반응을 일으킬 수 있다. 태아기 약물 이상반응은 태아의 신경계, 심장, 눈, 간 등에 손상을 입힐 수 있다. 임신부라면 임신 중 질병이 태아에게 미치는 영향을 알고, 질병을 조기에 발견하고 치료하는 것이 중요하다. 또한, 임신 중에는 의사와 상담하여 약물 복용 여부를 결정하는 것이 좋다.

④ 임신부의 연령

임신부의 연령은 태아의 건강에 영향을 미치며 임신부가 너무 어리거나 너무 나이가 많으면 태아에게 발생할 수 있는 위험이 증가한다.

10대 임신은 태아에게 발생할 수 있는 위험을 증가시킨다. 10대 임산부는 미성숙한 자궁과 골반을 가지고 있기 때문에 조산, 저체중아 출산, 산후 출혈과 같은 위험이 크다. 또한, 10대 임산부는 영양 부족, 스트레스, 약물 남용, 흡연, 음주와 같은 위험 요인에 노출되어 있기 때문에 태아에게 발생할 수 있는 위험이 증가한다.

고령 임신은 또한 태아에게 발생할 수 있는 위험을 증가시킨다. 고령 임산부는 고혈압, 당뇨병, 자궁 섬유종, 다태아 출산과 같은 위험이 높다. 또한, 고령 임산부는 유산, 조산, 태아 사망과 같은 위험이 높다. 임신부는 자신의 연령에 맞는 건강 관리를 받는 것이 중요하다.

⑤ 임신부의 분만 횟수

임신부의 분만 횟수가 태아에 미치는 영향은 태아의 저체중 출생은 임신부의 분만 횟수가 많을수록 태아의 저체중 출생 위험이 높아진다. 저체중 출생은 신생아의 사망률과 장애 발생률을 높이는 주요 위험 요인이다.

태아의 조산은 임신부의 분만 횟수가 많을수록 태아의 조산 위험이 높아진다. 조산은 신생아의 사망률과 장애 발생률을 높이는 주요 위험 요인이다. 태아의 신경계 이상은 임신부의 분만 횟수가 많을수록 태아의 신경계 이상 발생 위험이 높아진다. 신경계 이상은 신경 발달 장애, 학습 장애, 행동 장애 등을 유발할 수 있다. 임신부의 분만 횟수가 많을수록 태아의 호흡기 질환 발생 위험이 높아지고 태아의 건강에 부정적인 영향을 미칠 수 있다. 임신부는 임신 기간 동안 건강한 생활습관을 유지하고, 정기적인 산전 검사를 받는 것이 중요하다.

⑥ 모자의 혈액 불일치

산모와 태아의 혈액 불일치는 산모의 혈액형이 Rh-음성(Rh−)이고, 태아의 혈액형이 Rh-양성(Rh+)인 경우 발생한다. 산모의 혈액형이 Rh-음성인 경우, Rh-양성인 태아의 혈액에 있는 Rh-양성 항원이 산모의 혈액에 들어오면 산모의 몸은 Rh-양성 항원에 대한 항체를 생성한다. 이 항체는 태아의 혈액에 들어와 태아의 적혈구를 파괴할 수 있다. 산모와 태아의 혈액 불일치는 태아에게 영향을 미칠 수 있다. 신생아 용혈성 질환은 태아의 적혈구가 파괴되어 빈혈, 황달, 심장 질환, 신장 질환, 뇌 손상 등을 일으킬 수 있다. 산모와 태아의 혈액 불일치가 있는 경우, 산모는 출산 후 72시간 이내에 항체를 투여받을 수 있다. 이 항체는 태아의 적혈구를 파괴하는 항체를 중화시켜 신생아 용혈성 질환을 예방할 수 있다.

⑦ 약물

임신부가 약물을 복용하면 태반을 통해 태아에게 전달될 수 있다. 기형은 일부 약물은 태아에게 기형을 유발할 수 있다. 특히 임신 초기에는 약물의 영향이 더 클 수 있다. 저체중은 약물은 태아의 체중을 감소시킬 수 있다. 이는 태아가 충분한 영양분을 공급받지 못하기 때문이다.

사망은 일부 약물은 태아의 사망을 유발할 수 있다. 이는 약물이 태아의 신체에 심각한 손상을 입히기 때문이다.

⑧ 출산 과정의 영향

출산 과정에서 태아는 자궁 내에서 벗어나 외부 환경에 노출된다. 태아는 산소와 영양분을 공급받던 태반과 탯줄을 잃게 되고, 스스로 호흡하고 소화해야 한다. 또한, 출산 과정에서 태아는 머리를 통해 산도를 통과하면서 신체적 손상을 입을 수 있다. 출산의 방식, 태아의 상태, 산모의 건강 상태 등에 따라 다르다. 자연 분만은 제왕절개보다 태아에게 미치는 영향이 적은 것으로 알려져 있다. 또한, 태아가 건강하고 산모가 건강하면 출산이 태아에게 미치는 영향도 적다. 그러나 출산은 태아에게 큰 영향을 미칠 수 있는 만큼, 출산 전후로 태아의 건강을 잘 관리하는 것이 중요하다. 태아의 건강을 잘 관리하기 위해서는 임신 중 정기적인 산전 진찰을 받고, 출산 후에도 신생아 건강검진을 받는 것이 좋다.

⑨ 흡연

흡연은 태아의 저체중 출산, 조기 진통, 유산, 사산의 위험을 증가시킨다. 또한, 흡연은 태아의 신경계 발달에 영향을 미쳐서, 태아의 지적 장애, 행동장애, 학습 장애를 일으킬 수 있다. 심지어, 흡연은 암 발생 위험을 증가시킬 수 있다. 흡연을 중단하는 것이 매우 중요하며 흡연을 중단하는 것이 어려울 경우, 전문가의 도움을 받아서 금연을 시도해야 한다.

⑩ 음주

임산부가 음주를 하면 태아의 뇌와 신경계가 손상될 수 있으며, 심지어 태아의 사망을 초래할 수도 있다. 태아에게 발생할 수 있는 문제는 선천성 기형은 태아에게 선천성 기형이 발생할 수 있다. 태아의 신체적, 정신적, 정서적 발달에 영향을 미칠 수 있다. 저체중 출산은 태아가 저체중으로 태어날 수 있다. 태아의 건강에 문제를 일으킬 수 있다. 조산은 태아의 건강에 문제를 일으킬 수 있다.

영아 알코올 증후군(FAS): 임산부가 음주를 하면 태아가 영아 알코올 증후군(FAS)을 가질 수 있다. FAS는 태아의 뇌와 신경계가 손상되어 발생하는 선천성 장애이다.

2) 태내 진단과 발달장애

(1) 태내 진단 및 검사

태내 진단은 임신 중 태아의 건강 상태를 검사하는 것을 말한다. 태아의 유전 질환, 선천성 기형, 기타 건강 문제를 조기에 발견하고 치료할 수 있도록 도와준다. 대표적인 검사는 초음파검사, 융모막 융모 채취검사, 양수 천자 검사 등이 있다.

① 초음파검사

초음파검사는 임신 중 태아의 건강 상태를 검사하는 가장 일반적인 방법이다. 태아의 크기, 위치, 신체 구조를 검사할 수 있다. 또한, 태아의 심장박동, 움직임, 뼈의 발달 상태를 확인할 수 있다. 임신초기(12주 이내)와 중기(18~22주)에 가장 많이 시행된다. 임신초기에는 태아의 심장박동과 움직임을 확인하여 임신 여부를 확인할 수 있다. 임신 중기에는 태아의 신체 구조와 발달 상태를 확인하여 태아의 기형을 발견할 수 있다.

② 융모막 융모 채취검사

임신 11~14주 사이에 태아의 융모막을 채취하여 검사하는 방법이다. 융모막은 태아의 장기와 조직을 형성하는 세포로 이루어져 있다. 따라서 CVS를 통해 태아의 염색체 이상, 유전 질환, 감염 등을 검사할 수 있다. CVS는 양수검사보다 임신초기에 태아의 건강 상태를 검사할 수 있는 장점이 있다. CVS 검사 결과가 양성인 경우, 임산부는 낙태를 선택할 수 있다.

③ 양수 천자 검사

양수 천자 검사는 임신 15~20주 사이에 태아의 양수를 채취하여 검사하는 방법이다. 양수는 태아를 둘러싸고 있는 액체로, 태아의 폐, 신장, 소화관의 발달을 돕는 역할을 한다. 양수 천자 검사를 통해 태아의 염색체 이상, 유전 질환, 감염 등을 검사할 수 있다.

(2) 유전적 요인의 영향

① 염색체, 유전인자, DNA

염색체, 유전인자, DNA는 모두 생물의 유전 정보를 담고 있는 물질이다. 염색체는 세포의 핵 안에 있는 긴 가닥 모양의 물질로, DNA와 단백질로 이루어져 있다. 염색체는 세포가 분열할 때 쌍을 이루어 분리되며, 새로운 세포에 전달된다. 유전인자는 DNA의 특정 부위로, 특정 단백질을 생성하는 유전 정보를 담고 있다. 유전인자는 부모로부터 자식에게 전달되며, 자녀의 특징을 결정한다.

② 유전적 요인의 영향

유전적 요인은 신체적 특징, 질병, 성격, IQ 등 다양한 요인에 영향을 미친다. 키, 눈 색깔, 머리카락 색깔, 피부색 등은 유전적 요인에 의해 결정된다. 또한, 암, 심장병, 당뇨병, 고혈압 등과 같은 질병도 유전적 요인에 의해 발병할 수 있다. 성격, IQ 등도 유전적 요인에 의해 영향을 받는다.

(3) 태내기의 유전적 요소가 결정하는 특징

① 성장률

태아의 성장률이 빠르면 태아의 신체는 영양소가 많이 필요로 하게 되고, 이로 인해 태아의 신체는 더 커지게 된다. 또한, 태아의 성장률이 빠르면 태아의 뇌도 더 많이 발달하게 된다. 반대로, 태아의 성장률이 느리면 태아의 신체는 필요한 영양소를 충분히 공급받지 못하게 되고, 이로 인해 태아의 신체는 작게 태어날 수 있다. 또한, 태아의 성장률이 느리면 태아의 뇌도 충분히 발달하지 못하게 되고, 이로 인해 태아의 인지능력에 문제가 생길 수 있다. 따라서, 태아의 성장률은 태아의 유전적 요소가 결정하는 특징에 큰 영향을 미친다. 태아의 성장률을 정상적으로 유지하기 위해서는 임산부가 영양가 있는 음식을 섭취하고, 규칙적으로 운동하는 것이 중요하다.

② 비정상적 발달

비정상적 발달은 다양한 원인에 의해 발생할 수 있다. 염색체 이상은 세포의 핵 안에 있는 물질은 유전 정보를 담고 있다. 유전자 돌연변이는 유전자의 구조가 변하는 것을 말한다. 태아의 신체적, 정신적 발달에 영향을 미칠 수 있다. 환경적 요인은 자궁 내 감염, 방사선, 약물, 알코올 등이 태아의 유전적 발달에 영향을 미칠 수 있다. 태아기의 유전적 요소가 결정하는 특징에서 비정상적 발달은 조기 진단과 치료가 중요하다. 조기 진단과 치료를 통해 태아의 건강을 개선하고, 합병증을 예방할 수 있다.

(4) 유전적 결함으로 인한 태아기 발달장애

① 다운증후군(down syndrome)

다운증후군은 염색체 이상으로 인해 발생하는 질환이다. 정상인의 경우 23쌍의 염색체를 가지고 있는데, 다운증후군 환자는 23쌍의 염색체에 21번 염색체가 하나 더 있다. 이로 인해 신체적, 정신적, 행동적 장애가 나타날 수 있다. 나이가 많은 여성에게서 더 많이 발생하는 것으로 알려져 있다. 35세 이상의 여성은 20세 미만의 여성에 비해 다운증후군을 가진 아이를 가질 확률이 3배 높다. 다운증후군은 완치되지 않는 질환이지만, 적절한 치료를 통해 장애를 최소화할 수 있다. 일반적으로 지능지수가 낮고, 심장병, 백내장, 갑상선 질환과 같은 질병에 걸릴 위험이 높다. 하지만, 적절한 교육과 치료를 통해 정상적인 삶을 살 수 있다.

② 터너 증후군

터너 증후군은 여성의 한쪽 또는 양쪽의 X염색체가 결손된 유전 질환이다. 부모의 나이가 많을수록 발생 위험이 증가한다는 보고가 있다. 터너 증후군의 증상은 다양하지만, 일반적으로 키가 작고, 갑상선 기능 저하증, 생식 기능 장애, 심장병, 신장병 등을 동반한다. 터너 증후군은 치료가 불가능한 질환이지만, 조기 진단과 적절한 치료를 통해 증상을 관리하고, 정상적인 삶을 영위할 수 있다.

③ 클라인펠터 증후군

클라인펠터 증후군은 남성의 염색체 이상으로 발생하는 질환이다. 남성의 염색체는 X와 Y염색체가 한 쌍으로 존재한다. 남성의 염색체 중 하나가 X염색체로 대체되거나, X염색체가 하나 더 추가되는 경우 발생한다. 가장 흔한 형태는 XXY 염색체를 가진 경우이다. 유전적 요인과 환경적 요인의 복합적인 작용으로 발생하는 것이다. 가장 흔한 증상은 불임, 성기능 장애, 유방 발달, 키가 크고, 가슴이 넓고, 근육량이 적고, 팔다리가 길고, 지능 저하, 학습 장애, 행동 장애 등이다. 그 외 혈우병, 거대남성 증후군, 페닐케톤요증, 갈락토세미아, 타이삭스병, 적혈구성 빈혈 등이 있다.

3) 사회복지실천과 연관성

저출산 고령사회화 현상이 두드러지면서 무엇보다 중요한 복지서비스가 태내발달과 관련된다. 우리 사회의 빠른 고령화는 저출산과 직접적인 관련성을 지니기 때문이다. 크게 미시적인 부분과 거시적인 부분으로 나누어 해결방안도 함께 제시하고자 한다(윤경원 외, 2022; 장수복 외, 2024).

먼저, 미시적 수준에서의 문제이다. 첫째, 임신 중 건강 관리 부족은 임산부와 태아의 건강에 심각한 영향을 미칠 수 있다. 임산부는 정기적인 건강검진을 통해 태아의 발달 상태를 확인하고, 건강한 출산을 준비해야 한다. 그러나, 경제적 여건이나 사회적 편견 등으로 인해 임신 중 건강 관리를 받지 못하는 경우, 태아의 기형이나 저체중 출산, 조산, 심지어 사망을 초래할 수 있다.

둘째, 빈곤한 임산부는 영양 부족, 스트레스, 감염 등에 노출될 위험이 높으며, 이는 태아의 발달에 부정적인 영향을 미칠 수 있다. 또한, 빈곤한 임산부는 출산 후에도 양육비, 보육비 등 경제적 부담으로 인해 어려움을 겪을 수 있다. 셋째, 임신부 폭력, 학대, 차별은 신체적, 정신적, 정서적 건강에 영향을 미칠 수 있다. 태아의 발달에도 부정적인 영향을 미칠 수 있다. 폭력, 학대, 차별을 경험한 임산부는 출산 후에도 우울증, 불안증, PTSD 등 정신건강 문제를 겪을 가능성이 높다. 넷째, 임신 중 정신건강 문제는 임산부와 태아의 건강에 영향을 미칠 수 있다. 임신 중 우울증, 불안증, PTSD 등 정신건강 문제를 경험한 임산부는 출산 후에도 이러한 문제로 어려움을 겪을 수 있다. 또한, 임산부의 정신건강 문제는 태아의 발달에도 부정적인 영향을 미칠 수 있다.

거시적 수준에서의 문제는 첫째, 출산 장려 정책으로 출산 보조금 지원, 육아휴직 및 육아수당 확대, 어린이집 확충, 양육 부담 경감 정책 등이다. 둘째, 고령 사회에 대한 준비로 노인복지 시설 확충, 노인 일자리 창출, 노인 건강 관리 강화, 노인 인권 보호, 양극화 해소를 위한 정책 등이다. 셋째, 소득 재분배 정책으로 교육 기회 확대, 주거 안정 정책, 취업 지원 정책, 사회 안전망 확충 등이다. 넷째, 실업급여 확대로 기초생활보장 확대, 장애인 복지 확대, 다문화 가정 지원, 성평등 사회를 위한 정책 등이다. 다섯째, 여성의 경제적 참여 확대로 여성의 정치적 참여 확대, 여성의 폭력 피해 예방과 보호, 여성의 성 건강 증진, 장애인 복지 증진 등이다. 여섯째, 장애인 교육 기회 확대로 장애인 인권 보호, 장애인 이동권 보장, 장애인 취업 지원 등이다.

이에 대해 해결방안은 다음과 같다. 태내기의 미시적 거시적 문제를 해결하기 위한 제도적 노력은 다양한 측면에서 이루어질 수 있다. 미시적 측면에서는 임산부와 그 가족의 복지 향상을 위한 노력이 필요하다. 임산부를 위한 의료 서비스 제공, 임신과 출산에 대한 교육, 경제적 지원 등이 포함된다. 거시적 측면에서는 일과 가정의 양립을 위한 정책 마련, 양질의 보육시설 확대, 여성의 사회 참여 확대 등이 필요하다.

① 출산비용 지원: 정부는 출산비용 지원을 통해 임산부와 그 가족의 경제적 부담을 줄이고자 노력하고 있다. 출산 전후 진료비, 산후조리비, 영아용품 구입비 등을 지원한다.

② 육아휴직 및 육아수당 지원: 육아휴직은 임산부와 그 배우자가 자녀를 출산하거나 양육하기 위해 직장에서 휴직을 할 수 있는 제도이다. 육아휴직은 최대 1년까지 사용할 수 있으며, 육아휴직 기간 동안에는 급여의 60%를 지원받을 수 있다. 임산부와 그 배우자의 육아 부담을 줄이고, 자녀의 양육에 집중할 수 있도록 지원한다.

③ 양육비 지원: 양육비는 부모가 자녀를 양육하기 위해 필요한 비용을 지원하는 제도이다. 부모가 이혼하거나 별거할 경우, 자녀의 양육비를 지급하도록 법적으로 명시되어 있다. 자녀의 생활비, 교육비, 의료비 등을 지원한다.

④ 기타 지원: 정부는 임산부와 그 가족의 복지 향상을 위해 다양한 지원을 제공하고 있다. 임산부와 그 가족에게 영양교육, 출산교육, 산후조리 지원 등을 제공하고 있다.

2. 영아기

출생부터 1개월 정도의 신생아와 24개월까지의 영아기를 이해하기 위해서는 기초적인 신체발달, 인지·언어발달, 심리·사회발달에 대해 알아보고자 한다(김영미, 2023; 노수희, 2023; 유미림 외, 2024).

1) 신체발달

(1) 신생아기(출생~1개월) 신체 발달

① 출생 시 몸무게와 신장

- 체중: 갓 태어난 신생아의 체중은 평균적으로 3.4kg이며, 신생아의 체중은 임신 기간, 출산 방법, 신생아의 성별에 따라 다르다. 신생아의 체중은 태어난 후에도 계속해서 증가한다.
- 키: 갓 태어난 신생아의 키는 평균적으로 50cm이며, 신생아의 키는 임신 기간, 출산 방법, 신생아의 성별에 따라 다르다. 신생아의 키는 태어난 후에도 계속해서 자란다.
- 두뇌: 신생아의 두뇌는 태아 때보다 2배 정도 커졌다. 신생아의 두뇌는 태어난 후에도 계속해서 성장한다. 신생아의 두뇌는 신체의 모든 기능을 조절하는 역할을 한다.
- 눈: 신생아의 눈은 태어날 때부터 잘 보인다. 그러나 신생아의 눈은 빛에 민감하므로 밝은 곳에서 눈을 가늘게 뜨거나 눈을 감는다. 신생아의 눈은 태어난 후에도 계속해서 발달한다.
- 귀: 신생아의 귀는 태어날 때부터 잘 듣는다. 그러나 신생아의 귀는 소리에 익숙하지 않기 때문에 큰 소리를 들으면 놀라거나 울 수 있다. 신생아의 귀는 태어난 후에도 계속해서 발달한다.
- 코: 신생아의 코는 태어날 때부터 잘 숨을 쉬지만, 아직 콧구멍이 좁아서

숨을 쉬기가 어려울 수 있다. 신생아의 코는 태어난 후에도 계속해서 발달한다.

- 입: 신생아의 입은 태어날 때부터 젖을 빨 수 있다. 신생아의 입은 태어난 후에도 계속해서 발달한다.
- 손과 발: 신생아의 손과 발은 가늘고 작다. 신생아의 손과 발은 아직 뼈가 튼튼하지 않아서 쉽게 부러질 수 있다. 신생아의 손과 발은 태어난 후에도 계속해서 성장한다.
- 피부: 신생아의 피부는 얇고 투명하다. 신생아의 피부는 아직 멜라닌 색소가 생성되지 않아서 창백하다. 신생아의 피부는 태어난 후에도 계속해서 발달한다.
- 배꼽: 신생아의 배꼽은 태아 때의 탯줄이 떨어진 자리이다. 배꼽은 몇 주 안에 저절로 떨어진다. 신생아기의 신체 발달은 매우 빠르다.

② 신생아기의 신체 발달 특징

갓 태어난 신생아는 태아 때와는 달리 외부 환경에 적응해야 한다. 신생아의 신체 발달 특징은 다음과 같다. 신생아의 체온은 36.5~37.5℃이며, 신생아의 체온은 외부 환경에 따라 쉽게 변할 수 있으므로 주의해야 한다. 신생아의 호흡은 분당 30~50회이며, 신생아의 호흡은 숨을 참거나 헐떡거리는 경우가 있다. 신생아의 심박수는 분당 120~160회이며, 신생아의 심박수는 빠르거나 느릴 수 있다. 신생아의 혈압은 90/60mmHg이며, 신생아의 혈압은 높거나 낮을 수 있다. 신생아의 소화 능력은 미숙하기 때문에 모유나 분유를 잘 먹지 못할 수 있다. 신생아의 배변은 하루에 4~6회 정도이며, 신생아의 배변은 변비나 설사가 있을 수 있다. 신생아의 수면은 하루에 16~20시간 정도이며, 신생아의 수면은 자주 깨거나 잠을 못 잘 수 있다.

③ 신생아의 반사행동

갓 태어난 신생아는 태아 때부터 가지고 있는 몇 가지 반사행동을 가지고 있다. 이러한 반사행동은 신생아가 외부 환경에 적응하고, 신경계가 발달하는 데 도움이 된다. 이러한 반사행동은 신생아의 신경계가 발달함에 따라 점차 사라진다. 대부분의 반사행동은 생후 6개월 정도에 사라지며 빨기 반사와 눈 깜박임 반사는 성인이 될 때까지 유지된다. 신생아의 반사행동은 신생아의 신경계 발달을 확인하는 데 도움이 되며, 이러한 반사행동이 나타나지 않으면 신경계 이상을 의심할 수 있다. 신생아의 반사에는 생존 반사와 원시반사의 두 종류가 있다.

- 생존반사: 태아의 신경계가 발달하는 과정에서 나타나는 반사행동으로, 태어나서 몇 달이 지나면 사라진다. 태아의 생존을 위해 필요한 반사행동으로, 태아의 신경계가 정상적으로 발달하고 있는지 확인하는 데 도움이 된다. 생존반사가 사라지지 않는 경우, 신경계의 이상을 의심할 수 있다. 따라서 신생아의 생존 반사를 관찰하는 것은 중요하다.

표 2-1 생존반사

유형	설명
호흡반사	• 산소를 흡입하고 이산화탄소를 배출하기 위해 호흡을 시작하는 반사
탐색 반사	• 입술이나 혀에 자극이 가해지면 빨기 행동을 하는 반사
빨기반사	• 신생아는 빨기반사를 통해 모유를 섭취할 수 있다. 구강 운동을 발달시킨다. 신생아의 정서적 안정을 도와준다.
동공반사	• 태양광이나 밝은 빛에 노출되면 동공이 수축하는 것이다. 태아의 눈이 빛에 적응하도록 돕고, 출생 후 신생아의 시력을 보호하는 역할을 한다.
눈깜박반사	• 신생아의 눈 깜박임은 눈을 보호하는 생존 반사이다. 눈은 매우 민감하여, 밝은 빛이나 강한 바람에 노출되면 눈을 깜박인다. 눈 깜박임은 눈을 자극으로부터 보호하고, 눈물의 분비를 촉진하여 눈을 촉촉하게 유지하는 역할을 한다.
연하반사	• 음식이 입으로 들어오면 음식을 삼키는 반사이다. 신생아에게 음식을 섭취하고 소화시키는 데 도움을 준다. 신생아의 기도와 위장을 보호하는 역할을 하고 신생아의 목과 혀의 신경이 자극되면 발생한다.

- 원시반사: 원시반사는 태아 때부터 가지고 있는 반사행동이다. 원시반사는 신생아가 태어나서 처음 몇 개월 동안 나타나며, 생후 6개월 정도가 되면 사라진다. 원시반사는 신생아의 신경계가 발달하고, 외부 환경에 적응하는 데 도움이 된다.

표 2-2 원시반사

유형	설명
모로반사	• 모로 반사는 신생아가 떨어질 것 같은 느낌을 받으면 팔과 다리를 뻗고 비명을 지르는 반사이다. 신생아가 떨어지지 않도록 보호하려는 본능적인 반사이다
바빈스키반사	• 신생아의 발바닥을 긁거나 누르면 엄지발가락이 안쪽으로 구부러지는 현상이다. 이는 신생아의 신경계가 아직 미숙하여 발생하는 반사로 신생아의 신경계가 정상적으로 발달하고 있다는 것을 나타내는 지표 중 하나이다.
손바닥반사	• 손바닥반사는 신생아기 원시반사의 하나로, 손바닥을 자극하면 손가락을 펴고 손바닥을 쥐는 반사를 말한다. 태아의 자궁 내에서 손가락을 쥐고 자궁벽을 붙잡는 데 도움이 되는 반사이다
걷기반사	• 신생아가 태내에서 좁은 공간에서 움직이던 것에 대한 습관이 남아있는 것으로, 신생아가 발바닥을 바닥에 대고 지지하면 걷는 것처럼 두 발을 번갈아 내딛는 반사이다. 신생아의 신경계가 정상적으로 발달하고 있다는 것을 나타내는 증거이다
수영반사	• 수영반사는 태아가 자궁 내에서 움직일 수 있게 해주는 근육과 신경계의 발달을 보여주는 것이다.

④ 신생아기에 주의 사항

신생아는 태아 때와는 달리 외부 환경에 적응해야 한다. 따라서 신생아기에는 신생아의 건강을 위해 주의해야 할 사항이 있다. 첫째, 신생아의 체온을 유지하기이다. 신생아의 체온은 36.5~37.5℃이다. 신생아의 체온이 너무 낮거나 높으면 건강에 문제가 생길 수 있다. 신생아의 체온을 유지하기 위해 신생아를 따뜻하게 옷을 입히고, 방의 온도를 적절하게 유지해야 한다.

둘째, 신생아의 수분을 공급하기이다. 신생아는 태어나서 처음 몇 개월 동안 모유나 분유를 통해 수분을 섭취한다. 신생아에게 충분한 수분을 공급하지 않으면 탈수 증상이 나타날 수 있다. 신생아에게 하루에 8~10회 정도 모유나 분유를 먹이면 된다. 셋째, 신생아의 배변을 관찰하기이다. 신생아는 태어나서 처음 몇 개월 동안 하루에 4~6회 정도 배변을 한다. 신생아가 배변을 하지 않으면 변비가 생길 수 있다. 신생아에게 충분한 수분을 공급하고, 규칙적으로 배변을 하도록 해야 한다.

넷째, 신생아의 피부를 관리하기이다. 신생아의 피부는 매우 연약하다. 신생아의 피부를 자극하지 않는 순한 세정제로 목욕을 시키고, 로션을 발라주어야 한다. 다섯째, 신생아의 안전을 확인하기이다. 신생아는 주변 환경에 대한 위험을 인지하지 못한다. 신생아에게 위험한 물건이 없는지 확인하고, 신생아가 기어 다니거나 걸을 수 있는 공간은 안전하게 보호해야 한다. 신생아는 태어나서 처음 몇 개월 동안 매우 빠르게 성장하고 발달한다. 신생아의 건강을 위해 주의해야 할 사항을 잘 지켜서 보호하여야 한다.

(2) 영아기(24개월까지)의 신체 발달

① 신체 특징

- 키와 몸무게: 영아는 출생 후 1년 동안 빠르게 성장한다. 생후 1년이 되면 출생 시 키의 약 1.5배, 몸무게의 약 3배가 된다.
- 골격과 근육: 영아의 골격은 출생 후에도 계속 성장한다. 생후 1년이 되면 출생 시 골격의 약 90%가 형성된다. 영아의 근육은 출생 후에도 계속 발달한다. 생후 1년이 되면 출생 시 근육의 약 80%가 형성된다.
- 치아: 영아는 생후 6~7개월경에 첫 번째 치아가 나기 시작한다. 생후 30개월경에는 모든 치아가 나게 된다.
- 감각기관: 영아의 감각기관은 출생 후에도 계속 발달한다. 영아는 생후 6개월경에 시력이 발달하고, 생후 9개월경에 청력이 발달한다. 생후 12개월경에는 냄새, 맛, 촉각이 발달한다.
- 운동기능: 영아의 운동기능은 출생 후에도 계속 발달한다. 영아는 생후 6

개월경에 앉을 수 있고, 생후 9개월경에 기어 다닐 수 있다. 생후 12개월경에는 걸을 수 있다. 영아기의 신체 특징은 영아의 성장과 발달을 이해하는 데 중요한 요소이므로 영아의 신체 특징을 이해하면 영아를 적절하게 돌보고 양육할 수 있다.

② 운동 발달

영아기의 운동발달은 태어날 때부터 약 12세까지의 기간 동안 이루어지는 신체의 성장과 발달이다. 신경계의 발달에 따라 이루어지는데, 신경계는 뇌, 척수, 신경을 포함하는 신체의 중추신경계와 말초신경계로 구성된다. 신경계는 신체의 모든 부위에 정보를 전달하고, 신체의 움직임을 조절하는 역할을 한다.

- 대근육 운동발달: 몸통, 팔, 다리 등의 근육을 사용하여 걷기, 뛰기, 던지기, 받기 등의 움직임을 하는 것을 말한다.
- 소근육 운동발달: 손, 발, 눈 등의 작은 근육을 사용하여 잡기, 가위질하기, 글씨 쓰기 등의 움직임을 하는 것을 말한다. 영아기의 운동발달은 개인차가 크지만, 일반적으로 1개월 고개 들기, 3개월 배밀기, 6개월 앉기, 9개월 기기, 12개월 걷기 순서로 이루어진다. 전반적인 성장과 발달에 중요하기 때문에 다양한 신체활동의 기회를 제공하고, 안전한 환경을 조성하는 것이 중요하다.

③ 감각 발달

영아기의 감각발달은 매우 빠르게 이루어진다. 영아는 생후 몇 주 만에 감각을 발달시키기 시작한다.

- 시각: 영아는 생후 6~8주 정도가 되면 사물을 구별할 수 있게 된다. 생후 3~4개월 정도가 되면 두 눈의 협응이 이루어져서 사물을 입체적으로 볼 수 있게 된다.
- 청각: 영아는 생후 2~3주 정도가 되면 소리를 들을 수 있다. 생후 4~5개

월 정도가 되면 소리의 방향과 거리를 구별할 수 있게 된다.

- 촉각: 영아는 생후 1~2주 정도가 되면 촉감을 느낄 수 있다. 그 후 3~4개월 정도가 되면 촉각을 통해 사물의 형태와 크기를 구별할 수 있게 된다.
- 미각: 영아는 생후 1~2주 정도가 되면 미각을 느낄 수 있다. 생후 3~4개월쯤에는 미각을 통해 음식의 맛을 구별할 수 있게 된다.
- 후각: 영아는 생후 2~3주 정도가 되면 후각을 느낄 수 있다. 생후 4~5개월 정도가 되면 후각을 통해 냄새를 구별할 수 있게 된다.

영아기의 감각발달은 인지발달, 언어발달, 사회·정서적 발달에 중요한 영향을 미치므로 영아에게 다양한 경험을 제공하는 것이 중요하다. 영아에게 다양한 색깔, 모양, 재질의 물건을 보여주거나, 다양한 소리를 들려주거나, 다양한 음식을 먹여주는 것이다.

2) 인지·언어발달

영아기는 감각을 통해 획득한 정보를 조직하고 환경적 자극에 반응하는 도식(schema)을 형성함으로써 인지적 발달이 일어난다. 즉, 피아제의 감각운동기에 해당되며, 이 시기의 인지발달은 지능과 이해력, 논리 및 지식의 성장을 의미한다. 감각운동기에 일어나는 중요한 인지발달적 변화의 하나는 대상영속성(object permanence) 개념의 발달이다. 영아기에 획득되는 가장 큰 능력 중의 하나가 언어능력이다. 출생 후 모든 의사를 울음으로 나타냈던 아기들은 미소를 띠고 옹알이를 하게 되면서부터 점차 분화된 의사표현을 하게 된다. 옹알이는 생후 6~8개월에 절정에 이르렀다가 대개 생후 1년 이내에 점차 감소한다. 6개월 이후에는 아기들이 상대방의 반응에 따라 자신의 소리를 수정하는 모방도 하게 된다. 그리고 보통 생후 9개월 정도가 되면 한마디 말을 사용하기 시작한다. 영아가 15개월이 되면 두 단어를 결합하여 말을 하게 된다. 약 18개월경부터는 산출언어능력은 급격히 늘어나서 20개월경에는 약 50개의 어휘능력을 갖게 되고, 2세 전후가 되면 250개 이상의 어휘를 획득하게 된다. 이처럼 언어획득 속도가 급격히 일어나는 2세 전후를 언어의 폭발적인 팽창기라고 한다.

영아기의 언어발달은 생후 6개월부터 시작하여 6세까지 이루어진다. 영아기의 언어발달은 크게 네 단계로 구분할 수 있다.

① 울음기: 생후 6개월 이전의 영아는 울음을 통해 자신의 욕구를 표현한다. 울음의 종류는 배가 고프다, 기저귀가 젖었다, 아프다, 무섭다, 외롭다 등 다양하다.

② 옹알이기: 생후 6개월부터 12개월까지의 영아는 옹알이를 통해 의사소통을 시작한다. 옹알이는 모음과 자음을 조합하여 발음하는 소리로 옹알이를 통해 영아는 언어를 배우고, 자신의 감정을 표현하고, 의사소통을 할 수 있다.

③ 한 단어기: 생후 12개월부터 24개월까지의 영아는 한 단어를 말할 수 있다. 한 단어는 영아의 주변 사물, 사람, 행동 등을 나타내는 단어이다. 한 단어를 말할 수 있게 되면 영아는 의사소통 능력이 크게 향상된다.

④ 두 단어기: 생후 24개월부터 36개월까지의 영아는 두 단어를 결합하여 문장을 말할 수 있다. 두 단어 문장은 영아의 주변 세계를 이해하고, 자신의 생각을 표현하는 데 도움이 된다.

영아기의 언어발달은 영아의 인지발달, 사회-정서적 발달, 신체적 발달과 밀접한 관련이 있다. 영아의 언어발달을 촉진하기 위해서는 영아와 자주 이야기하고, 책을 읽어주고, 놀아주는 것이 중요하다.

3) 심리·사회발달

(1) 애착

영아기의 심리·사회적 발달에서 애착관계의 형성은 매우 중요하다. 애착은 영아와 양육자 사이에 형성되는 친밀한 관계로, 영아의 정서적 안정과 사회성 발달에 중요한 역할을 한다. 애착은 영아의 생후 6개월경부터 시작되어 3세경에 완성된다. 애착은 영아의 신체적, 정서적, 언어적, 인지적 발달에 긍정적인 영향을 미친다. 애착이 잘 형성된 영아는 정서적으로 안정되고, 다른 사람과 잘 소통할 수 있으며, 학습 능력도 뛰어나며 애착의 형성에는 양육자의 양육태도가 중요하다. 양육자는 영아의 욕구를 적절하게 충족시켜주고, 영아와 정서적으로 교류하는 시간을 충분히 가져야 한다. 또한, 양육자는 영아에게 일관되고 예측 가능한 양육태도를 보여야 한다. 애착의 형성을 촉진하기 위해서는 영아의 욕구를 적절하게 충족시키기, 영아와 정서적으로 교류하는 시간을 충분히 가져주기, 영아에게 일관되고 예측 가능한 양육태도를 보여주기, 영아의 말과 행동에 관심을 갖고 반응해 주기, 영아에게 사랑과 애정을 표현해 주기이다. 애착은 영아의 심리사회적 발달에 매우 중요한 요소이다. 양육자는 애착의 형성을 위해 노력해야 한다.

아인스워드(M. Ainsworth)는 영아와 양육자 사이의 애착 유형을 네 가지로 분류했다. 첫째, 안정 애착이다. 영아는 양육자가 떠나면 슬퍼하고, 양육자가 돌아오면 안심하고 기뻐한다. 양육자를 신뢰하고 의지하는 애착 유형이다. 둘째, 회피 애착이다. 영아는 양육자가 떠나도 슬퍼하지 않고, 양육자가 돌아와도 안심하지 않는다. 양육자를 신뢰하지 않고, 독립적인 애착 유형이다. 셋째, 저항 애착이다. 영아는 양육자가 떠나면 슬퍼하고, 양육자가 돌아와도 안심하지 않는다. 양육자를 신뢰하지 않고, 양육자에게 의존하는 애착 유형이다. 넷째, 혼란 애착이다. 영아는 양육자가 떠나거나 돌아와도 일관된 반응을 보이지 않는다. 양육자를 신뢰하지 못하고, 불안정한 애착 유형이다.

영아기의 심리·사회적 발달에서 분리불안은 영아의 중요한 양육자와 분리될 때 나타나는 불안감을 말한다. 분리불안은 영아의 심리·사회적 발달에서 자연스러운 과정이지만, 지나치면 영아의 발달에 부정적인 영향을 미칠 수 있다.

(2) 분리불안과 낯가림

분리불안은 보통 생후 6~8개월에 시작되어 2~3세에 가장 심해졌다가 점차 감소한다. 분리불안을 보이는 영아는 양육자와 분리될 때 울거나, 보채거나, 물건을 집어던지거나, 떼쓰는 등의 행동을 보인다. 또한, 분리불안을 보이는 영아는 양육자가 보이지 않으면 불안해하고, 양육자가 돌아오면 안심한다. 분리불안을 예방하기 위해서는 영아의 양육자와의 애착 관계를 형성하는 것이 중요하다. 영아의 양육자는 영아에게 애정과 관심을 주고, 영아와 자주 놀아주고, 영아와 함께 시간을 보내는 것이 좋다. 또한, 영아의 양육자는 영아에게 양육자가 잠시 자리를 비우더라도 영아가 혼자가 아니라는 것을 알려주는 것이 좋다.

낯가림은 영아기의 심리·사회적 발달에서 나타나는 흔한 현상이다. 낯가림은 영아의 정서적 발달과 관련이 있는데, 영아는 주변 환경에 대한 두려움과 불안감으로 인해 낯선 사람을 피하는 행동을 보인다. 낯가림은 영아의 나이, 성격, 환경 등 다양한 요인에 의해 영향을 받는다. 낯가림이 심한 영아는 새로운 사람을 만나면 울거나, 떼를 쓰거나, 숨거나, 몸을 움츠리는 등의 행동을 보인다. 낯가림을 극복하기 위해서는 영아에게 새로운 사람을 천천히 소개하고, 새로운 환경에 자주 데려가서 새로운 사람과 상호 작용할 수 있는 기회를 제공한다면 긍정적인 경험을 제공한다. 낯가림은 영아기의 정상적인 발달과정이며 부모의 사랑과 지원을 통해 낯가림을 극복할 수 있다.

(3) 정서발달

영아기의 정서발달은 6개월에서 36개월 사이의 기간에 이루어진다. 영아기의 정서발달은 영아의 신체적, 인지적, 사회적 발달에 의해 영향을 받는다.

- 1단계(생후 0~6개월): 기쁨, 놀람, 두려움, 슬픔, 분노와 같은 기본적인 정서를 경험한다.
- 2단계(생후 7~12개월): 다른 사람의 정서를 인식하고 이해하기 시작한다.

- 3단계(생후 13~18개월): 자신의 정서를 표현하기 시작한다.
- 4단계(생후 19~24개월): 자신의 정서를 조절하기 시작한다.
- 5단계(생후 25~36개월): 다른 사람의 정서를 공감하기 시작한다.

영아기의 정서발달을 촉진하기 위해서는 다음과 같은 방법을 사용할 수 있다. 영아의 정서를 인식하고 이해하기, 영아의 정서를 표현하도록 격려하기, 영아의 정서를 조절하도록 도와주기, 영아와 정서적인 교류를 하기, 영아에게 안전하고 긍정적인 정서적 환경을 제공한다.

4) 사회복지실천과 연관성

영아기와 사회복지실천의 연관성을 크게 미시적인 부분과 거시적인 부분으로 나누어 해결방안도 함께 제시하고자 한다(윤경원 외, 2022; 장수복 외, 2024).

먼저, 미시적 수준에서의 문제이다. 첫째, 영아의 신체적, 정신적, 사회적 발달에 필요한 지원이 부족하다. 둘째, 영아의 양육에 대한 정보와 교육이 부족하다. 셋째, 영아의 양육에 대한 사회적 편견과 차별이 존재한다. 넷째, 영아의 양육에 대한 경제적 부담이 크다. 이와 같은 미시적 문제를 해결하기 위해서는 다음과 같다. ① 영아의 신체적, 정신적, 사회적 발달을 지원하기 위한 프로그램과 서비스가 제공되어야 한다. ② 영아의 양육에 대한 정보와 교육이 확대되어야 한다. ③ 영아의 양육에 대한 사회적 편견과 차별이 해소되어야 한다. ④ 영아의 양육에 대한 경제적 지원이 확대되어야 한다.

거시적 수준에서의 문제는 크게 7지로 볼 수 있다. 첫째, 빈곤이다. 영아의 건강과 발달에 부정적인 영향을 미친다. 영아기의 빈곤은 영아의 영양 부족, 질병, 학습 장애, 행동 문제 등을 유발할 수 있다. 영아기의 빈곤을 해결하기 위해서는 정부와 사회가 함께 노력해야 한다. 정부는 영아기의 빈곤을 줄이기 위해 보육비 지원, 의료비 지원, 교육비 지원 등의 정책을 마련해야 한다. 사회는 영아기의 빈곤 가정을 지원하기 위해 자원봉사, 후원, 교육 등의 활동을 해야 한다.

둘째, 폭력이다. 영아의 심리적, 신체적 건강에 부정적인 영향을 미친다. 영아기의 폭력은 영아의 불안, 우울, 분노, 학습 장애, 행동 문제 등을 유발할 수 있다. 폭력을 해결하기 위해서는 정부와 사회가 함께 노력해야 한다. 정부는 영아기의 폭력을 예방하기 위해 가정폭력 예방 교육, 가정폭력 신고 체계 구축, 가정폭력 피해자 지원 등의 정책을 마련해야 한다. 사회는 영아기의 폭력 피해자를 지원하기 위해 자원봉사, 후원, 교육 등의 활동을 해야 한다.

셋째, 차별이다. 영아의 자존감과 사회 적응에 부정적인 영향을 미친다. 영아기의 차별은 영아의 우울, 불안, 분노, 학습 장애, 행동 문제 등을 유발할 수 있다. 차별을 해결하기 위해서는 정부와 사회가 함께 노력해야 한다. 정부는 영아기의 차별을 예방하기 위해 인권 교육, 차별 금지 법률 제정, 차별 피해자 지원 등의 정책을 마련해야 한다. 사회는 영아기의 차별 피해자를 지원하기 위해 자원봉사, 후원, 교육 등의 활동을 해야 한다.

넷째, 건강관리 부족과 영양 부족이다. 영아기 건강관리 서비스 확대, 영아기 건강관리 교육 강화, 영아기 건강관리 지원 확대가 필요하다. 영아기 영양 부족을 예방하기 위해서는 영아에게 적절한 영양을 공급하는 것이 중요하다. 영아에게 필요한 영양소는 모유, 분유, 이유식, 보조식품 등을 통해 공급할 수 있다. 영아의 영양 상태를 확인하기 위해서는 영아의 체중, 키, 머리둘레 등을 정기적으로 측정해야 한다. 영아의 영양 상태가 좋지 않다고 판단되면 의사와 상담하여 영양 보충을 해야 한다.

다섯째, 교육 부족이다. 정부는 영아기 교육을 지원하기 위해 보육비 지원, 교육비 지원, 교육 프로그램 지원 등의 정책을 마련해야 한다. 영아기 교육을 지원하기 위해 자원봉사, 후원, 교육 등의 활동을 해야 한다.

여섯째, 정서적 지원 부족이다. 영아기 정서지원은 영아의 정서적 건강과 발달을 돕기 위한 활동이다. 영아기 정서지원은 영아의 감정을 이해하고 표현하는 방법을 배우는 데 도움을 준다.

영아와의 신체 접촉: 영아와의 신체 접촉은 영아에게 안정감과 사랑을 느끼게 해준다.

영아의 감정 표현을 듣고 이해하기, 영아의 감정을 적절하게 표현하도록 돕기, 영아에게 긍정적인 모델링, 영아에게 정서적 안정감을 제공하는 것은 영아의 정서적 건강에 중요하다.

일곱째, 안전문제이다. 영아기 안전문제에서 가장 중요한 것은 영아의 안전을 최우선으로 생각하는 것이다. 영아는 신체적, 정신적으로 매우 취약하므로, 질식, 추락, 화상, 질병, 사고 등에서 영아의 안전을 위협하는 요소를 제거하고, 영아를 보호하는 것이 가장 중요하다. 이러한 문제점은 영아의 건강과 발달에 부정적인 영향을 미친다. 정부와 사회가 함께 노력하여 영아기의 문제점을 해결하고, 영아들이 건강하고 행복하게 성장할 수 있도록 해야 한다.

CHAPTER

03

유아기, 아동기

1. 유아기

유아기는 인간의 전체적인 능력이 크게 발달하는 시기이다. 영아기에 비해 성장하는 속도는 느려지지만 꾸준한 성장이 이루어지는 시기이며, 신체가 발달함에 따라 운동능력 역시 발달하게 된다. 유아기 때는 또한 인지능력의 발달도 증가하며 주변 환경에 대한 호기심도 크게 증가하고 많은 어휘의 향상을 통해 다른 사람과의 의사소통 역시 활발해진다. 기초적인 유아기의 신체발달, 인지·언어발달, 심리·사회발달에 대해 알아보고자 한다(김영미, 2023; 노수희, 2023; 유미림 외, 2024).

1) 신체발달

(1) 신체 성장

유아기의 신체 발달은 매우 빠르게 이루어진다. 만 1세의 유아는 보통 8~12kg, 만 2세의 유아는 보통 10~14kg의 체중을 가지며, 키는 만 1세에 약 80cm, 만 2세에 약 90cm로 성장한다. 유아기의 신체 발달은 뼈와 근육의 성장이 주를 이루며, 걷기, 달리기, 뛰기, 오르기, 내리기와 같은 대근육 운동과 숟가락질, 젓가락질, 옷 입기, 신발 신기와 같은 소근육 운동이 발달한다. 또한, 유아기는 균형감각과 협응력이 발달하는 시기이므로, 다양한 신체 활동을 통해 유아의 신체 발달을 촉진하는 것이 중요하다.

유아기의 신체 발달을 촉진하기 위해서는 다음과 같은 방법이 있다. 다양한 신체 활동하도록 격려, 균형 잡힌 식단 제공, 충분한 수면 취하기, 건강한 생활 습관 가르쳐주기를 통해 유아기의 신체 발달은 유아의 전반적인 발달에 중요한 영향을 미친다. 유아의 신체 발달을 촉진하기 위해 부모의 관심과 노력이 필요하다.

(2) 운동기능의 발달

유아기 운동기능의 발달은 신경계의 발달과 밀접한 관련이 있다. 신경계는 두뇌, 척수, 신경으로 구성되어 있으며, 몸의 움직임을 조절하고 감각을 전달하는 역할을 한다. 유아기에는 신경계가 급격히 발달하기 때문에 운동기능도 빠르게 발달한다. 유아기의 운동기능 발달은 크게 두 가지 단계로 나눌 수 있다. 첫 번째 단계는 앉기, 기기, 걷기와 같은 기본적인 운동기능을 발달시키는 단계이다. 이 단계는 생후 6개월에서 24개월 사이에 이루어진다. 두 번째 단계는 달리기, 점프하기, 던지기와 같은 복잡한 운동기능을 발달시키는 단계이다. 이 단계는 생후 24개월에서 60개월 사이에 이루어진다. 유아기의 운동기능 발달을 촉진하기 위해서는 충분한 활동을 할 수 있도록 돕는 것이 중요하다. 유아가 자유롭게 뛰어놀 수 있는 공간을 제공하고, 흥미를 유발하는 활동을 함께 해주고, 운동할 때는 부상을 방지하기 위해 안전한 환경을 조성하는 것이 중요하다. 유아기의 운동기능 발달에 도움이 되는 활동들은 걷기, 뛰기, 달리기, 던지기, 잡기, 받아주기, 오르기, 내리기, 자전거 타기, 춤추기, 물놀이, 스케이트 타기, 축구, 야구, 농구와 같은 스포츠를 통해 유아기의 운동기능 발달은 아이의 신체적, 정서적, 지적 발달에 중요한 역할을 한다.

2) 인지 · 언어발달

유아기의 언어발달은 매우 빠르게 이루어진다. 태어난 후 6개월이 되면 아기는 부모의 목소리를 구별하고 옹알이를 시작하고, 12개월이 되면 아기는 몇 개의 단어를 말할 수 있고, 18개월이 되면 50~100개의 단어를 말할 수 있다. 24개월이 되면 아기는 200~300개의 단어를 말할 수 있고, 36개월이 되면 500~1,000개의 단어를 말할 수 있다. 유아기의 언어발달은 유전, 환경, 자극의 세 가지 요인에 의해 영향을 받는다. 유전은 언어발달에 기초를 제공하지만, 환경과 자극도 매우 중요하다. 아기가 부모와 자주 대화하고, 책을 읽고, 노래를 부르는 등 다양한 자극을 받으면 언어발달이 더 빨리 이루어진다. 유아기의 언어발달은 매우 중요한 시기로 이 시기에 아기의 언어발달을 촉진하면 아기가 학교에 가서 공부를 잘하고, 사회생활을 잘할 수 있다.

유아기의 인지발달은 유전적 요인과 환경적 요인에 의해 영향을 받는다. 유전적 요인은 유아의 인지발달 속도에 영향을 미치지만, 환경적 요인도 유아의 인지발달에 중요한 역할을 한다. 유아의 인지발달을 촉진하기 위해서는 유아에게 다양한 경험을 제공하고, 유아와 자주 대화하고, 유아의 질문에 답변해 주어야 한다.

(1) 인지발달 특징

유아기의 인지발달은 급격한 속도로 이루어진다. 유아들은 주변 세계를 탐색하고 배우는 데 많은 시간을 보내며, 이 과정에서 인지능력이 크게 향상된다. 유아기 인지발달의 특징은 ① 유아들은 언어를 배우고 이해하는 능력이 급격히 향상된다. ② 유아들은 주변 세계에 대한 이해를 바탕으로 사고를 할 수 있는 능력을 발달시킨다. ③ 유아들은 상징을 사용하여 의사소통하고 사고를 할 수 있는 능력을 발달시킨다.

(2) 상징적 사고

상징적 사고는 어떤 대상을 다른 대상에 대신하여 사용하는 사고방식이다. 예를 들어, 장난감 자동차를 가지고 놀면서 자동차를 운전하는 것처럼 행동하는 것은 상징적 사고의 한 예이다. 유아기는 상징적 사고를 통해 현실 세계의 경험을 머릿속에서 재현할 수 있다.

상징적 사고는 유아기 인지발달의 중요한 단계로 상징적 사고를 통해 유아기는 현실 세계를 더 잘 이해하고, 추론하고, 의사소통할 수 있으며, 유아의 창의력과 상상력을 발달시키는 데에도 중요한 역할을 한다.

상징적 사고는 일반적으로 만 2세 무렵에 발달하기 시작하는데 유아의 개인차에 따라 발달 시기가 다를 수 있다. 유아의 상징적 사고를 촉진하기 위해서는 유아에게 다양한 경험을 제공하고, 유아의 질문에 답변하고, 유아와 함께 놀아주는 것이 중요하다.

유아의 상징적 사고를 촉진하는 방법개입에는 유아에게 다양한 장난감과 재료를 제공, 역할 놀이, 질문에 답변해 주기, 책을 읽어주기, 이야기 나누기 등 상징적 사고를 촉진하면 유아의 인지발달, 창의력, 상상력 발달에 도움이 된다.

(3) 자기중심성(자아 중심성)

자기중심성은 자신의 생각, 감정, 욕구에만 집중하고 타인의 생각, 감정, 욕구를 고려하지 않는 성격 특성이다. 자기중심적인 사람은 자신의 의견이 항상 옳다고 믿고, 타인의 의견을 경청하지 않으며, 타인의 필요를 무시한다. 타인과 갈등을 일으키는 경우가 많고, 인간관계에서 어려움을 겪는다. 자녀가 부모의 관심과 사랑을 독점적으로 받으면 자기중심적인 성격이 형성될 수 있다. 또한, 자녀가 부모의 기대에 못 미치면 자기중심적인 성격으로 방어하려는 경향이 있다. 자기중심적인 성격은 타인과 갈등을 일으키고 인간관계에서 어려움을 겪을 수 있으므로, 자기중심적인 성격을 개선하는 것이 중요하다. 자신의 생각, 감정, 욕구를 타인의 관점에서 바라보는 연습을 해야 하며 타인의 의견을 경청하고 타인의 필요를 이해하는 노력을 해야 한다.

(4) 직관적 사고

유아기의 직관적 사고는 2~7세의 유아들에게서 나타나는 사고방식이다. 이 시기에 유아들은 논리적 사고가 발달하지 않았기 때문에 직관적으로 이해하려고 한다. 유아들은 달이 따라오는 그것으로 생각하거나, 태양이 땅을 돌고 있다고 생각할 수 있다. 이러한 사고방식은 유아들이 아직 물리적 법칙을 이해하지 못하기 때문이다. 그러나 유아기의 직관적 사고는 유아들의 인지발달에 중요한 역할을 한다. 유아들은 직관적 사고를 통해 세상에 대한 이해를 넓히고, 새로운 것을 배우고, 문제를 해결할 수 있다. 또한, 유아기의 직관적 사고는 나중에 형식적 사고로 발전하는 토대가 된다. 아직 논리적 사고가 발달하지 않았기 때문에, 유아들에게 너무 어려운 개념을 가르치거나, 유아들의 사고방식을 무시해서는 안 된다. 유아들의 직관적 사고를 이해하고, 유아들의 수준에 맞는 교육을 제공하는 것이 중요하다.

(5) 중심화 경향

중심화 경향이란 유아들이 세상을 이해할 때, 한 가지 특징만을 중심으로 생각하고, 다른 특징은 고려하지 않는 것을 말한다. 예를 들어, 유아들은 10개의 작은 공과 1개의 큰 공이 있을 때, 큰 공이 더 많다고 생각할 수 있다. 이는 유아들이 공의 크기만을 중심으로 생각하고, 공의 개수는 고려하지 않기 때문이다. 중심화 경향은 유아들은 논리적 사고가 발달하지 않아 나타나는 현상으로 유아들은 세상을 이해할 때, 아직 경험에만 의존한다. 따라서, 유아들은 자신이 직접 경험하지 않은 것은 이해하기 어렵다. 중심화 경향은 유아기의 특징 중 하나이지만, 유아들은 경험을 통해 세상을 이해하는 능력이 발달하고, 논리적 사고가 발달함에 따라 중심화 경향은 사라진다.

(6) 비가역적 사고

비가역적 사고란 유아들이 세상을 이해할 때, 원래의 상태로 되돌릴 수 없는 변화를 이해하지 못하는 것을 말한다. 예를 들어, 유아들은 물이 컵에서 다른 컵으로 옮겨졌을 때, 물이 더 많아졌다고 생각할 수 있다. 이는 유아들이 물이 옮겨진 후에도 원래의 컵에 있던 물의 양이 변하지 않았다는 것을 이해하지 못하기 때문이다. 유아들은 세상을 이해할 때, 아직 경험에만 의존하며 유아들은 자신이 직접 경험하지 않은 것은 이해하기 어렵다.

비가역적 사고는 유아기의 특징 중 하나이지만, 유아들은 경험을 통해 세상을 이해하는 능력이 발달하고, 논리적 사고가 발달함에 따라 비가역적 사고는 사라진다.

(7) 물활론적 사고

물활론적 사고는 유아기의 사고방식 중 하나로, 유아들이 모든 사물이 생명체처럼 움직이고, 생각하고, 느낀다고 생각하는 사고방식이다. 예를 들어, 유아들은 꽃이 자라는 것을 보고, 꽃이 물을 마시고, 밥을 먹고, 자고 있다고 생각할 수 있다. 또한, 유아들은 장난감이 움직이는 것을 보고, 장난감이 행복하고, 슬프고, 화났다고 생각할 수 있다. 유아들은 세상을 이해할 때, 아직 경험에만 의존하고 자신이 직접 경험하지 않은 것은 이해하기 어렵다. 유아기의 특징 중 하나이지만, 유아들은 경험을 통해 세상을 이해하는 능력이 발달하고, 논리적 사고가 발달함에 따라 물활론적 사고는 사라진다. 물활론적 사고를 이해하는 것은 유아들을 올바르게 교육하는 데 도움이 된다. 유아들은 아직 세상을 잘 이해하지 못하기 때문에, 유아들에게 너무 어려운 개념을 가르치거나, 유아들의 사고방식을 무시해서는 안 된다. 유아들의 물활론적 사고를 이해하고, 유아들의 수준에 맞는 교육을 제공하는 것이 중요하다.

(8) 인공적 사고

유아기의 인공적 사고는 유아들이 세상을 이해할 때, 세상을 마치 살아있는 것으로 생각하는 것을 말한다. 예를 들어, 유아들은 인형이 울면 인형이 아프다고 생각하거나, 자동차가 움직이면 자동차가 기분이 좋다고 생각할 수 있다. 인공적 사고는 유아기의 특징 중 하나이지만, 유아들은 세상에 대한 경험이 많아지고, 논리적 사고가 발달함에 따라 인공적 사고는 사라진다. 유아들이 세상을 이해하는 데 도움이 될 수 있다. 유아들은 인공적 사고를 통해 세상에 관한 관심을 두고, 세상을 탐험할 수 있다. 또한, 인공적 사고는 유아들의 상상력을 발달시키는 데 도움이 된다. 그러나 유아들이 잘못된 정보를 얻을 수 있는 원인이 되기도 한다. 유아들은 인공적 사고를 통해 세상을 마치 살아있는 것처럼 생각하기 때문에, 세상에 대한 잘못된 정보를 얻을 수 있다. 따라서, 유아들에게는 인공적 사고를 바탕으로 잘못된 정보를 얻지 않도록 교육하는 것이 중요하다.

(9) 전환적 추론

전환적 추론은 유아기의 직관적 사고에서 나타나는 특징 중 하나이다. 전환적 추론이란 유아들이 두 가지 사건이 시간적으로 근접해서 발생한다고 해서, 두 사건 사이에 인과관계가 있다고 생각하는 것을 말한다. 예를 들어, 유아들은 비가 올 때마다 개가 짖는 것을 보고, 비가 오면 개가 짖는다고 생각할 수 있다. 전환적 추론은 유아기의 특징 중 하나이지만, 유아들은 경험을 통해 세상을 이해하는 능력이 발달하고, 논리적 사고가 발달함에 따라 전환적 추론은 사라진다.

(10) 꿈이 실제라고 생각하는 경향

유아기의 꿈이 실제라고 생각하는 경향은 유아들이 아직 현실과 환상을 구분하는 능력이 발달하지 않았기 때문에 나타나는 현상이다. 유아들은 아직 논리적 사고가 발달하지 않았기 때문에, 꿈과 현실을 구분하는 능력이 부족하다. 또한, 유아들은 아직 기억력이 발달하지 않았기 때문에, 꿈에서 일어난 일을 현실과 혼동하기도 한다. 유아기의 꿈이 실제라고 생각하는 경향은 유아들은 경험을 통해 현실과 환상을 구분하는 능력이 발달하고, 논리적 사고가 발달함에 따라 꿈이 실제가 아니라는 것을 이해하게 된다.

3) 심리·사회발달

심리·사회적 측면에서는 프로이트의 성기기, 에릭슨의 주도성/죄책감이 형성되며, 중요한 발달과업으로 자율성이 확립되고, 양심이 발달한다. 유아기는 아동 스스로 바깥세상을 탐험하게 되는 시기로써 친구, 이웃을 만나고 여럿이 어울리는 생활을 경험하면서 사회에서 요구하는 행동패턴이 무엇인지를 깨닫게 되고 이를 수용하거나 거부할 때에 사회가 어떻게 받아들이는지도 알게 된다. 이때 경험하는 사회성 발달이 이후의 성년기까지 그 영향을 미치는 중요한 과정이 된다. 이 시기에는 대인관계의 폭이 넓어지고 다양해짐에 따라 대인관계에 따른 정서적 긴장이 심하게 나타난다. 유아기의 놀이와 가정환경은 유아의 사회성 발달에 중요한 역할을 한다.

(1) 사회정서 발달

유아기 사회 정서발달은 유아들이 타인과 관계를 형성하고, 사회에서 적응하는 능력을 발달시키는 과정이다. 유아기 사회 정서발달은 유아의 신체적, 인지적, 언어적 발달과 밀접한 관련이 있다.

① 정서발달

유아기는 사회 정서발달이 빠르게 이루어지는 시기이다. 이 시기는 다양한 경험을 통해 많은 것을 배우고 성장한다. 사회적 발달은 유아기는 사회적 관계를 형성하는 데 중요한 시기로 부모, 형제자매, 또래와 다양한 관계를 형성한다. 이러한 관계를 통해 사회적 기술을 배우고, 협력, 타협, 규칙 준수 등 사회적 규범을 이해한다. 또한, 아동은 사회적 관계를 통해 자신의 정체성을 형성하고, 자존감을 높인다. 정서적 발달은 유아기는 감정을 표현하고, 이해하는 능력이 발달하는 시기로 다양한 감정을 경험한다. 이러한 감정을 표현함으로써 자신의 감정을 이해하고, 조절하는 능력을 배운다. 또한, 다른 사람의 감정을 이해함으로써 공감과 배려심을 키울 수 있다.

② 생활환경의 확대

다양한 경험을 통해 많은 것을 배우고 성장할 수 있다. 따라서 부모는 아동의 생활환경을 확대하여 다양한 경험을 할 수 있도록 도와야 한다. 유치원에 보내기, 산책하기, 친구들과 놀기, 다양한 책을 읽게 하거나, 다양한 활동을 할 수 있다. 생활환경을 확대함으로써 아동은 새로운 것을 배우고, 새로운 사람들을 만나고, 새로운 경험을 할 수 있다. 유아기 생활환경을 확대하는 방법은 유치원에 보내기, 산책하기, 친구들과 놀기, 다양한 책 읽기, 다양한 활동하기 등을 통해 부모는 아동의 생활환경을 확대하여 다양한 경험을 할 수 있도록 한다.

③ 집단놀이

집단놀이를 통해 유아는 다른 사람과 함께 협력하고, 타협하고, 규칙을 지키는 법을 배운다. 다른 사람의 감정을 이해하고, 공감하는 법을 배운다. 집단놀이를 하기 위해서는 유아가 적절한 나이와 수준의 집단에 참여해야 하며 안전한 환경에서 이루어져야 한다. 사회성 발달을 촉진하여 친구를 사귀고, 함께 시간을 보낼 수 있다. 유아기 집단놀이에는 역할 놀이, 게임, 운동 놀이, 예술 놀이, 음악 놀이 등이 있으며 집단놀이는 유아의 사회성 발달에 중요한 역할을 한다. 다양한 집단놀이의 기회를 제공함으로써 유아기에 사회성 발달을 촉진할 수 있다.

④ 자기중심성 완화

자기중심성이란 자신의 관점에서만 세상을 바라보고, 타인의 관점을 이해하지 못하는 것을 말한다. 유아기에는 자연스러운 현상으로 성장함에 따라 자기중심성은 점차 완화된다. 아동에게 다른 사람의 이야기와 감정을 들려주거나, 아동과 함께 다른 사람과 상호작용하도록 할 수 있다. 또한, 규칙과 예절은 아동이 다른 사람과 함께 어울리는 법을 배우는 데 도움이 된다. 자기중심성을 완화함으로써 아동은 다른 사람을 이해하고, 공감하는 법을 배운다.

⑤ 자아개념(self concept)의 형성

유아기 자아개념의 형성은 유전적 요인은 아동의 자아개념 형성에 영향을 미친다. 자아존중감이 높은 부모를 둔 아동은 자아존중감이 높을 가능성이 높다. 환경적 요인도 아동의 자아개념 형성에 영향을 미친다. 아동이 사랑과 관심을 받으며 자란다면, 아동은 자신에 대한 긍정적인 이미지를 형성할 가능성이 높다. 양육의 질도 아동의 자아개념 형성에 영향을 미친다. 부모가 아동의 자아존중감을 지지하고, 아동의 능력을 칭찬한다면, 아동은 자신에 대한 긍정적인 이미지를 형성할 가능성이 높다. 자아개념이 긍정적으로 형성되면, 자신에 대한 자신감과 자존감을 가지고, 다른 사람과 성공적으로 상호작용할 수 있다.

⑥ 성 역할 인식

유아들은 태어나면서부터 성별에 따라 다른 특징을 가지고 있다. 남자아이는 여자아이보다 덩치가 크고, 근육이 많고, 목소리가 크고, 털이 많다. 또한, 남자아이는 여자아이보다 공격적이고, 모험심이 많고, 경쟁심이 강하다. 반면, 여자아이는 남자아이보다 부드럽고, 공감력이 있고, 협조적이다. 이러한 성별에 따라 다른 특징을 통해 성 역할을 인식한다. 남자아이는 여자아이와 달리 남자아이의 장난감을 가지고 놀고, 남자아이의 옷을 입고, 남자아이의 행동을 흉내 낸다. 반면, 여자아이는 남자아이와 달리 여자아이의 장난감을 가지고 놀고, 여자아이의 옷을 입고, 여자아이의 행동을 흉내 낸다.

유아기의 성 역할 인식은 부모, 형제, 친구, 선생님, 미디어 등 다양한 요인에 의해 영향을 받는다. 부모는 유아에게 성 역할에 대한 적절한 정보를 제공하고, 유아가 성별에 관계없이 다양한 활동을 할 수 있도록 도와야 하며. 형제, 친구, 선생님은 유아에게 성 역할에 대한 긍정적인 모델이 되어야 한다. 미디어는 유아에게 성 역할에 대한 왜곡된 이미지를 제공하지 않도록 해야 한다.

유아기의 성 역할 인식이 적절하게 형성되지 않으면, 유아는 성 정체성과 성적 지향성 발달에 어려움을 겪을 수 있다.

(2) 도덕성 발달

① 타율적 도덕성

유아기의 도덕성은 피아제의 타율적 도덕성 단계에 해당한다. 규칙은 절대적 권위가 있는 누군가가 정한 것이며 변경 가능하지 않고 무조건 지켜야 하는 그것으로 생각한다. 그렇지 않으면 처벌 이 따른다고 본다. 행위의 의도나 정황보다는 결과에 비중을 두고 옳고 그름을 판단한다.

② 전 인습적 도덕성

콜버그의 전 인습적 도덕성 단계에 해당한다. 사회적 규범이나 규칙을 아직 잘 이해하지 못하는 유아들은 행위의 결과가 처벌인가 보상인가에 따라 그 행위의 옳고 그름을 판단하는 경향이 있다. 즉, 처벌받는 행동은 나쁜 것이고 보상받는 행동은 옳은 그것으로 생각한다. 따라서 이 시기 유아들이 규칙을 지키는 이유는 벌을 피하기 위해서이거나 보상을 받기 위해서인 경우가 많다.

③ 초자아 발달

프로이트의 유아기 초자아 발달은 다음과 같이 설명할 수 있다. 유아기의 초자아는 오이디푸스 콤플렉스와 엘렉트라 콤플렉스와 관련이 있다. 오이디푸스 콤플렉스는 남자아이가 어머니에게 성적으로 끌리고 아버지를 경쟁자로 여기는 심리적 상태를 말한다. 엘렉트라 콤플렉스는 여자아이가 아버지에게 성적으로 끌리고 어머니를 경쟁자로 여기는 심리적 상태를 말한다. 유아기의 초자아는 부모의 금지와 규칙을 내면화함으로써 형성된다. 유아기의 초자아는 매우 강력하고, 무의식적으로 작용한다. 유아기의 초자아는 성격 형성에 중요한 역할을 한다. 유아기 초자아 발달이론은 매우 영향력 있는 이론이지만, 많은 비판도 받고 있다. 가장 큰 비판은 유아기의 초자아 발달이 너무 단순하다는 것이다. 유아기의 초자아 발달을 오이디푸스 콤플렉스와 엘렉트라 콤플렉스만으로 설명했지만, 실제로는 더 많은 요인이 초자아 발달에 영향을 미친다고 생각하는 학자들이 많다.

4) 사회복지실천과 연관성

유아기의 사회복지실천은 신체적, 심리적, 사회적 발달 측면에 관심을 가지고 적절한 개입이 이루어져야 한다(윤경원 외, 2022; 장수복 외, 2024).

첫째, 이 시기의 유아는 왕성한 신체발달을 통해 아동으로 성장하는 밑거름이 된다. 이때 영양결핍으로 질병에 걸리게 되면 성장의 지연과 운동능력이 떨어지게 되어 신체적 발달에 치명적 장애를 초래한다. 신체발달과 인지발달에 문제를 갖게 된다면 또래와의 사회적 상호작용에 고립될 가능성이 높으므로 사회복지사는 부모의 빈곤, 무지 등으로 발생할 수 있는 유아의 질병, 영양부족에 대해 점검할 필요가 있다. 그러므로 유아에게 충분한 영양공급과 규칙적인 생활습관, 식생활에 대한 확립은 질병에 대한 예방과 치료를 위해 세심한 보호가 필요하다. 또한 이 시기에 사회복지사는 아동의 언어발달지체에도 관심을 가져야 한다. 유아기의 발달과 영향에 관한 교육프로그램으로 정보 제공, 자원을 지원하도록 하여야 한다. 또한 부모로부터 제대로 보호받지 못한다면 유아 돌봄체계를 연계하여 지원하도록 해야 한다.

둘째, 심리적 문제로는 자폐증, 야뇨증, 지적장애, 주의력결핍(ADHD) 및 과잉행동장애 등의 발달장애를 조기 발견하여 적절한 치료기관과의 연결이 중요하다. 사회복지사는 정보제공, 개입기관 소개, 비용지원 서비스, 부모의 정서적 지원 등의 역할을 수행해야 한다. 또한 유아를 과잉보호를 하는지, 신체적 접촉은 유지하는지, 유아의 환경은 어떠한지에 대한 자녀양육교육을 실시할 필요가 있다. 유아는 이 시기에 주도성과 자율성을 획득하는 시기로 부모가 유아의 호기심이나 상상적인 행동을 인정하지 않고 억제할 경우 유아는 공격성이 강화될 수 있으며, 과잉보호 역시도 탐색과 활동을 피하고 의존적인 성향을 가질 수 있다. 이와 함께 도덕기준을 지나치게 강압적으로 유아에게 적용한다면 환경에 대한 호기심을 억압함으로써 죄책감을 느끼게 되어 바람직하지 않다.

셋째, 사회적 문제로는 유아의 적절한 놀이지도와 부모의 양육교육, 아동학대 등의 교육이 필요하다. 사회복지사는 아동에 대한 치료로 놀이치료, 모래치료, 가족치료에 대한 학습이 필요하고, 유아는 현실 속에서 또래와 놀이를 하다 보면 좌절감, 상실을 경험하게 되기 때문에 이러한 유아의 자아존중감을 향상시킬 수 있는 임상적 개입도 필요하다.

2. 아동기

아동기(childhood)는 초등학교 입학에서 졸업까지의 시기로서 학령기라고도 한다. 학령기란 초등학교 입학부터 졸업까지로 초등학교 재학기간을 나타난다. 기초적인 아동기의 신체발달, 인지·언어발달, 심리·사회발달에 대해 알아보고자 한다(김영미, 2023; 노수희, 2023; 유미림 외, 2024).

1) 신체발달

아동기 또는 일반적으로 학령기라고 하는 이 시기는 7~12세에 이르는 초등학교 시기이다. 생활의 중심이 가정에서 학교로 옮겨 감에 따라, 이 시기의 발달에서는 학교생활이 중요한 역할을 하게 된다. 학교생활을 통해 아동은 많은 사회적 관계를 형성하게 되며, 또래집단의 비중이 점차 커지게 된다. 표면적으로는 조용하게 보이지만, 아동기의 에너지는 내부적으로 조작능력을 획득하고 급격한 인지발달을 육성하기 위해 사용된다. 동시에 운동능력이나 언어능력이 증가함에 따라 자신의 욕구도 쉽게 표현하고, 자신의 욕구를 스스로 해결해 나갈 수 있게 된다. 아동은 외부 세계에 대해 관심을 넓혀나가기도 하며, 부모나 다른 성인에 대해 동료의식을 발전시켜 나간다.

아동기의 신체발달은 유아기나 청소년기와 비교할 때, 규칙적인 변화를 나타내지만 대체로 느리게 성장한다. 아동의 신체구조는 머리가 체격에서 차지하는 비율이 높지만 얼굴의 면적이 전체 면적의 10% 정도로 줄어든다. 키는 커지고 몸무게는 더 무거워지며 신체기관의 성숙과 안정을 이루게 되고 뼈와 근육의 성장이 균형 있게 이루어진다. 아동기의 신체발달은 초등학교 입학 시점에는 여아의 신체적 성숙이 남아보다 늦지만 11~12세경에 이르면 여아의 신체적 성숙이 남아보다 더 빠르게 진행된다. 이에 따라, 신체적 급성장이 이루어지는 아동기 후반에 남아보다 여아가 약 2년 정도 빠른 성장을 하게 된다. 아동기 후반에는 신장과 체중이 매우 급격히 증가하여 성장의 급등현상이 나타나면서 청소년기에 이르게 된다(유수현 외, 2015a).

임파선(림프절, lymph node)의 발달이 급격하게 일어나 편도선이 최대 크기에 이르게 되며, 성적 기관의 발달은 별로 이루어지지 않는 관계로 성적 중성기라고 한다. 심장은 12세경이 되면 출생 시의 7배 정도에 이르고, 폐는 10세까지 비교적 완만하게 진행되지만 이후부터는 급격히 발달하여 운동기능의 왕성한 발달을 뒷받침할 수 있게 된다. 미각이 발달하고 운동량이 증가함에 따라 식사량이 늘어나면서 위의 용적도 성인의 2/3 정도에 이르게 된다(이희세 외, 2015).

유치가 영구치로 바뀌고 외모에 별다른 관심이 없으며, 청결에 대한 요구에도 반항적 태도를 보이는 경우가 많다. 특히, 남아의 경우가 이러한 경향이 더 강하기 때문에 개구쟁이의 모습을 지니게 된다. 12세경이 되면 뇌 중량이 성인의 95% 정도에 이르러 아동의 지적 발달을 뒷받침해 준다.

아동기의 운동기능 발달은 다양한 운동으로 신체적 균형을 시험해 보고, 근육의 협응 능력, 각 신체의 조정통합을 추구하고 유연성이 발달한다. 여아들은 소근육 발달이 두드러지고, 남아들은 대근육 발달이 두드러진다. 장난감보다는 자신의 몸을 사용하는 스포츠에 대한 운동기술의 향상, 우정 형성, 집단 소속감, 규칙 준수, 협동심 등의 사회적 기술에 대한 학습이 왕성하게 이루어지는 시기이다. 이러한 학습은 아동의 자아개념에 많은 영향을 미치므로 자신감을 갖고 과업을 달성할 수 있도록 긍정적인 지지가 필요하다.

2) 인지 · 언어발달

(1) 인지발달

지적인 발달에 있어서 좀 더 성인에 가깝고 성숙된 사고의 수준에 도달하는 인지발달의 결정적인 변화가 오는 시기이다. 즉, 아동기는 조작이 가능해지는 단계로 유아기에 비해 탈중심화 능력이 점차 증가하여 타인의 관점에서 사물을 보는 시각이 생기며 물체의 보존에 관한 개념이 형성되는 사고의 변화를 가져오게 된다. 이 시기의 아동들은 글을 읽는 것에 관심을 갖게 되며 또한 글을 이해하는 능력이 발달한다. 그리고 사고발달은 피아제의 인지발달 단계 중 세 번째 단계에 해당하는 "구체적 조작기"에 해당한다. 유아기의 전 조작단계의 사고의 특징이 "자아중심성"이며 자아중심적 사고로 인해서 타인의 입장을 고려하지 못한다. 즉, 객관적인 사고능력이 부족한 상태이다. 그러나 아동기가 되면 구체적 조작단계에 이르러서 타인의 입장을 고려하는 객관적 사고, 즉 논리적 사고가 가능해진다. 이러한 사고의 특징을 갖는 시기를 피아제의 인지발달이론에서는 "구체적 조작기"라 하였다. 아동들이 객관적 판단과 논리적 사고가 가능하지만 어디까지나 이는 구체적 사실을 중심으로 가능하다. 다시 말해서 추상적인 개념에 객관적이고 논리적인 사고는 아직 하지 못하는 단계에 해당한다.

구체적 조작기에 해당하는 아동의 사고의 특징을 살펴보면, 아동은 자아중심성에서 탈피하게 되면서 다른 사람의 시각에서 사물을 보는 능력이 발달하게 된다. 그 결과로 다른 사람을 이해하고 공감하는 능력이 향상된다. 그러나 지나치게 객관화된 사고를 중요시하다 보면 규칙과 규정에 얽매이는 강박적인 행동 양상을 보일 수도 있다. 예를 들면, 엄마가 외출을 하면서 약속한 시간에 오지 않으면 어머니의 행동이 잘못되었다고 비난하는 행동을 하기도 한다. 물론 약속을 지키는 것이 중요하지만 지나치게 규칙에 매이는 것도 문제가 있기 때문에 아동들이 때로는 규칙을 지키지 못할 수도 있다는 것도 가르치고 이해하도록 하는 것도 중요하다.

또 다른 사고의 특징은 자기 자신의 객관화된 인식이 가능해진다. 자신을 외부세계의 한 부분으로 존재한다는 사실을 인식할 수 있게 된다. 따라서 주체와 객체분화를 통한 자신의 인식이 가능해진다. 그리고 복잡한 사고도 가능해진다. 즉, 다양한 변수를 고려하여 상황과 사건들을 파악하거나 조사하는 것도 가능해진다. 따라서 이 시기에 아동들이 체험학습이나 수행과제를 통해서 상황이나 사건을 조사하고 관계성 등을 찾아내는 활동들이 가능하며 이러한 활동은 집중력 향상과 같은 아동의 사고능력 향상에 도움이 된다.

구체적 사실에 근거해서 객관적이고 논리적인 사고가 가능하지만 추상적 사실이나 개념에 대해서는 사고하는 것이 아직은 부족하다. 따라서 아동들이 정치적 이념, 종교적 신념, 철학적 가치 등으로 고민하거나 문제를 제기하는 것과 같은 행동은 보이지 않는다.

(2) 언어발달

아동기 언어발달은 사용하는 어휘 수와 언어 표현력이 향상한다. 창의적 언어표현을 사용하며 사실에 근거한 질문을 많이 한다. 지능이 높을수록 어휘 수가 많고, 여자아이가 남자아이보다, 어른들과 접촉이 많은 아이가 그렇지 않은 아이보다 언어 능력이 높은 경향이 있다. 언어가 발달하고 자기중심성에서 벗어나면서 자기의 입장과 타인의 입장 간의 차이를 이해한다. 또한 다른 사람들에게 자기의 의사를 효과적으로 전달할 수 있는 의사소통 기술이 발달한다. 아동의 언어발달은 생후 6개월부터 시작되는데 이때 아동은 모음소리를 내기 시작하고, 12개월이 되면 단어를 몇 개 말할 수 있다. 24개월이 되면 50~100개의 단어를 말할 수 있고, 36개월이 되면 300~500개의 단어를 말할 수 있다. 5세가 되면 2,000~3,000개의 단어를 말할 수 있고, 10세가 되면 6,000~10,000개의 단어를 말할 수 있다. 아동의 언어발달은 신체적 요인으로는 뇌의 발달이 언어발달에 중요한 역할을 하며 인지적 요인으로는 지능이 높을수록 어휘 수가 많고, 언어 표현력이 뛰어나며 사회적 요인으로는 어른들과 접촉이 많을수록 언어 능력이 높다. 정서적 요인으로는 스트레스를 받으면 언어발달이 저하될 수 있다. 아동의 언어발달을 촉진하기 위해서는 아동과 자주 대화하면 아동이 언어를 배우는 데 도움이 되며 책을 읽으면 아동이 언어를 배우고, 상상력을 발달시킬 수 있다.아동이 말하는 것을 칭찬하면 아동이 언어를 사용하도록 장려된다.

3) 심리·사회발달

이 시기의 가장 두드러진 특징이라고 할 수 있는 것은 학교생활의 시작과 적응, 그리고 또래문화의 형성과 발달이다. 학교라는 공간을 통해 새로운 세계를 접하고 지식을 습득하게 되는 시기이다. 또래와의 문화가 형성되고 이러한 또래 간의 관계는 이후 사춘기와 청년기를 거치면서 없어서는 안 될 인생의 중요한 요인으로 작용하게 되며, 성인이 된 후 사회생활과도 밀접한 관련이 있다. 아동기에는 자기 자신에 대한 개념을 형성하게 됨에 따라 그들은 자신의 속성에 대해 긍정적 또는 부정적인 가치를 부여하게 되는데, 이러한 자신에 대한 평가를 자아존중감이라 한다. 아동의 자기인식은 자아개념과 자아존중감의 발달을 초래한다. 자기인식을 위해서는 어느 정도 수준의 인지발달이 요구되지만 사회적 경험(양육자와의 안정애착)이 매우 중요하다.

이 시기의 정서의 발달은 유아기 말이 되면 대부분의 기본적 정서는 모두 표현할 수 있지만, 아동기에도 정서발달은 여전히 계속된다. 자긍심이나 죄책감 같은 정서는 이제 성인의 피드백이 없어도 자연스럽게 표출된다. 아동기에는 정서를 표출하는 규칙에 대한 이해가 크게 증가한다. 한 가지 이상의 정서를 경험할 수 있다는 사실을 이해하기도 한다. 예를 들면, 생일날 선물을 받는 것은 기쁜 일이지만, 자신이 원하는 선물을 받지 못하는 것은 슬픈 일인 것을 이해할 수 있다.

초등학교에 입학하면 아동은 가정 밖에서 보내는 시간이 많아지며 또래집단은 주로 이웃에 살며, 연령이 비슷하고, 동성의 아동으로 구성된다. 또한 외모, 성숙도, 운동기술, 학업성취나 지도력 등에 따라 서열이 형성된다. 또래집단의 기능은 사회화의 기능, 태도나 가치관의 형성, 정서적 안정감 제공, 인지발달과 정보 제공이라고 할 수 있다.

아동기는 이전 시기에 비해 개인차가 나타나는 시기로 아동 간의 현저한 개인차를 확인할 수 있게 된다. 외모, 재능, 지적인 능력 그리고 취미에 있어서 개인차를 보이면서 각기 개성을 지닌 하나의 고유한 인격체로 점차 성장해 나가는 것이다. 아동기에 사회성발달은 자아개념과 자존감 대인관계와 단체 놀이 그리고 학교와 대중매체의 영향이 크다.

첫째, 자아개념과 자존감의 발달이다. 자아개념은 자신에 대한 인식과 평가를 말하며, 자존감은 자신에 대한 가치와 존중을 말한다. 이 시기의 자아개념과 자존감은 학교생활, 친구관계, 학습태도 등에 큰 영향을 미친다. 자아개념은 성별, 외모, 성격, 능력, 성취도 등 다양한 요인에 의해 영향을 받는다. 자신의 외모, 성격, 능력, 성취도 등을 비교하고 평가하면서 자신의 자아개념을 형성된다. 자존감은 자아개념에 의해 크게 영향을 받는데 자신에 대한 긍정적인 자아개념을 가지면 높은 자존감을 가지고 자신에 대한 부정적인 자아개념을 가지면 낮은 자존감을 가진다. 자아개념과 자존감 발달을 높이기 위해서는 칭찬, 긍정적인 피드백, 관심사 존중, 함께 시간 보내는 것은 자녀가 사랑받고 있다는 것을 느끼게 해준다.

둘째, 대인관계의 발달이다. 학교에서 다양한 친구들과 만나게 되고, 친구들과의 관계를 통해 사회성을 배우고, 정체성을 형성한다. 대인관계 발달의 특징에는 친구의 중요성 증가로 학령기 아동은 친구의 중요성을 점점 더 인식한다. 친구들은 아동에게 소속감, 유대감, 지지를 제공한다. 친구 선택의 다양성 증가로 학령기 아동은 친구를 선택할 때 성별, 성격, 관심사 등 다양한 요인을 고려한다. 또한 친구 관계의 복잡성 증가는 아동의 친구 관계는 점점 더 복잡해진다. 친구들과 갈등을 겪기도 하고, 친구를 사귀고, 친구를 잃기도 한다. 대인관계의 발달을 촉진하기 위해서는 친구를 사귈 수 있는 기회 제공, 다양한 활동에 참여시키고, 많은 친구들과 만나고 친구관계를 존중하는 것도 대인관계의 발달에 매우 중요하다.

셋째, 단체놀이 선호이다. 단체놀이를 통해 다양한 사회성과 협동심을 배울 수 있다. 규칙을 지키는 법, 다른 사람과 협력하는 법, 자신의 역할을 수행하는 법을 배우는 데 도움이 된다. 또한, 단체놀이는 스트레스를 해소하고, 재미있게 놀 수 있는 방법이기도 하다. 신체적 활동은 학령기 아동들의 근육과 뼈를 튼튼하게 하고, 체력을 향상시키며 정신적 발달을 촉진은 협동심, 배려심, 문제해결 능력을 키워준다. 사회적 발달 친구를 사귀고, 관계를 유지하는 방법을 향상된다. 단체놀이를 선호하는 이유는 재미있기 때문, 친구들과 함께 할 수 있기 때문, 신체적으로 활동적이기 때문, 새로운 것을 배울 수 있기 때문, 성취감을 느낄 수 있기 때문이다.

넷째, 학교와 대중매체의 영향이다. 학교는 학령기 아동의 학습, 사회성, 정서발달에 큰 영향을 미치며 학습발달로 학교는 학령기 아동에게 지식과 기술을 가르쳐주며 사회성 발달 향상을 위해 학령기 아동에게 친구를 사귀고, 협력하는 방법을 가르쳐준다. 정서발달을 위해 자존감을 키워주고, 스트레스를 관리하는 방법을 가르쳐준다. 대중매체는 학령기 아동의 가치관, 행동, 인식에 큰 영향을 미치며 대중매체의 영향은 가치관은 학령기 아동의 가치관을 형성하고 행동적으로 아동의 행동을 변화시킬 수 있다. 또한 대중매체를 통해 인식을 바꿀 수 있다. 학교와 대중매체는 학령기 아동의 성장과 발달에 중요한 역할을 하며 부모와 교사는 학령기 아동의 학교생활과 대중매체 이용을 주의 깊게 관찰하고, 적절한 조치를 취해야 한다.

4) 사회복지실천과 연관성

아동기에 가장 중요한 것은 학교에서의 경험이다. 학교의 환경과 시설, 교사와의 만남, 각종 수업과 학교에서의 활동 등에 적응할 수 있도록 관심을 가져야 한다. 사회복지사는 이러한 적응에 신체적, 심리적, 사회적 측면에서 문제인식을 가지고 개입해야 한다(윤경원 외, 2022; 장수복 외, 2024).

먼저, 신체적 측면에서는 아동의 운동기술을 향상시킬 수 있는 환경을 조성하고 또래에 비해 운동능력이 뒤처지는 아동에 대한 특별한 관심이 필요하다. 또한 성장에 필수적인 영양공급과 비만관리가 필요하다. 더불어 장애에 대한 조기치료, 특수교육기관에서 전문적인 교육을 받은 사회복지사와 전문가들이 배치되어 전문서비스를 제공할 수 있어야 한다.

둘째, 심리적 측면의 경우 비만은 신체적 발달뿐만 아니라 심리적 발달에도 부정적인 영향을 미친다. 비만으로 인해 또래의 따돌림, 소외, 위축감을 가지지 않도록 비만교실, 비만관리프로그램을 운영하고 아동의 비만에 대한 부모교육도 실시해야 한다. 또한 장애가 있는 아동들을 위한 치료, 재활 프로그램이 개발되어야 하며, 학습에 어려움을 겪는 아동들을 위한 언어, 지각, 운동 등의 문제를 근원적으로 해결할 수 있도록 개입되어야 한다. 이 시기에 열등감을 가지지 않게 하며, 긍정적인 자기개념을 형성할 수 있도록 상담과 다각적인 극복프로그램을 실시하여야 한다.

셋째, 사회적 측면의 경우 이 시기는 아동학대, 학교공포증 등에 대해 개입할 수 있다. 아동학대의 문제를 해결하기 위해 학대받은 아동 및 부모에 대한 개입으로 아동은 폭력 상황으로부터 일시보호 및 위탁프로그램 등의 방법으로 개입하고 부모에게는 부모교육과 정신치료 및 분노조절 프로그램 등의 집단상담의 방법, 가족지원프로그램으로 개입해야 한다. 학교공포증은 학교에 대한 공포 때문에 학교를 가기 싫어하는 것으로 이것은 어머니에 대한 분리불안으로 저학년 때 빈번하게 발생하지만 고학년 때 발생하는 것은 부모와의 관계가 소원하거나 다른 신경증적 행동을 수반하는 경향이 있다.

CHAPTER

04

청년기, 성년기

1. 청년기

청년기는 아동기에서 성인기로 전환하는 시기이며, 연령적으로 만 13~18세를 말한다. 청년기는 발달단계에서 아동기와 성년기의 과도기이며, 가장 격정적이고 불안정한 시기이다. 기초적인 청년기의 신체발달, 인지·언어발달, 심리·사회발달에 대해 알아보고자 한다(김영미, 2023; 노수희, 2023; 유미림 외, 2024).

1) 신체발달

신체적 발달이 급등하는 시기로 제2 성장급등기에 해당한다. 첫 번째는 영아기의 성장급등이 해당된다. 신체적 성장비율이 2배 정도 빨라지며, 특히 신장과 체중이 증가한다. 이때 일시적인 신체불균형 상태를 경험하기도 한다. 여성청소년이 남성청소년보다 2~3년 정도 먼저 성장급등이 시작되지만(여아 11세, 남아 13세경 시작) 끝날 무렵에는 남성청소년의 발달이 소녀보다 우세해진다. 그리고 신체내부 기관의 내분비선의 발달이 급증함으로써 성인의 모습으로 변해 가는 모습을 보인다. 뇌하수체 전엽에서 성호르몬의 생성과 유출이 자극되며 생식선을 통해 남성은 안드로겐(남성호르몬), 여성은 에스트로겐(여성호르몬)의 분비가 촉진된다. 가장 눈에 띄는 변화는 여아의 경우 엉덩이가 넓어지고 남아의 경우 어깨가 넓어지는 것이다. 이마가 앞으로 나오며 코와 턱이 더욱 돌출되고 입술이 커짐으로써 얼굴 형태도 어른의 모양새를 갖게 된다.

신체적 발달은 청소년의 자신과 타인에 대한 지각의 변화에 영향을 미친다. 조숙한 소년의 경우는 다른 친구들로부터 동료들보다 더 인정을 받고 이를 바탕으로 지도력을 발휘하고 학교생활을 안정적으로 하거나 사회적 기술이 발달하는 데 긍정적인 영향을 미치는 경우가 많다. 그러나 부정적인 영향을 미친다는 보고도 있다. 흡연, 음주, 우울증, 이른 이성교제, 성 경험 등의 문제에 노출되기 쉽다. 그 이유는 신체는 조기 성숙하였지만 사회적 혹은 인지적으로는 아직 미성숙한 상태로 행동을 자제할 능력이 부족하기 때문이다. 반면에 조숙한 소녀의 경우는 흔히 자신감의 결여 혹은 부정적 자아상을 형성하는 경우가 많으며 따라서 친구들과 잘 어울리지 못하는 경우가 흔하다. 상대적으로 성에 대해 일찍 관심을 갖는 경우가 많다. 결론적으로 청소년의 신체발달은 청소년의 자아개념에 긍정적 혹은 부정적 영향을 미칠 수가 있다.

또한, 청소년의 가장 큰 변화 중 하나가 성호르몬 분비의 증가와 생식기관의 발달이다. 이를 통해서 청소년의 성에 관한 관심이 고조되고 많은 청소년이 이성교제를 경험하게 되는 시기이다. 청소년의 성적 발달에 관심을 두고 청소년을 바라볼 때 청년기를 '사춘기(思春期)'라 한다. 생식기관의 성숙은 청소년 성장급등 시기와 거의 같은 시기에 발생하며 남성청소년과 여성청소년에 대해 정해진 순서를 따라 발달한다. 여성청소년의 성적 발달은 성장 급등이 시작될 때 유방은 빠르게 성장하며 성 기관이 성숙하기 시작한다. 질 내부가 커지고 자궁벽의 강한 근육이 발달하는데 이 근육들은 임신 기간 동안 태아를 돌보고 분만 시 자궁 경부와 질을 통해서 아이를 밀어내는 데 사용된다. 외부적으로 치구, 음순, 음핵 모두가 커지고 접촉에 더욱 민감해지게 된다.

남성청소년의 성적 발달의 특성을 보면 고환이 커지면서(11~12세경) 성적 성숙이 시작된다. 고환 성장은 종종 착색되지 않은 음모의 출현을 수반한다. 음경이 완전히 발달하는 14.5세에서 15세경에 대부분의 소년들은 사춘기에 이르게 되며 아버지가 될 수 있다. 남성청소년의 성적 성숙의 또 다른 특징은 목소리의 변화이다. 음성 코드가 길어지면서 목소리가 낮아지게 된다. 남, 여 모두 신체적 성숙과 성적 성숙의 시기에는 상당한 개인차가 있다. 성적 조숙화 혹은 가속화 현상이 전 세대보다 빠른 속도로 일어나고 있는 것이 전 세계의 공통적인 현상이 되고 있다. 따라서 보다 이른 나이에 어른의 신체구조를 갖는 현상이 두드러지고 있다. 초등학교 고학년이면 상당수의 아동들이 사춘기가 시작되고 여자 아이들의 초경이 시작된다. 이성교제가 시작되는 시기도 초등학교 고학년으로 빠르게 이동하고 있다.

아동기에 운동능력의 기본을 모두 갖춘 후 청년기에 도달한 아동들은 운동능력이 급격히 발달한다. 청년기 운동발달의 주요 내용들을 살펴보면 다음과 같다. ㉠ 근육조직이 현저하게 증가하고 근육의 힘도 강해져 체력이 좋아진다. ㉡ 사춘기까지는 성별에 무관한 힘의 증가를 보이지만, 사춘기 이후에는 남자의 발달이 훨씬 빠르고 강하다. ㉢ 운동신경이 발달한다. 그리고 운동신경의 발달은 성격발달과도 밀접한 관련성을 갖는다. ㉣ 운동발달이 잘 이루어진 청소년의 경우에는 긍정적인 정서의 발달로 활발한 성격이 형성될 가능성이 높지만, 반대로 운동발달이 늦거나 부족한 청소년의 경우에는 부정적 정서의 발달로 부적응 행동이 나타날 가능성이 높다.

2) 인지·언어발달

청년기는 언어를 사용하여 논리적 사고를 표현하며, 추상적 개념을 사용하여 가설의 설정과 검증을 통한 결론 수준에까지 도달할 수 있다. 가장 발달된 인지적 조작을 할 수 있는 단계로써 형식적 조작기의 청소년은 추상적인 개념도 이해할 수 있고, 가설적·연역적 사고가 가능한 청년들은 계획을 세워 일련의 가설을 차례대로 시험하면서 정답의 범위를 점점 좁혀간다. 구체적이고 현실적인 것뿐만 아니라 가설적인 것, 확률, 가능성 등에 관해 생각하는 능력을 발달시키며 고차적인 추상과 사고능력이 발달한다.

(1) 형식적 조작사고

피아제의 인지발달 이론에 따르면, 청년기의 인지발달은 형식적 조작사고 단계에 도달한다. 형식적 조작사고는 추상적인 개념을 이해하고, 가설을 세우고, 논리적으로 추론할 수 있는 사고 능력이다. 형식적 조작사고를 하는 청소년들은 추상적인 개념을 이해할 수 있으며 가설을 세우고, 논리적으로 추론할 수 있다. 또한 미래에 대한 계획을 세울 수 있고 창의적이고 혁신적인 생각을 할 수 있다. 그리고 문제를 해결하는 능력이 뛰어나며 형식적 조작사고는 청소년들이 사회에 참여하고, 성공적인 삶을 살기 위해 필요한 사고 능력이다.

(2) 청년기에 새롭게 습득하는 개념적 기술

청소년이 새로운 개념을 습득하고 배우는 데 많은 영향을 미친다. 청년기에 새롭게 습득하는 개념적 기술에는 추론 능력을 통해 새로운 정보와 경험을 바탕으로 새로운 결론을 도출할 수 있다. 문제 해결 능력을 통해 새로운 문제를 해결할 수 있다. 의사소통 능력을 통해 다른 사람들과 효과적으로 의사소통할 수 있다. 비판적 사고 능력을 통해 정보를 분석하고 평가할 수 있다. 창의적 사고 능력을 통해 새로운 아이디어를 생각해낼 수 있다. 이러한 개념적 기술은 청소년이 학업, 직업, 사회생활에서 성공하는 데 필수적인 기술이다. 청소년은 이러한 기술을 습득하기 위해 다양한 활동에 참여하고, 다양한 경험을 쌓는 것이 중요하다.

(3) 청년기의 자기중심성

청소년들이 자신의 감정이나 경험에만 집중하고, 다른 사람의 감정이나 경험을 고려하지 못하는 성향을 말한다. 청년기의 자기중심성은 자신의 생각과 감정에만 집중, 다른 사람의 감정이나 경험을 고려하지 않고, 자신의 의견이 항상 옳다고 생각, 다른 사람의 의견을 존중하지 않음, 자신의 필요를 다른 사람의 필요보다 우선시한다. 청소년들이 자신의 정체성을 형성하고, 성인으로 성장하는 데 필요한 과정이다. 하지만, 자기중심성이 지나치면 타인과 갈등을 겪거나, 사회적응 등의 어려움을 겪을 수 있다. 따라서, 청년기의 자기중심성을 적절하게 조절하는 것이 중요하다.

청소년의 자아 중심성이 강하게 나타나는 특징적 행동으로 '상상의 청중'과 '개인적 우화'가 있다. 상상의 청중은 자신의 행동을 다른 사람들이 지켜보고 있다고 생각한다. 청소년은 자신의 행동이 다른 사람들에게 어떻게 평가될지 걱정하고, 다른 사람들의 시선에 민감하게 반응한다. 예를 들어, 청소년은 자신의 외모에 신경을 쓰고, 다른 사람들의 눈치를 보며 행동할 수 있다.

개인적 우화는 청소년이 자신의 삶을 특별하고 독특한 이야기로 생각하는 것이다. 청소년은 자신의 경험을 다른 사람들과 공유하고 싶어 하고, 자신의 이야기가 다른 사람들에게 영향을 미칠 수 있다고 생각한다. 청소년은 자신의 꿈과 목표를 이야기하거나, 자신의 생각과 감정을 글이나 그림으로 표현할 수 있다. 청소년의 자아 중심성은 청소년이 자신의 자아 개념을 형성하는데 중요한 역할을 한다. 그러나, 자아 중심성이 지나치면 다른 사람들과의 관계에 어려움을 겪을 수 있다. 청소년은 자신의 자아 중심성을 긍정적으로 활용하고, 다른 사람들과의 관계를 잘 유지하는 것이 중요하다.

3) 심리·사회발달

청년기의 급격한 신체적·정서적 변화로 말미암아 자신의 외모와 행동에 너무 몰두해 있으므로 다른 사람들도 자기만큼 자신에게 관심이 있다고 생각하여, 자신의 관심사와 타인의 관심사를 구분하지 못하여 자기중심성이 발달한다. 이를 청년기의 '자기중심성'이라 한다. 자기중심성은 상상적 청중과 개인적 우화를 만들어 낸다. 상상적 청중이란 자신은 주인공이 되어 무대 위에서 있는 것처럼 행동하고, 다른 사람들을 모두 구경꾼으로 생각하는 것을 의미하며, 개인적 우화는 자신의 감정과 사고는 너무나 독특한 것이어서 다른 사람들이 이해할 수 없을 것이라 생각한다. 사회적 관계를 이해하는 능력, 즉 다른 사람의 감정, 생각, 의도, 사회적 행동들을 이해하는 능력이 발달하며, 다른 사람에게서 어떤 인상을 받는가, 즉 다른 사람에 대한 판단은 어떻게 이루어지는가 하는 것에 관심이 많다.

상상적 청중 속에 자신이 둘러싸여 있다고 믿고 상상적 청중을 통해 자신을 대단히 중요한 존재로 지각한다. 이러한 자기중심성은 마약 사용, 자살 경향 등 청년기의 무모한 행동을 낳게 하는 원인이 될 수 있다. 이때 가정에서는 부모나 형제들과의 대화시간을, 학교에서는 또래 친구와의 대화와 교류를 많이 가지는 것이 좋다. 자기중심성은 상호작용을 하는 동안 나와 다른 사람들의 다양한 견해를 인식하게 됨으로써 상상적 청중이 약화되어, 개인적 우화를 극복해 갈 수 있기 때문이다.

청년기는 정체감 위기를 경험하게 되는 시기이다. 신체의 급격한 변화와 인지발달에 따라 생겨나는 자기 존재에 대한 새로운 인식은 고민과 갈등을 일으키며, '나'에 대한 결정을 유보하는 심리적 유예기간을 거치게 되는 것이다. 이 시기에는 학생들이 자기 연령수준에 맞는 무엇인가에 전념하도록 격려하고, 교사나 부모가 정체감 확립을 위한 역할 모델이 되어야 한다. 정체감 위기를 성공적으로 극복하기 위해서 청소년 문제가 심각해지기 전에 전문적인 상담가나 주위의 적절한 대상에게 마음을 열고 상담을 청하는 것이 바람직한 방향으로 정체감을 확립하는 데 도움을 줄 것이다.

청년이 부모와 갖는 관계는 아동기에 가졌던 부모와의 관계와는 다르다. 형식적·조작적 사고가 가능한 청년은 부모가 설정한 규칙이나 가치관에 대해 논리적 모순을 발견하고 의문을 제기한다. 청소년자녀의 부모들은 자신의 인생에서 결정적인 시기에 접어든다. 그들은 10대 자녀의 부모라는 사실을 떠나서라도 그들 스스로도 중년기 위기라는 힘든 시기를 맞이한다. 또한 오늘날의 사회 변화가 청년과 부모의 관계를 더욱 어렵게 만든다. 급격히 변화하는 사회문화적 변화와 방대한 정보와 가치들이 청년들이 성인의 역할을 준비하는 것을 더욱 어렵게 만든다. 부모들이 청년자녀를 교육하는 데 도움을 받을 수 있는 지원망이 거의 없고, 친척과 친지들로부터 고립된 경우가 많다. 흡연, 음주, 약물남용, 10대 임신 등 청소년 비행의 증가는 부모들로 하여금 지나치게 신경을 쓰게 만든다.

정상적인 사회성 발달을 위해서 청년들에게 좋은 교우관계는 필수적이다. 사회적 고립은 청소년 비행에서 음주문제, 우울증에 이르기까지 여러 가지 문제행동 및 부적응과 연관되어 있다. 아동기와 청년기의 교우관계는 그 이후의 발달과도 관계가 있는 것으로 나타난다. 아동기에 교우관계가 원만하지 못하면 청년 후기에 학교를 중퇴하고, 비행 청소년이 되는 경향이 있다. 친구의 영향의 긍정적 측면에 대해 피아제와 설리번은 아동과 청년이 인간관계에서 '상호성'을 배우는 것은 친구와의 상호작용을 통해서라고 강조하였다. 청년들은 친한 몇 사람과의 친밀한 교우관계를 통해서 상대방의 욕구에 민감하고 능숙한 파트너가 되는 것을 배운다. 이러한 기술은 나중에 이성교제와 부부관계의 기초를 마련하는 데 도움이 된다. 그러나 친구의 부정적 측면은 술과 약물, 문제행동을 소개하기도 하고, 또래에 의해 거부되고 무시당하는 것은 청년을 외롭게 만들고 적개심을 불러일으킨다. 나아가서 그러한 거부와 무시는 정신건강을 해치고 범죄행위와도 연관이 있다.

4) 사회복지실천과 연관성

청년기는 신체적, 인지적, 사회적으로 많은 변화가 있는 시기이다. 이에 사회복지실천은 청년기 신체발달과 성적 성숙 그리고 학업성취에 관심을 가져야 한다(윤경원 외, 2022; 장수복 외, 2024). 첫째, 성적 성숙에 따른 사회문제 예방 및 대처이다. 성적 성숙과 성의식의 개방을 통해 성적 청소년기의 성관계의 가능성이 높아지고 이에 따라 미혼부·모가 급증하고 있는 현실이다. 따라서 성교육, 성상담, 임신/출산, 미혼부모 대상의 복지서비스, 성폭력예방, 성매매 등에 관한 교육과 서비스가 필요하다. 시·군·구에는 청소년성문화센터를 설치하고 성교육을 실시하고 있다. 그러나 아직 예산과 인력이 많이 부족하며 성교육의 방법이나 시간 등의 제약이 많아서 청소년의 성문제에 대처가 미흡한 현실이다. 청소년의 임신과 출산을 위한 지원은 쉼터를 통해서 생활지원과 학업지원이 동시에 이루어지고 있다. 주요 대도시에서는 임신과 출산의 과정 속에서도 쉼터에서 정규과정의 학업 지원이 이루어져서 학업중단을 방지하고 있다.

둘째, 신체발달이다. 청소년들의 신체적 성장은 자신의 이미지와 매우 관련성이 높다. 그리고 비만 청소년이 많아지면서 비만에 따른 건강의 문제와 비만에 따른 차별의 문제가 발생하고 있다. 따라서 청소년의 신체발달과 관련된 상담이나 지원프로그램이 필요하다. 청소년의 건전한 여가와 신체발달에 관련된 사회복지서비스는 청소년수련원 등을 통해서 지원되고 있다. 셋째, 학업성취와 학교 밖 청소년 지원이다. 청소년의 학업 및 생활에 관련된 상담을 지원하고 학교 밖 청소년의 건전한 육성을 위한 지원은 시·군·구의 청소년상담복지센터를 통해서 이루어진다. 가출청소년의 경우는 청소년 쉼터를 통해서 지원된다. 쉼터는 일시보호, 단기보호, 중장기보호를 위한 쉼터로 운영되고 있다. 그 외에도 비행과 관련된 보호관찰소를 통한 상담 및 선도가 이루어지고 있으며 성폭력 원조교제 예방 등의 사업도 있다.

2. 성년기

성년기는 타인과의 우정, 혼인상대와 애정을 나눌 수 있는 친밀감을 가지며 많은 사람들과 관계를 형성한다. 또한, 독립적인 홀로서기, 신선함, 젊음의 육체적 매력 등으로 특징지어지는 시기이다. 구체적으로 성년기의 신체발달, 인지발달, 심리발달, 사회적 발달에 대해 알아보고자 한다(김영미, 2023; 노수희, 2023; 유미림 외, 2024).

1) 신체발달

성년기는 신체적 성장의 완성되는 시기이며, 심신의 기능이 안정되고 활동력이 인생에서 가장 왕성한 시기이고, 사회적으로도 독립된 존재이다. 대학교육과 병역의무의 완성, 이성교제를 통한 사랑의 경험과 결혼, 취업과 직장생활의 시작 및 적응, 일을 통한 성취욕구 추구, 가정경제의 안정을 위한 기반 조성, 올바른 자녀양육과 교육, 중년기와 노년기의 준비 등이 있다. 즉 성년기에는 신체적인 조건이 절정을 이루는 시기로, 학령기나 청년기보다 더 건강하고 질병률도 낮을 뿐 아니라 신체적인 힘이 최대가 되어 성장이나 혈관계도 강해진다. 성년기의 성장은 개인적인 정체감 확립과 성인생활의 시작인 결혼과 부모가 된다는 사실 등의 새로운 심리사회적인 변화들을 포함한다.

성년기가 되면 신체적 수행능력은 19~26세경에 정점에 도달한다. 신체 수행능력, 체력, 정력, 지구력도 성년기에 절정을 이르며 근력은 25세에서 30세 사이에 절정을 이르며, 30세에서 60세 사이에 10% 정도의 근력 감퇴가 일어난다(송명자, 2008). 감각 역시 성년기에 가장 예민하며 시력은 20세경에 가장 좋으며 40세쯤 되면 노안이 진행된다. 청력은 25세 이후로 감퇴가 뚜렷해진다. 외모는 자아개념에 매우 중요한 역할을 한다. 신체적 매력을 높이 평가하는 사회에서는 더욱 그러하고, 특히 외모에 많은 가치를 두는 여성의 경우는 매우 심하다.

2) 인지발달

피아제는 10대의 형식적 조작기 이후 발달이 되지 않는다고 했으나 많은 학자가 판단, 추론, 창의적 사고는 청년기 이후에도 전 생애를 통하여 발달하는 것으로 보는 견해가 우세하다. 청년기까지는 생활에 필요한 지식을 습득하는 단계이며, 성년기부터는 습득한 지식을 실생활에 적용하는 단계로 전환된다고 본다. 즉, 성년기는 성취단계이므로 더 이상 지식 습득을 하지 않고 자신의 인생목표에 적합한 과업에 최선을 다한다고 보았다. 인지능력은 개인이 사회를 살아가는 데 가장 중요한 요소 중 하나로 지능이 대표되는 능력이며, 흔히 지능은 연령 증가에 따라 감퇴한다고 생각하고 있으며, 쇠퇴의 정도는 노년 초기까지 별다른 퇴화가 나타나지 않는다는 주장이 많이 있다. 연령과 지능과의 상관보다는 오히려 교육수준, 현재의 역할, 직업, 신체적 건강, 스트레스 등이 지능에 미치는 영향이 더 크다고 보는 게 낫다. 알린은 문제발견적 사고의 시기라고 하여 청년기의 형식적 조작기 다음에 문제발견의 단계라는 제5단계가 있다고 하여 창의적 사고, 확산적 사고, 새로운 문제해결방법의 발견 등을 하게 된다고 하였다.

3) 심리발달

성인기의 중요한 발달과업 중의 하나는 가족 이외의 타인들과의 친밀한 관계를 형성하는 것이다. 친밀감의 형성은 능동적인 과정으로서 자신의 정체감과 함께 다른 사람들과 개방적, 지지적, 조화로운 관계를 형성하는 능력이다. 뿐만 아니라 자아정체감을 확립한 후에 이루어지는 것으로 자신을 가치 있고 유능하며, 신뢰할 수 있는 사람으로 지각할 수 있을 때 가능하다(이근홍, 2020). 타인과 친밀한 관계를 형성한 사람은 자신의 견해나 계획을 다른 사람들과 의논할 수 있으며, 자신의 의견을 말할 수 있고 의견조절능력과 감정이입능력 및 욕구조절능력, 자기통제능력 등을 갖추고 있다. 뿐만 아니라 심리사회적 측면에서 다른 사람을 보살피는 능력이 심화된 사람은 타인과의 상호관계에 집중할 수 있다. 이러한 사람들은 타인과의 친밀한 관계가 쉽게 이루어지지만 청소년기에 자아정체감을 형성하지 못하면 자신감 부족으로 타인과의 사회적 관계에서 고립감을 느끼게 되어 자기 자신에게만 몰두하게 된다. 그러므로 각 단계의 발달과제를 잘 수행해야 다음 발달단계에서 원만한 적응을 이어갈 수 있다.

성인기의 친밀감은 사회생활에서 타인과의 우정과 혼인상대와 애정을 나눌 수 있는 모든 관계를 포함한다. 친밀감은 대개 혼인관계에서 형성되지만 결혼이 곧바로 친밀감으로 이어지는 것은 아니다(권중돈, 2021). 이것은 혼인 초기의 상호적응기가 필요하며 또한 첫 자녀의 출산, 양쪽의 부모의 기대 등이 부부의 친밀감 형성을 방해할 수도 있다. 그러나 혼인생활을 통하여 서로의 욕구를 만족시키고 약점은 서로 보완, 수용하면서 친밀감을 형성해 나가면 인간관계가 점차 성숙해진다. 이러한 친밀감의 구성요소는 자기개방, 경청, 공감, 타인과의 관계에서 경험되는 긍정적인 정서 등의 요소가 필요하다.

친밀감이라는 성숙에서도 남성과 여성의 차이점이 존재한다. 여성은 배우자의 개방 및 공감, 지지를 더 많이 받을 때 더 친밀감이 높아졌고, 남성은 자기개방을 많이 할수록 긍정적인 감정을 느끼고 친밀감이 높아졌다.

성인기는 개인적인 성격이 성숙해질 뿐만 아니라 사회적으로도 성숙해지는 시기이다. 성인기에는 자신도 인정받으면서 타인도 인정하고 수용하며, 정서적으로 안정되고, 독립성과 목표의식을 갖는 등 성격이 성숙해진다. 성인기는 사회의 역할로 조직생활에서 자신의 책임과 의무를 다하며, 사회와 국가의 발전에도 기여하는 시기이다.

성숙한 성격을 지닌 사람은 또한 자신에 대한 정확한 지식을 소유하고 있으며, 타인의 의견에 개방적인 태도를 지니고 있다. 그들은 삶의 목표가 뚜렷, 자발적, 독립적이다. 그들은 독창성이 풍부하여 창의적이고 혁신적이며, 다양한 상상력과 사고능력을 소유하고 새로운 무엇인가를 추구하기 위해서 노력한다(이근홍, 2020). 이 시기는 개인적인 성격의 성숙과 더불어 그가 속해 있는 직장, 지역사회, 국가, 문화 등을 이해하고 받아들여 사회적으로 성숙해지는 시기이다. 그러므로 자신의 권리와 의무를 동시에 수행하는 사회적 역할을 다해야 하며, 자신의 이익과 조직의 이익, 사회의 이익을 조화시키고 건전한 사회 변화와 발전을 주도하고 협력해야 한다.

4) 사회적 발달

성인기 사회적 관계의 특징은 청소년기의 친밀한 관계에 비해 보다 공식적이고 상호 호혜적인 관계로 발전해 나간다. 또한 가족관계의 의존성에서 탈피하고 독립적인 홀로서기의 능력을 키워나가야 하는 것이 더 강해질 때이다. 그리고 동성친구의 우정뿐만 아니라 이성과의 교제를 통해서 친밀감을 형성하고, 나아가 배우자를 선택하고, 결혼을 준비하는 인간관계의 특성을 지닌다. 주요한 사회적 관계의 특성은 다음과 같다(이우언 외, 2017).

(1) 가족관계(부모)

성인기는 신체적·정신적·정서적 모든 면에서 독자적인 생존이 가능한 성장이 이루어진다. 그리고 성인기 후기부터는 미래를 대비하는 능력과 문제해결능력과 같은 인지능력도 거의 완성이 되었고 개인적 가치관의 내면화와 동료집단에의 참여 등을 통한 사회적 발달도 자주성을 갖는 정도의 성숙을 이루었다. 따라서 이제는 부모에 대한 의존을 매듭지어야 할 시기이므로 부모로부터 독립하여 자립적인 생활을 영위하기 위해 자율적인 판단, 의식주 유지, 생활능력의 발달이 필요한 시기이다. 사회생활을 영위하면서 부모와 정서적 의존관계와 금전적 의존관계를 서서히 벗어나는 시기이다. 이것은 부모에 대한 거부나 소외 또는 부모로부터의 분리와는 다른 독립의 의미이다. 즉, 부모와 자녀가 서로 상대방을 인정하고 고유성을 받아들이는 자주적인 심리상태이다. 이 시기에도 부모와 자녀 간의 친근하고 지지적인 관계는 지속되어야 하며, 동시에 성인이 된 자녀의 자율성을 발달시키는 것이 무엇보다 중요한 시기이다.

(2) 친구(동성, 이성)

이 시기는 가장 많은 인적자원을 접하게 되고 다양한 상호작용으로 중요한 친구가 형성된다. 성인들은 자신들의 인생문제나 고민을 함께 나눌 수 있는 친한 친구를 원하고 필요로 한다. 성인기의 우정 변화는 나이가 들어가면서 같은 친구를 계속해서 사귀는 경향이 있으며 여자들의 우정이 남자들의 우정보다 더 오래 지속되는 경우가 많다. 그 이유는 남자들의 우정은 개방적인 반면에 여자들의 우정은 오직 한 사람의 단짝 친구를 사귀는 경향이 많기 때문이다. 성인기의 가장 중요한 사회적 관계는 '이성관계'이다. 물론 최근 발달의 가속화와 성에 대한 개방적 문화의 영향으로 중학교 정도의 시기에 많은 학생들이 연애를 시작하고 성관계 경험도 많아지고 있지만 기성세대로부터 '자연스러운' 행동으로 인정을 받고 성숙한 사랑을 나눌 수 있는 시기가 성인기일 것이다. 이성과 사귀게 되면 당사자 두 사람은 서로 만나 커뮤니케이션, 데이트 등으로 친밀한 관계를 서로 유지하고 때로는 여행도 같이 하면서 한 대상에게만 열중하게 된다. 그리고 감정적 유대가 깊어지면 결혼도 가능하다.

(3) 기타 사회적 발달

이 시기에는 가족, 친구뿐만 아니라 다양한 사회성의 발달로 부모로부터 독립 갈망과 독립에 대한 불안감을 동시에 갖는 특성이 있다. 또한 성역할 정체성 확립, 직업에 대한 탐색 및 선택, 배우자 선택, 결혼 및 자녀 출생과 양육 등이 있다.

먼저, 부모로부터 독립을 갈망하지만 독립에 대한 불안감, 즉 분리불안을 동시에 갖는 양가감정을 갖기도 한다. 이러한 양가감정은 최소화하고 자율성을 얻을 수 있도록 의사결정에 참여를 격려하고 자녀를 인정하는 부모의 역할이 중요하다. 둘째, 성역할 정체성 확립은 이 시기가 되면 자신의 성에 대한 정체성이 재개념화되고 더 확고해지는데 이것을 성적 사회화라고 말한다. 성역할 정체감은 자신이 좋아하는 성적대상을 선택하는 것, 성역할을 학습하는 것, 성행위에 대한 지식을 습득하는 것 등이 있다.

셋째, 청년기의 직업에 대한 탐색 및 선택은 직업을 통해 경제적 자립이 되고 자신의 인생도 개척해 나간다. 그러므로 자아실현의 시기라고 할 수 있다. 어떤 직업을 선택하느냐에 따라 성인기의 삶의 방식이 결정되기 때문에 직업의 선택은 신중해야 하며, 원하는 직업을 갖기 위해 심혈을 기울인다. 개인의 능력 및 관심, 자신 및 부모에게 중요한 사람의 기대, 개인적 요소 등이 영향을 받는다. 넷째, 이 시기의 배우자 선택은 발달과정에서 중요한 부분을 차지한다. 혼인생활의 안정과 행복에 가장 중요한 요소이므로 배우자 선택은 다양한 사항들을 신중하게 고려하여 결정하여야 한다. 배우자 선택 시 개인 차이가 존재하지만 여성과 남성의 차이점이 존재하는데 여성은 남성의 경제력과 장래성을 중요시하고 남성은 여성의 외모와 성격을 선호하는 경향이 있다. 그러나 여성의 사회진출로 경제력이 향상 및 다양한 사회 변화로 인해 배우자 선택 요소도 변화되고 있다.

다섯째, 청년기는 결혼 및 자녀를 낳아 부모가 되면서 인생이 서서히 정착하는 시기이다. 결혼은 친밀성 형성과 성숙한 사회관계의 확립 및 성취로 배우자를 선택하고 새로운 가족을 형성한다. 이 중심에는 사랑의 실현, 정서적 안정, 성적 만족, 자녀출산 등이 있다. 결혼 초기에 논의와 협상은 일상생활에 관한 관련 사항, 금전지출, 성생활 및 여가활용, 원가족과의 관계 설정 등을 이루어야 한다. 이러한 결혼만족도에 미치는 영향은 경제적 소득, 직업의 지위, 남편의 가사참여 정도, 부부간의 대화, 여가활동 등이 있다.

자녀 출생으로 주요한 삶의 변화가 찾아온다. 그 중에서 부부는 부모역할을 시작하게 되며, 그로 인해 삶의 형태가 변모하고 부모가 되는 기쁨도 있지만 결혼생활의 행복감이 떨어질 수도 있다. 새로운 삶의 경험과 발전의 기회도 찾아오지만 양육에 따른 부담감으로 인해 위기가 발생할 수도 있다. 자녀양육은 수면부족으로 인한 고통, 새로운 의무감과 가사의 분담문제에 직면, 부부간의 질투심 유발, 부부간의 양육방침의 차이로 인한 결혼생활에 더 많은 긴장과 갈등이 유발되는 어려움도 수반된다.

5) 사회복지실천과 연관성

성년기는 신체적, 인지적, 사회적으로 많은 변화가 있는 시기이다. 이에 사회복지실천은 미시적 수준과 거시적 수준의 문제가 무엇이며 해결방안을 파악하고자 한다(윤경원 외, 2022; 장수복 외, 2024). 성인기에 속한 대부분의 사람들은 가족, 사회가 그들에게 기대하는 것을 행하고 자신에게 부과된 역할을 어떻게 수행할 것인가를 스스로 평가하게 된다.

청년기에 신체적 건강의 유지를 위해 규칙적인 운동과 균형 잡힌 영양섭취가 필수이다. 지역주민들을 위한 운동시설과 프로그램을 실시 또는 지역보건소 등과 연계하여 신체적 건강유지를 위한 식단배포 프로그램이나 식이요법 등의 프로그램을 실시하여야 한다. 부부관계를 강화하기 위해 초기부부 관계에 적응을 원조하여야 하며 의사소통훈련, 부부 이해하기 등의 프로그램을 실시하고 이혼 예방 프로그램으로 부부상담, 부부캠프 프로그램을 실시하여야 한다. 사회적 지원망 형성으로 지역주민 모임 활성화도 필요하다. 자녀양육기술의 습득을 위해 자녀 출산과 양육지식 준비를 위한 예비부모교육 프로그램을 시행해야 한다. 더불어 산모·신생아도우미 사업 등을 활용하여 산후조리와 자녀양육을 지원, 원조해야 한다. 특히 맞벌이 부부 가정, 한부모 가정 등 자녀양육에 어려움을 겪고 있는 가정을 위해서는 자녀양육을 지원해줄 수 있는 다양한 프로그램을 실시하도록 적극적으로 개발하고 실시하여야 한다. 여가프로그램의 개발로 직장에서 받은 스트레스를 해소할 수 있도록 지원함과 동시에 부부공동참여를 활성화하여 부부가 함께하는 여가문화 조성과 탁아프로그램의 병행 실시, 프로그램 실시 시간의 탄력적 운영을 통해 보다 많은 사람들이 참여할 수 있도록 해야 할 것이다. 한편, 이 시기는 자율성 확립과 자기주장 능력, 친밀감 형성을 높이기 위한 노력이 요구된다. 사회복지사는 이와 관련된 사회복지실천의 접근이 필요하다.

CHAPTER

05

중년기, 노년기

1. 중년기

중년기의 시작 연령에 대해서는 학자마다 달리 제시하고 있어 명확하게 정의하기는 쉽지 않다. 대부분의 연구자들은 40~60세 사이를 신체적·사회적·가족주기 등에 있어 변화와 전환의 시기로 보고 있다. 기초적인 중년기의 신체발달, 인지발달, 심리·사회발달에 대해 알아보고자 한다(김영미, 2023; 노수희, 2023; 유미림 외, 2024).

1) 신체발달

중년기는 40~65세로 외형적 변화가 많이 일어나는 시기로써 피부 노화가 일어나며, 얼굴 부위 주름이 증가하고, 땀샘의 크기 및 수가 감소하고, 모발이 가늘어지기 시작하고, 모발의 성장이 느리고 모발의 휴지기가 길어지며 탈모가 일어난다.

내적인 변화로는 심장혈관계통에서 30세의 심장기능이 100%의 능력이라 가정하면 50세에 그 효능이 80%로 감소하고, 80세에는 70%로 감소한다. 심장조직이 딱딱해지고 탄력감소 심박력과 혈액의 양이 감소하므로 규칙적인 운동이 필요하다. 신경계통의 변화로는 신경자극이 뇌에서 신체의 근육조직으로 전달되는 속도가 50세까지 5% 정도 감소하고 신경계의 장애는 정신착란과 치매의 주요 원인이 되기도 한다. 호흡능력은 30세를 100%로 보았을 때 75% 정도 감소한다고 본다. 폐의 탄력성이 서서히 감소하고 흉곽도 작아지며 가슴의 움직이는 근육도 약해지고 호흡의 효율성이 떨어진다. 감각기능의 변화도 현저한데 시력감퇴, 노안, 지각능력감소, 수정체의 혼탁, 망막의 민감도 둔화, 섬유조직 수가 감소한다. 청각에서는 노인성 난청으로 높은 진동수의 소리에 점차 감퇴하며, 미각은 50세 전후 감퇴하고, 손끝이나 손바닥, 하지부분의 감각이 감퇴하고 감각기관 중에 후각은 제일 나중에 쇠퇴한다. 중추신경계에서 자극을 처리하는 속도가 느려지고 행동의 반응시간이 느려진다.

시기적으로 배우자와의 이혼이나 사별, 가족문제, 결혼생활의 갈등, 자신이나 배우자의 질병, 가정과 직장에서의 스트레스, 부모의 죽음 등으로 인한 심리적 갈등이 나타난다. 노화의 이중적인 양상을 보이는 것은 젊어 보이고, 젊게 행동하고, 젊게 사는 것에 대한 압력은 실제의 신체적 상실에 덧붙여 '중년 위기'의 원인이 되기도 한다. 또한 건강과 질병에 예민한 시기로써 비만, 심장질환, 암, 뇌졸중, 고혈압, 동맥경화 등을 비롯한 만성질환과 관련이 높은 시기이다. 의학적 위험요소와 더불어 사회적 차별 경험, 부정적인 신체상, 낮은 자아개념도 보인다.

장년기가 되면 성년기 후반부터 시작되던 신체적 노화가 본격적으로 진행된다. 신체활력이 저하되고 신체기능이 점차적으로 쇠퇴하는 건강변화, 신체구조변화 등을 경험한다(강경미, 2016). 나이가 들어가면서 사람들은 키가 1~4인치 정도 점차적으로 줄어들면서 몸통 아랫부분에 집중적으로 지방이 쌓이면서 신체의 윤곽은 변화한다. 그리고 신진대사 활동의 저하로 배가 나오고 질병의 회복 능력이 감소되며 면역력 감소, 소화불량, 변비, 신장기능 감소, 전립성 비대 등이 나타난다. 장년의 성인들은 신체의 체중이 재분배되면서 체중이 늘지 않은 경우라고 해도 한, 두 치수 큰 사이즈의 옷이 필요하게 된다. 적절한 운동과 식이요법을 통해 노화가 신체에 미치는 영향을 늦출 수 있다.

이 시기 대부분의 생리적 변화는 점차적으로 일어나며 사람에 따라, 시기에 따라 다르게 나타난다. 이 시기의 눈에 띄는 변화는 근육의 강도 및 접합조직의 탄력성 감소와 관련이 있다. 관절이 닳고 손상되면서 퇴행성관절염에 걸릴 위험이 높아지고 신진대사 저하, 고혈압, 당뇨, 심장병 등의 성인병의 위험에 노출되고 주요 사망원인으로 심장질환, 뇌졸중, 암 등이 있다.

성인기 동안 심근이 두꺼워지고 혈관 내에 지방 침전물이 쌓이면서 혈류를 감소시키게 된다. 알코올 섭취나 흡연, 고콜레스테롤 식이 등은 개인의 심혈관계 질환 발생 위험을 증가시킨다. 심장과 혈관은 나이가 들수록 점점 탄력이 줄어든다. 이러한 변화가 후기 성인기에 심박출량을 감소시키고 혈압을 증가시키는 원인이 된다.

시력에서는 40세가 되면 멀리 있는 물체를 보는 능력이 흔히 나빠지게 된다. 이러한 상황을 노안이라고 하며, 나이가 들면서 발생한다. 또한 노안도 개인차에 따라 빨리 오는 경향도 많다. 적절한 렌즈를 사용해 이러한 상황을 겪는 경우 교정된 시력을 제공할 수 있다.

가장 눈에 띄게 변화가 나타나는 곳은 피부이다. 피부(내층)가 탄력성이 떨어지면서 주름과 축 처진 피부가 나타난다. 얼굴에서 가장 명백한 변화가 나타나는 곳은 웃을 때 생기는 입 주변의 팔자주름, 눈 주위, 뺨의 늘어지는 피부 등이다. 체중이 많이 감소하면 이러한 변화가 더 악화되기도 한다. 일부에서는 머리카락이 흰머리가 많아지거나, 회색으로 변하거나, 가늘어지거나 성장이 늦어지는 등 변화가 확실히 보이기도 한다. 인종, 유전자, 성별 등 모든 것들이 머리카락의 성장패턴에 영향을 미친다(Polan & Taylor, 2015).

또한 이 시기에는 50대 여성의 경우 폐경을 경험하고 폐경은 개인차가 있지만 40대에 조기폐경하는 경우도 있다. 폐경이 되면 생산능력을 상실하고 여성호르몬(에스트로겐)이 1/6 정도로 줄어들어 자궁, 유방의 퇴화 등으로 신체적, 심리적 증상을 겪는다. 에스트로겐의 감소로 여성에게 골다공증이 발생할 경우가 많아지며, 이것으로 우울증, 정서불안, 분노감 등을 경험한다. 남성 역시도 남성호르몬(테스토스테론)이 감소하여 정자의 활동성, 수정능력, 성적 능력이 감소된다.

2) 인지발달

중년기 인지발달은 다양한 경험을 통해 이루어지기 때문에, 중년기에는 다양한 경험을 할 수 있는 기회를 가져야 한다. 중년기에는 다양한 활동에 참여하고, 새로운 사람들을 만나고, 새로운 것을 시도하는 것이 좋다. 이러한 경험은 인지발달에 도움이 되며, 중년기의 삶의 질을 향상시킨다. 결정적 지능은 이미 알고 있는 지식을 사용하여 새로운 문제를 해결하고, 새로운 환경에 적응하는 데 필요한 능력으로 중년기에도 유지되거나 증가할 수 있다. 그 이유는 결정적 지능은 뇌의 신경세포가 아니라 뇌의 연결망에 의해 결정되기 때문이다. 뇌의 연결망은 새로운 정보를 학습하고, 새로운 문제를 해결할 때마다 강화된다. 따라서 나이가 들더라도 뇌의 연결망을 강화시켜 결정적 지능을 유지하거나 증가시킬 수 있다. 대표적인 특징은 다음과 같다. 첫째, 경험을 통한 학습 능력이 향상이다. 중년기에는 다양한 경험을 통해 다양한 지식을 습득하게 되며, 이러한 지식은 인지발달에 도움이 된다. 둘째, 문제해결 능력이 향상이다. 중년기에는 다양한 경험을 통해 문제해결에 필요한 지식과 기술을 습득하게 되며, 이러한 지식과 기술은 문제해결 능력을 향상시킨다. 셋째, 창의성이 향상이다. 중년기에는 다양한 경험을 통해 새로운 것을 시도하고 실험하는 데 대한 두려움이 줄어들며, 이러한 변화는 창의성을 향상시킨다. 넷째, 의사소통 능력이 향상이다. 중년기에는 다양한 경험을 통해 타인과 의사소통하는 방법을 배우게 되며, 이러한 경험은 의사소통 능력을 향상시킨다. 다섯째, 자기 인식이 향상이다. 중년기에는 자신의 강점과 약점을 이해하게 되며, 이러한 이해는 자기 인식을 향상시킨다.

3) 심리 · 사회발달

중년기는 지적 활동도 저하되어 가고 있음을 우연한 기회에 느끼기 시작하게 되고, 과거의 젊었을 때가 즐겁게 회상되고 늙어 가고 있는 것에 대해 여러 감정이 생기게 된다. 그저 초조하고 불안, 침체성, 무력감, 지루함, 불행 등의 정서적 위기를 느끼게 하는 것으로 나타나고 있다. 이러한 심리변화에 따른 심리적 위기를 경험하게 되는데 이를 중년의 위기라고 한다. 대표적으로 빈둥지 증후군(empty nest syndrome)으로 이는 자녀가 성장함에 따라 집을 떠나게 되어 부부만 남게 되는 것을 말한다. 각 가정의 부부의 결혼 연령, 자녀의 수, 자녀들의 교육기간, 자녀의 결혼 유무, 결혼 시기 등과 특히 부모의 애착관계가 밀착되어 있을 경우와 같은 여러 요인에 따라 그 기간이 결정된다. 즉, 이 시기는 남성보다는 여성, 특히 전업주부는 심리적으로 공허감이나 우울감을 느끼게 되어 부적응적 양상으로 나타나는 것을 말한다.

성격적으로는 남성은 여성성이 증가되고, 여성의 경우에는 남성성이 증가하는 경향이 있다. 중년기는 남성성, 여성성이 통합되어 성역할이 보다 융통성 있게 변화하는 시기이며, 남녀가 양성성(androgyny)의 성향을 보일수록 중년기 적응력이 높다. 중년기는 중요한 인생의 터닝 포인트(turning point)라고 할 수 있으며, 과거경험이 부정적이든 긍정적이든 새로운 이해를 갖게 되는 시점이다. 위기를 극복할 수 있는 인성의 자원을 가지고 변화와 성장의 기회로 중년기를 경험하는 것이 바람직하다.

중년기 사회적 발달은 가족생활, 부부관계, 자녀교육 및 훈육, 노부모 부양, 직업전환, 여가활동 등이 있다. 먼저, 건강한 가정의 특성으로 가장 중심이 되는 체계는 부부이다. 부부관계를 건강하고 활기 있게 유지하기 위해서는 서로 안정과 신뢰, 공감, 배려를 성취하도록 노력해야 한다. 가정의 운영, 부부관계에 따라 가족생활이 결정되지만, 부부는 이 시기가 되면 자녀들이 성장하여 어느 정도 자율적으로 생활할 수 있게 된다. 따라서 이 시기의 중년들은 사회적 관계망과 가족생활 간에 균형성을 유지하도록 심혈을 기울여야 된다. 부부관계는 중년기의 위기와 어려움을 극복하면서 진정한 동반자로서의 의식을 강화하고 밀접한 관계로 발전시킬 수 있는 시기이다. 또한 빈둥지 증후군 등과 같은 현상에 잘 대처하기 위해서는 원만한 부부관계를 유지하기 위한 노력이 필요하며, 다양한 사회적 활동에 참여하는 것이 도움이 된다(박종란 외, 2021).

둘째, 중년기의 자녀교육 및 훈육은 보편적으로 부모가 중년기쯤이면 자녀는 청소년기에 접어들게 된다. 이 시기에는 자녀와의 갈등이 발생할 가능성이 높으므로 부모는 청소년기 자녀가 신체적 성장과 성적 성숙을 잘 적응할 수 있도록 자녀의 발달단계를 이해하고 적절한 교육과 지도를 해야 한다. 부모와 각각 다른 기(期)의 자녀들이 있을 때는 교육과 훈육을 달리 진행해야 한다. 또한 부모와 자녀가 같이 규칙을 설정하고 자녀들이 이에 순응하도록 훈육하며, 자녀들이 해야 할 일은 스스로 적절히 수행할 수 있도록 교육자의 역할과 비서로서의 역할도 수행해야 한다. 중년기의 자녀의 성장에 성공적으로 적응하기 위해서는 자녀와의 효율적인 의사소통, 자녀의 학교 교육과 진로문제, 자녀를 인격체로 인정 등에 유의해야 한다.

셋째, 중년기의 노부모 부양은 부모가 만성질환이 있거나 부모 중 한 분이 사망하면, 부모와 자녀의 역할이 전환되어 중년기 성인은 부모를 부양하고 보살펴야 한다. 이러한 역할의 전도와 상반되는 역할수행은 심리적 부담과 충격을 줄 수 있다. 부모역할과 자녀역할을 동시에 수행해야 하는 '샌드위치 세대'가 된다(유수현 외, 2015b 재인용). 부모님을 부양하는 것은 쉬운 일이 아니며, 부양부담의 스트레스를 받는다. 중년기의 성인들은 자신을 낳아서 키워주고 돌봐주신 부모에 대한 은혜와 부모를 부양해야 된다는 도덕적 의무감을 느끼고 있다.

넷째, 중년기의 직업은 다른 연령층보다 높은 지위, 수입을 얻는다. 이 시기에 어떤 사람은 전혀 다른 직업을 시작하는 경우도 있다. 중년기에는 직업적 성취에 대한 열의가 높기 때문에 직업적 성공에 대한 스트레스도 많은 편이다. 중년기의 직업전환은 자발적 전환과 비자발적 전환으로 나누어진다. 자발적 전환은 개인의 동기나 성격, 가족생활의 안정, 취업기회 등이 복합적으로 작용한다. 비자발적 전환은 개인의 직무수행 능력 부족, 회사나 사회가 경제적 불황상태에 있는 경우에 많이 일어난다.

다섯째, 중년기의 여가활동 개발은 자녀양육기간 축소, 조기정년, 평균수명 연장 등으로 노후의 여가 시간이 대폭 증가하고 있다. 이러한 여가문제, 사회활동참여 등이 중년기의 중요한 과제로 등장했다. 중년기의 사회활동참여와 여가활동은 활동이론의 근거로 성공적 노화, 행복감에 영향을 미치고 있다(노수희, 2021). 여가활동을 선택할 때 고려해야 할 점은 자신의 적성에 맞게, 신체적 활동에 유익한 여가와 취미활동을 개발, 부부가 함께 할 수 있는 활동을 개발하는 것이 좋다. 이와 함께 여가 시간과 활동을 적절하게 사용하기 위해서는 여가활동에 대한 예비적인 사회화 및 교육이 필요하다.

4) 사회복지실천과 연관성

중년기는 개인차가 있지만 은퇴준비에 따른 직장 및 가정에서의 역할 변화가 일어난다. 이러한 변화에 따른 심리적 적응, 수용할 수 있도록 해야 하며, 건강에 따른 신체적, 사회적 발달에 관심을 가져야 한다(윤경원 외, 2022; 장수복 외, 2024).

(1) 신체적 발달

중년기의 신체적 발달에 대한 실천은 먼저, '건강을 잃으면 모든 것을 잃는다'는 말이 있다. 이 시기부터 서서히 모든 기능이 감소되어 건강을 잃으면 생활만족도, 행복감이 떨어져 삶이 무의미해진다. 특히, 만성질환 등은 건강생활실천과 같은 생활습관에서 기인되는 것으로 알려져 있다. 미리 예방이 가장 좋은 처방이지만 그러하지 못한 클라이언트에게 사회복지사는 신체활동 중심에서 생활습관 전반에 대한 보완적 측면을 발굴해야 한다. 또한 사례별 욕구에 맞는 서비스 접근 및 이용이 가능하도록 맞춤형으로 포괄적인 서비스 제공이 이루어질 수 있도록 체계가 구축되어야 할 것이다. 이와 함께 성인병을 위한 교육이나 건강프로그램을 실시와 더불어 운동시설을 갖추어 건강유지와 관리가 되어야 하며 지역주민에게도 개방이 되어야 한다. 뿐만 아니라 신체적 건강이 떨어지는 중년세대를 지원하는 의료적 접근도 적극 모색되어야 한다. 병약한 노부모 부양과 함께 자신도 만성질환이 있다고 하면 사회복지사는 간병인, 가정봉사원, 자원봉사자를 연계하여 이들의 회복과 간호를 지원할 수 있도록 하여야 한다. 이 시기에는 중년남성들의 성적 무능력으로 인해 고통 받은 클라이언트에게는 그 배우자와의 성 문제를 효과적인 의사소통이 되도록 원조해야 하고 성치료전문기관으로 의뢰할 수 있는 체계를 갖추어야 한다.

(2) 심리적 발달

중년기의 심리적 발달에 대한 실천은 중년기의 위기는 심리적인 불안으로 정신질환의 발현을 이끌어 낼 수도 있다. 따라서 중년기에 경험할 수 있는 위기극복을 위해 보편적인 스트레스에 대한 이해와 대처 방안을 모색해야 하고 스트레스 대처 프로그램 등과 같은 전문적인 실천적 개입이 필요하다. 뿐만 아니라 위기에 직면하여 정신질환 증상이 보이는 중년기의 성인들을 위한 심리치료지원, 정신병원에 의료할 수 있는 시스템이 마련되어야 한다. 또한 중년기에 인지기능이 유지될 수 있도록 프로그램이 실시되어야 한다. 사회복지사는 노화 등에 관한 태도, 생각이 긍정적일수록 생성감은 물론 행복감, 삶의 만족에 영향을 미치므로 이러한 긍정인 감정을 유지할 수 있는 토대를 마련하기 위해 관심을 가져야 한다. 노후에 대해 부정적으로 심리가 형성되는 데는 노후에 닥칠 심리사회적 위축과 소외가 큰 영향을 끼친다. 따라서 노령기에 진입하기 훨씬 이전부터 노후에 대한 충분한 질적 투자가 이루어질 수 있는 사회적 캠페인 및 교육이 전개될 필요가 있다. 양성평등교육이나 가정·성폭력 교육과 같이 노후에 대한 준비를 의무교육에 편입시키거나 바우처(voucher)를 활용하여 본격적인 노화가 시작되기 이전부터 노화에 관한 심리적인 교육을 지각할 수 있도록 하고 이를 통해 활동적 노화(active aging)가 촉진될 수 있도록 체계적으로 마련하는 데 관심을 가져야 한다.

(3) 사회적 발달

중년기의 사회적 발달에 대한 실천은 중년기에 안정된 가정생활을 영위할 수 있도록 개인상담 및 가족상담을 통해 갈등을 사전에 예방하고 지원해야 한다. 중년기에 가족이 해체되는 위기가 없도록 사전에 예방과 교육이 필요하다. 가족의 해체로 한부모가 된다는 것은 자녀도 위기를 경험하게 한다. 이에 사회복지사는 자녀에게는 부모의 결혼생활이 끝났다는 사실을 인지하게 하고, 자신의 생활과 활동에 전념할 수 있도록 지지하고 지원해야 한다. 또한 자녀는 일상생활에서 한부모가족으로 변한 생활 등에서 느끼는 상실, 즉 부모에 대한 분노, 자기비난 등에 대처해야 한다.

또한 실직은 어느 연령층을 막론하고 위협적인 사건이다. 특히 중년기의 실직은 수입상실로 경제적인 어려움과 자존감 하락 등으로 생활을 어렵게 하므로 고용기관의 서비스, 직업재훈련프로그램, 고용알선사업, 50+센터를 적극 활용하도록 정보제공과 지지체계가 필요하다. 또한 그들이 직업활동을 지속하도록 함으로써 생산적으로 사회에 참여하고 있다는 사회참여의식을 높여주는 것도 의미 있는 방안이 될 것이다. 중년기에는 자녀결혼, 노부모 부양, 노후자금 등의 가계지출은 최고조로 들어가는 실정이다. 이러한 시기에 실업과 조기퇴직 등은 빈곤을 초래할 가능성이 매우 높다. 특히, 전문직에 종사하는 사람과 달리 노동계층의 사람들은 은퇴에 대한 준비를 못하는 경우가 많다. 사회적, 경제적으로 심각한 쇠퇴에 직면한 사람들을 위해 사회복지사는 빈곤의 악순환을 막고 사회안전망과 지지체계를 구축하고 사회문제로 확산되는 것을 예방하고 막아야 한다.

2. 노년기

노년기(65세 이상)는 일반적으로 60세 이후의 나이를 말한다. 신체적으로는 근육량과 골밀도가 감소하고, 신경계 기능이 저하되며, 면역력이 약해지고 정신적으로는 기억력과 집중력이 떨어지고, 판단력이 흐려지며, 우울증이나 불안증과 같은 정신질환이 발생할 수 있다. 사회적으로는 자녀들이 독립하여 가정을 떠나고, 배우자가 사망하는 등 사회적 관계가 축소될 수 있다. 기초적인 노년기의 신체발달, 인지·언어발달, 심리·사회발달에 대해 알아보고자 한다(김영미, 2023; 노수희, 2023; 유미림 외, 2024).

1) 신체발달

인간은 연령이 증가함에 따라 노화과정을 경험할 수 있다. 노화는 노령을 수반하는 정상적인 신체 변화과정으로 노화는 사람마다 상이한 정도로 진행되며 신체 각 부분도 상이한 영향을 받는다. 노년기는 신체 각 기관의 능력은 쇠퇴하고 신체가 외적으로 자극에 민첩하게 대처하지 못하며, 신체의 면역체계 약화, 치아결손과 소화효소 분비량의 감소, 위 근육의 약화 등으로 소화기능이 감소한다. 현대사회는 의학기술의 발달과, 국민소득의 향상, 사회·문화 수준의 향상으로 인해 인간의 수명이 점차 연장되고 있다. 이러한 질적 향상에도 불구하고 인간의 신체는 노년기에는 급격한 건강의 쇠퇴가 일반적이며 (김동배 외, 2003) 노화의 절정기이다.

노년기의 생물학적 측면을 포함한 신체적 측면의 특성은 노화로 집중된다. 어르신들의 외모는 척추 디스크 감퇴로 인해 키가 줄어들고 허리가 구부정해지며, 팔, 다리, 얼굴 상부의 지방이 감소하고 흰머리, 나이 반점 등 외적 신체 노화현상이 일어난다. 노년기는 피하조직의 손실과 피부의 신경세포 수 감소 등으로 인해 노인은 체온을 일정하게 유지할 수 있는 능력이 감퇴되어 추위를 더 심하게 탄다. 또한 시각적 예민성이 감소되고 색깔 변별능력이 떨어지게 되며, 말초혈관의 동맥경화에 의한 심장비대와 지방분의 증가로 심박출량과 심장박동능력이 감소한다. 이를 요약정리하면 다음과 같다.

첫째, 신체 외모의 변화이다. 노년기의 신체 외모의 변화는 주름이 늘고, 기민성과 민첩성이 떨어지고, 구부정한 어깨, 손발이 떨려 움직이기가 어려워지고, 가늘어진 머리카락과 흰머리가 늘어난다. 정맥혈관은 두드러지게 드러나며 피부의 조직은 탄력이 줄어들고, 연령이 증가함에 따라 체중은 감소하고, 대뇌신경원의 수도 점점 감소한다.

둘째, 감각기능의 변화이다. 노년기의 감각기능의 예민함은 대체로 외모의 변화 이후에 악화된다. 피부가 건조하고 주름이 늘어나면서 촉감은 떨어진다. 어르신들의 피부는 체온의 변화에 민감하며, 청각, 시각, 미각 등의 감각기능의 쇠퇴로 활동에 지장을 초래한다. 특히 원시 현상이 나타나고 청력의 민감성은 성인 초기부터 감소한다. 또한 이 시기에는 호르몬 기능도 변화한다.

셋째, 지적능력의 변화이다. 지적능력은 지능검사에서 어르신들은 젊은이에 비해 낮은 점수를 보이고 나이가 늘어날수록 점수가 낮아지는 것이 사실이다. 노년기에 들어서면 지능은 생물학적 노화 현상과 환경 자극으로부터 격리, 박탈에 의해 능력의 탈분화 현상을 보인다. 하지만 그렇다고 해서 노년기에는 지능이 반드시 쇠퇴한다고 단정하기는 어려운 일이다. 유동성 지능과 같은 지능의 한 부분은 쇠퇴하지만 결정성 지능과 같은 지능의 다른 부분은 속도가 느릴 수는 있어도 계속적으로 증가하기 때문이다. 결정성 지능이란 인생의 연륜과 경험에서 비롯되는 것이다.

넷째, 항상성 능률이 떨어진다. 인간의 몸 전체를 유지하는 강화기제들의 활동이 둔해지고 신체적 적응성이 떨어진다. 즉, 운동이나 스트레스로 노출되는 동안 심장은 재빠르게 반응하지 못하고 자극이 되면 정상적인 박동수로 되돌아오는 데 시간이 걸리며, 상처가 아무는 데도 시간이 오래 걸린다.

다섯째, 신경계의 기능 쇠퇴이다. 노화과정에 들어서면 신경계의 변화가 거의 없다고는 하나 일부 신경조직이 섬유질 세포로 대체되면서 어르신들의 반사작용과 반작용이 늦어진다. 한편 뇌세포의 총수는 줄어들지만 혈액순환에 장애가 없는 한 뇌의 정상기능은 지속된다.

여섯째, 성에 관한 인식은 바뀌어야 한다. 노인의 성적기능은 신체적으로 건강하다면 70대나 그 이상까지도 성에 대해 적극적이다. 노인의 성생활은 빈도나 유형면에서 연령에 따라 변화하지만 대체로 성생활은 계속하고 있음이 보고되고 있다.

일곱째, 정신운동기술의 변화이다. 노인도 젊은이가 할 수 있는 것은 거의 다 할 수 있지만 중앙신경계에 의한 정보처리 속도가 늦기 때문에 모든 행동이 더딜 뿐 아니라 사고를 유발하기도 한다.

65세 이후의 노년기는 시간의 흐름에 따른 생리적 기능(신진대사율, 면역능력)의 저하와 중년기 이후 퇴화하기 시작하여 노년기에 급하강한다. 식사량과 수면

량이 감소하고, 사소한 자극에도 쉽게 피로를 느끼게 되며, 질병률도 높아지며 회복기간도 길어진다.

연령이 증가하면서 일반적으로 점차 기능이 손상되며 이러한 생리적 변화는 심리적 결과를 초래한다. 노인들의 세상에 대한 지각은 그들이 경험하는 감각의 변화에 의해 영향을 받는다. 예를 들어, 시각과 청각이 손상된 노인은 고집스럽고 괴팍스러운 것으로 보일 수 있다. 많은 노인들의 시력이 0.3 이하이고, 깊이나 색을 지각하고, 갑작스런 빛의 변화에 적응하는 데 문제가 있으며 빛 반사에 약하고, 어두운 곳에서 잘 보지 못한다.

2) 인지발달

노년기 인지발달은 성인기 인지발달과 마찬가지로 끊임없이 진행된다. 노년기에 인지능력이 저하된다는 일반적인 인식과는 달리, 노인 중에는 인지능력이 유지되거나 심지어 향상되는 경우도 많다. 노년기 인지발달에 영향을 미치는 요인은 다양하며, 개인의 유전적 특성, 건강 상태, 생활 방식, 사회적 환경 등이 포함된다.

일반적인 지능은 노년기에 다소 떨어지기도 하지만 안정적으로 유지되는 경우도 있다. 그러나 개인차에 따라 다르며 환경적·문화적 요인에 영향을 많이 받는다. 기억력 변화에는 단기기억과 최근 기억의 능력이 약화되어 최근에 일어난 일을 잘 기억하지 못한다. 그러나 장기기억은 단기기억보다 감퇴 속도가 늦다. 따라서 과거에 일어난 일은 자세하게 기억하는 경향이 있다. 암기력보다는 논리적인 기억 능력이 더 많이 감퇴한다. 보는 것보다는 듣는 것에 대한 기억력이 뛰어나다. 따라서 노인의 기억력을 향상시키기 위해서는 청각을 활용한 교육 방법이 효과적이다.

노년기의 인지 특성을 보면, 신체적, 정신적, 사회적으로 많은 변화가 일어난다. 이러한 변화는 노인의 삶에 많은 영향을 미치며, 노인의 삶의 질을 저하시키기도 한다. 노인의 신체적 변화 중 하나는 감각 능력의 저하이며 이러한 감각 능력의 저하로 인해 노인은 주변 환경을 제대로 인식하지 못하고, 사고를 당할 위험이 증가한다. 노인의 정신적 변화 중 하나는 학습 능력의 저하이다. 노인은 학습 능력이 저하되어 새로운 것을 배우기 어려워진다. 또한, 노인은 새로운 정보를 처리하는 속도가 느려져서 의사결정 능력이 저하된다. 노인의 사회적 변화 중 하나는 사회적 역할의 상실이다. 노인은 퇴직, 자녀의 독립, 배우자의 사망 등 다양한 이유로 사회적 역할을 상실하게 된다. 이러한 사회적 역할의 상실로 인해 노인은 사회 참여가 감소하고, 우울증이나 불안과 같은 정신질환에 걸릴 위험이 증가한다. 노년기의 이러한 변화는 노인의 삶에 많은 영향을 미치며, 삶의 질을 저하시키기도 한다. 하지만, 이러한 변화에도 불구하고 지혜로워지기도 한다. 많은 경험을 통해 인생의 진리를 깨닫고, 불확실한 인생사에 대해 현명한 판단을 할 수 있다. 자신의 경험을 바탕으로 다른 사람에게 좋은 충고를 할 수 있다. 노년기의 변화를 받아들이고, 노년기를 적극적으로 즐기면 더욱 행복한 삶을 살 수 있다. 새로운 경험을 하면서 새로운 것을 배울 수 있다. 또한, 노인은 노년기에도 사회적으로 활동하면서 지혜롭게 살 수 있다.

3) 심리·사회발달

노년기는 직업과 은퇴의 시기이다. 오늘날 은퇴하는 사람들은 두 가지 특별한 문제에 직면하게 된다. 첫째, 그들은 원하든 원하지 않든 은퇴 이후에 여가 위주의 생활로 떠밀리게 되며, 동시에 경제적 자원을 박탈당하게 된다. 둘째, 일지향적인 사회에서 주변 인물로 인식되어 살아야 한다는 것 때문에 무능감이나 낮은 자아존중감, 소외감 등을 느끼기가 쉽다. 은퇴를 한다는 것은 많은 이에게 자아존중감 상실을 초래한다. 은퇴 후의 적응은 이전에 겪었던 삶의 적응양식과 밀접한 관계가 있다. 경제적 곤란은 은퇴에 따르는 보편적 현상으로 수입이 은퇴 전의 1/2이나 1/3로 감소한다. 노인 빈곤 문제는 노인문제의 가장 직접적인 원인인데, 이러한 노인빈곤의 특징은 장기화·만성화 현상, 대량화 현상, 가속화 현상의 세 가지가 있다. 은퇴한 부부는 결혼주기의 마지막 단계에서 새로운 부부관계에 적응하는 것이 중요하다. 노인에게 여가의 의미는 젊은이나 중년의 그것과는 다르다. 생활의 대부분이 여가라고 해도 과언이 아니기 때문에 노인의 여가활동은 그들의 생활만족도와 직접적으로 연관되어 있다. 프로이트는 노년기에 우리 인간은 유아기의 자기중심적 성격으로 되돌아간다고 믿었으며, 융은 노년기에 우리의 사고는 무의식의 세계에 깊이 잠수해 있는 상태라고 보았다. 따라서 노년기에는 현실세계와 접촉이 단절될 수 있다고 생각하였다. 그러나 현대 발달심리학자들은 노년기를 보다 건설적이고 보다 적응적인 것으로 보는 견해를 갖고 있다.

4) 사회복지실천과 연관성

노년기에는 퇴직 후 사회적 지위나 역할 상실로 고독과 소외, 자존감 하락, 소득 감소 등이 초래된다. 의료 및 보건기술의 발달로 평균수명은 연장되었으나 노화에 따른 건강약화로 유병장수(有病長壽) 하므로 지속적인 의료비 부담 및 간병 등의 문제가 주요한 문제로 도출된다. 그러므로 사회복지실천 현장에서 사회복지사는 사회, 심리체계 측면에서 실천할 수 있어야 한다(윤경원 외, 2022; 노수희, 2023; 김영미, 2023; 장수복 외, 2024).

(1) 사회체계 측면

일반적으로 노인이 경험하는 4고(苦), 즉 빈고(家難), 병고(疾病), 고독고(孤獨), 무위고(無爲)를 의미한다. 노인의 문제 유형은 아래와 같다.

첫째, 소득감소와 경제적 의존으로 노인의 경제적인 여건은 매우 어려운 실정이다. 이러한 이유는 연금제도와 같은 공적연금제도의 미비로 빈곤이 야기되고 우리나라가 해결해야 하는 가장 시급한 노인문제이다. 이러한 노후설계의 미비는 노화를 목전에 두고 있는 퇴직자만을 교육하는 것이 아니라 예비노인부터 노년기 생활에 대한 전반적인 것을 준비하는 프로그램이 절실히 필요하다.

둘째, 건강약화와 보호문제로 치매 등 만성질환은 증상이 완화되는 질병이 아니며, 가족들에게도 심한 충격으로 다가온다. 이러한 만성질환의 가장 큰 문제는 의료비 부담이다. 만성질환이 없는 노인에 비해 만성질환을 보유한 노인이 전체 의료비용의 95%를 차지하며(이윤환, 2012), 또한 만성질환을 1개라도 보유한 경우에는 입원 의료서비스를 8배 더 높게 이용하는 것으로 나타났다(이원식, 2018). 그러므로 경제적 문제, 간호문제, 일상생활을 유지하는데 케어해 줄 사람들이 필요하다.

셋째, 역할상실과 지위상실, 사회활동 참여의 기회상실 등으로 인한 고통은 여가활동문제와 연결되어 노인의 중대한 사회문제가 되고 있다. 노인들의 여가활동 공간으로 경로당은 재정상태가 열악하여 비조직적으로 운영이 되고 활성화된 여가프로그램이 부족한 실정이다. 노인복지관의 경우에는 기초수급자를 최우선 대상으로 하기 때문에 프로그램에서 제외되는 경우가 많다. 효과적인 사회활동 참여 및 여가활동에 참여할 수 있는 프로그램 개발이 이루어져야 한다. 또한 노인들의 여가활동 공간과 프로그램을 다양화해야 하며, 접근성(accessibility)도 편리하게 강화하고, 참여대상자를 보편화하는 복지가 되도록 해야 한다. 기초수급자 위주가 아니라 일반 노인들도 복지관이나 경로당 프로그램에 참여할 수 있도록 활성화되어야 한다(노수희, 2023).

넷째, 심리사회적 고립과 고독, 소외는 배우자 및 친구, 친인척의 사망으로 심한 상실감, 허무감, 절망감, 고독감 등의 정신질환을 경험하는 경우가 많다. 이러한 문제를 극복하기 위해서는 사회적 지지체계와 사회관계망이 더 폭넓게 필요하다. 노인에 대한 교육프로그램 개발뿐만 아니라 프로그램이 다양화되고 활성화되어야 한다. 또한 배우자 사별, 친구, 친인척에 대한 사별은 경험 이후 노인의 정신장애가 급격히 악화되므로 배우자와 주변인 등의 사별에 대한 준비과정도 필요하다.

다섯째, 노인의 성문제로 노년기 부부에게는 성적 적응에 관한 관심사가 크다. 우리 사회는 노인이 성적 관심을 보이면 점잖지 않다고 간주하는 편견이 있다. 그러나 부부생활에서 성생활은 자연스러운 일이며, 인간의 본능 차원에서 노년기 부부도 예외가 아니다. 이러한 성적 관심을 금기시하는 태도는 바뀌어야 하고 활기찬 노년을 위해서 활발한 성생활을 유지하는 것도 필요하다. 사회복지사는 성에 대한 올바른 정보제공, 재혼을 위한 상담 및 프로그램 제공, 노인 성에 대한 성상담전문가 육성과 전문상담소가 필요하다.

여섯째, 노인학대에 관련된 문제는 노인에게 신체적, 정서적, 언어적, 성적, 경제적으로 고통 및 장해를 주는 행위로 노인에게 필요한 노인보호서비스, 학대예방을 위한 제도적 장치의 보안이 필요하다. 노인학대는 연령별로는 70대(44.2%)가 가장 많고 그 다음이 80대(30.9%)이다. 학대 장소는 가정 내 학대 발생률(89.3)이 가장 높았으며, 학대행위자는 아들(37.5%)이 가장 많았고 정서적 학대(42.0%)와 신체적 학대(36.4%)가 가장 많이 나타났다(중앙노인보호전문기관, 2018). 또한 노인학대는 여성, 학력이 낮을수록, 경제력이 어려울수록, 사회적 지지체계가 빈약할수록 나타났다. 이와 함께 노인의 만성질환으로 의존성이 높거나 부양의무자의 과중한 부양부담이 노인학대로 이어지는 경우가 많다. 그러므로 가족 수발을 보충 지원하는 서비스체계, 노인부양에 대한 사회적 원조가 더 확대가 요구된다.

(2) 심리체계 측면

첫째, 죽음에 대한 태도이다. 죽음불안(death anxiety)은 죽음은 인간이 피할 수 없는 자연스러운 현상이지만 죽음이라는 사건과 죽음이라는 것은 공포, 혐오감, 부인 등의 부정적인 감정을 유발한다. 죽음불안은 노년기에 더 직접적인 영향을 미치지만 죽음은 자신뿐만 아니라 가족, 친지, 친구의 죽음에 대해서도 수용하는 태도가 필요하다. 그러므로 노인이 혼자 된 삶을 적응하기 위해서는 가족, 자녀의 지지, 자아존중감 향상 등이 필요하다. 또한 비애의 관리 과정과 죽음에 대한 교육, 즉 'well dying' 교육프로그램도 이러한 맥락에서 권장된다. 노년기를 죽음으로 치닫는 과정으로만 볼 것이 아니라 삶을 통합, 완성하는 과정으로 바라보는 사회적 인식이 더 확장되도록 하는 인문학 프로그램도 활성화될 필요가 요구된다. 이러한 맥락에서 각종 종교적 활동도 노인들에게 어느 정도 도움이 될 것으로 판단된다(노수희, 2023).

둘째, 자아통합이다. 자신이 살아온 세월을 회상하였을 때 만족과 보람을 느끼게 된다면 자아통합이 이루어지지만 반면에, 삶이 무의미했고, 허망하고 후회스럽다면 원망, 절망과 우울을 경험하게 된다. 그러므로 남은 삶이 자아통합을 이루게 되면 평온하여 죽음에 대한 동요도 없이 유연하게 대처할 수 있으나 자아통합을 이루지 못한다면 인생을 잘못 살았다는 회한으로 죽음에 대한 불안을 느끼게 된다. 이러한 과정을 사회복지사는 현장에서 적용하여 노인들의 성공적인 노화과정에 개입할 수 있다.

셋째, 호스피스이다. 임종과 죽음을 앞두고 있는 노인들을 위해 합당한 기술과 서비스를 토대로 다양한 프로그램이 개발되어야 한다. 가족에게도 노인의 죽음에 대한 교육제공으로 조력자의 역할을 할 수 있도록 하여야 한다. 호스피스의 활동적인 목표는 죽음이 예고된 환자의 고통과 공포를 완화시키고 심리적 지원으로 편안함을 주는 것이다. 또한 가족들에게도 마지막 순간을 편안하게 맞이하도록 환자가족을 여러 상황의 요구를 충족시키며, 사별가족의 슬픔과 고통을 경감시키는 총체적인 돌봄이다.

넷째, 그 밖에 노년기에 대한 원조로는 심리적으로 위축된 문제를 해결하기 위한 지지적 상담프로그램, 소외와 고독을 극복할 수 있도록 사회교육프로그램 등을 실시하여야 하며, 특히 치매, 만성질환, 빈곤 등을 위한 전문적 치료프로그램, 각종 상담 및 교육프로그램, 가정봉사원 파견 프로그램이 더 구체적, 체계적으로 확장되고 보완되어야 한다.

최근 노년기 사회복지실천에 주목 받고 있는 프로그램으로는 선배시민운동, 노년기 치매 예방 지원, 노년기 주거 지원, 노년기 죽음준비 등이 있다. 구체적인 내용은 아래와 같다. 첫째, 선배시민(Senior Citizen) 운동이다. 고령인구의 증가와 노인빈곤과 자살문제는 심각한 사회문제로 인식되고 있다. 이에 새로운 노인상으로 '선배시민'이 제시되었다. 즉, 선배시민은 시민권을 실현하고자 공동체에 참여해 동료 시민, 후배 시민과 함께 목소리를 내는 존재로서의 정체성을 담은 단어로 기존 '어르신', '액티브 시니어' 등과 대조되는 새로운 개념이다.

'선배시민' 담론은 2008년 9월, 노인교육 프로젝트를 계기로 '선배시민' 담론 개발에 착수하면서 시작되었다. 선배시민 담론은 이론에 그치지 않고 끊임없이 현장과 접속, 소통한다는 데 특징을 찾을 수 있다. 전국 최초로 2023년 11월 27일 「경기도 선배시민 지원 조례」가 제정되었다. 「경기도 선배시민 지원 조례」에서 '선배시민'을 선배이자 시민으로서 살기 좋은 공동체를 만드는 것이 권리이자 의무라는 것을 인식하고, 공동체를 위한 활동에 참여하며 후배 시민과 소통하는 노인이라고 정의하였다. 국민이 생존을 유지하거나 생활을 향상시켜 '인간다운 생활'을 하기 위하여 국가에 대하여 적극적인 배려를 요구할 수 있는 권리. 즉 사회권을 이해하고, 시민으로서 의무만 있는 것이 아니라 권리가 있음을 이해하는 것은 매우 중요하다.

둘째, 노년기 치매 예방 지원이다. 2023년 말을 기준으로 65세 이상 인구가 전체 인구의 18.9%를 기록하였다. 노인인구 증가와 더불어 치매 환자도 급증하여 노년기 치매 유병률도 높아지고 있다. 치매노인의 경우 숨겨진 환자(hidden patient) 많아 정확한 통계를 내기 어렵지만, 보건복지부와 중앙치매센터(2023)에 따르면 우리나라 65세 이상 노인인구 897만 명 중에서 92만 명이 치매환자로 나타났다. 즉, 어르신 10명 중 1명이 치매환자라는 뜻이다.

치매노인뿐만 아니라, 치매환자의 가족 역시 '숨겨진 환자'라 불리며 사회적 활동 제한, 가족 간 갈등 심지어 간병 살해, 간병 자살 등 극단적 선택을 하는 경우도 있다는 점에서 사회적 관심이 요구된다. 전통적으로 우리는 노인을 가정에서 보호해야 하는 것으로 인식하고 있다. 그러다 보니 급증하는 치매노인의 부양부담으로 인한 2차적인 가족문제가 발생하는 경우도 허다하다. 치매노인의 부양은 치매가족에게 신체적·정신적·사회적으로 매우 큰 부담과 스트레스가 된다. 그러나 치매환자에 대한 높은 관심에 비해 부양가족에 대해서는 정확한 실태조사조차 이루어지지 않은 실정이다. 따라서 치매환자를 부양하는 데 따르는 가족부양부담에 대한 정확한 실태조사를 통해 치매가족의 부양부담을 경감할 수 있는 방안과 치매환자 및 치매가족의 인권보호서비스 및 지원이 필요하다.

셋째, 노년기 주거 지원이다. 인간이 살아가는데 가장 기본적 요소인 의식주 중에서도 노년기 삶의 기본을 이루는 주생활 활동장소로서 노인주거는 노인복지측면에서 큰 비중을 차지하고 있다. 다른 어느 시기보다도 노년기의 주거는 일상생활의 중심공간이며, 노인들은 거주하는 주거를 통해 사회적 위상과 지난 세월에 대한 자긍심을 갖게 된다. 또한 노후 건강상태를 수용하는 물리적 환경이자 사생활(privacy) 유지 공간이며, 경제적 안정감 유지의 의미도 내포하고 있다. 무엇보다 자녀와 따로 생활할 경우 독립성 확인으로 자존감을 느끼기도 하며, 계속 거주해온 주거를 통하여 개인의 경험과 추억을 저장할 수 있고, 이웃과 지역사회를 통한 친밀한 사회적 지지망을 유지할 수 있다(김용엽, 2009).

넷째, 노년기 죽음준비이다. 노년기는 생애주기 단계상 죽음에 가장 가까운 단계이면서 한편으로는 생애동안 상대적으로 간접죽음을 많이 경험하면서 죽음불안이나 본인의 죽음에 대한 생각을 많이 하게 된다. 죽음에 직면한 노년이 통합적 인격체로서 품위 있는 죽음태도를 지닐 수 있도록 돌봄을 제공하기 위해서는 죽음불안을 감소시키는 노력이 필요하다(조계화·이현지, 2011). 노인들은 가족기능, 사기, 건강행위, 자아통합감이 높을수록(이정인·김순이, 2011), 삶에 대한 태도가 긍정적이고 적극적일수록(최외선, 2007) 죽음불안 정도가 낮아진다고 한다.

누구에게나 죽음은 평등하지만 특히 다른 발달단계보다 죽음에 가까운 노년기에 대하여 '좋은 죽음(well dying)'을 맞이하는 실질적인 방법이 필요하다. 노인이 불가역적인 죽음을 어떻게 인식하는가 혹은 어떠한 의미를 부여하는가에 따라 노년기 삶의 방식은 달라질 것이다. 자신의 죽음은 물론 가족의 죽음을 준비하고 편안하게 받아들일 수 있도록 죽음준비교육이 필요하다(이예종, 2005).

PART 02

인간행동에 관한 주요 이론

CHAPTER 06

정신역동이론 1

인간의 성격 전반을 설명하는 거대이론 중 가장 대표적인 것이 바로 정신분석이론이다. '심리학의 아버지'라고 불리는 지그문트 프로이트에 의해서 제시된 정신분석이론은 개인의 성격뿐만 아니라 정신병리, 심리치료, 사회문화 현상까지 설명하는 방대하고 깊이가 있고 심오한 심리이론이다. 프로이트의 정신분석을 기초하여 많은 이론들이 수정되고 발전되었다. 그러나 기존의 정신분석이론이 인간의 본능과 리비도 등 인간의 성적인 요소에 지나치게 집중했던 것을 비판하여 새롭게 이론을 정립한 세력이 등장하였다. 에릭슨은 심리사회이론에서 인간발달단계를 전 생애로 확대하여 자아와 사회환경 간의 상호작용에 심리적 위기에 따른 발달과업을 설명하였다. 본 장에서는 프로이트와 에릭슨의 생애, 이론의 주요개념 그리고 사회복지실천과 연관성에 대해 설명하고자 한다(윤경원 외, 2022; 김영미, 2023; 노수희, 2023; 장수복 외, 2024; 유미림 외, 2024).

1. 프로이트의 정신분석이론

1) 생애

그림 6-1 프로이트(Sigmund Freud, 1856~1939)

프로이트(Sigmund Freud, 1856~1939)는 1856년에 오스트리아의 모라비아의 작은 도시인 프라이베르크에서 태어나 1939년 런던에서 사망하였다. 어린 시절

스페인어를 독학으로 습득하는 등 명석했던 프로이트는 1873년 고등학교 졸업 후 “자연에 대하여”라는 강연을 듣고 다윈의 ‘진화론’에 깊은 감명을 받아 인간의 본질에 관한 보다 깊은 지식을 습득하기 위해 의학을 공부하기로 결심하였다. 그는 의과대학에서 신경학(neurology)을 연구하면서 히스테리 증상에 관심을 갖게 되었다. 1886년 30세에 프로이트는 빈(Wien)으로 돌아와 결혼 후 6명의 자녀를 낳았으며, 정신과 의사였던 브로이어(Breuer)와 함께 최면술(hypernosis)에 대해 연구하고 임상실험을 하였다. 브로이어는 그 당시 이미 히스테리의 정신적·신체적 증세를 치료하기 위해 최면술을 사용하고 있었다. 그는 최면술에 걸린 환자에게 망각된 외상적 경험(traumatic experiences)을 재생하면서 거기에 수반된 감정을 자유롭게 표현하도록 하는 정화법(cathartic method)을 사용했다. 그러나 프로이트는 최면술의 한계성을 자각하고 특유의 자유연상법(free association)을 개발하게 되었다. 1897년 정신분석을 자신에게 적용시켜 시도하였으며, 유아 성욕과 오이디푸스에 대해 인식하였다. 1923년 융과의 결별 이후 원초아(id), 자아(ego), 초자아(superego) 등 성격의 구조를 완성하였고, 후두암으로 33번의 수술 후에 83세로 안락사하였다(정옥분, 2008).

모든 인간의 성격과 행동은 성적 동기에 의한 것이라는 주장은 정신병이라는 용어가 생기기 전의 그 당시 많은 유럽인에게 충격을 주었다. 더욱 충격적인 점은 유아에게 성적 욕구가 있으며, 그것이 개인의 적응에 중요한 결정적 요인으로 작용한다는 주장이다. 이것은 유아는 정신세계가 없다고 믿어왔던 당시의 풍습에 도전적인 발언이었다. 또한 프로이트는 우리가 행한 행동의 원인은 이성적 존재로서가 아니라 원시적 충동이나 그가 명명한 무의식(uncnonscious)이 잠재해 있는 과거의 정신적 외상(trauma)에 의해 구사되고 처리되는 것으로 보았다. 정신분석학은 프로이트가 제기한 리비도(libido)나 무의식에 대한 개념들로 인해 많은 논쟁을 일으켰지만, 그 후 프로이트를 신봉하는 많은 학자에 의해 개정된 이후 미국의 발달이론 가운데 중요한 위치를 굳힌 이론이다.

2) 주요 개념

프로이트는 인간의 성격을 설명하기 위해 원초아, 자아, 초자아 등의 개념을 제시했으며, 정신수준과 관련된 무의식, 전의식, 의식의 개념과 함께 불안, 자아방어기제, 이외에도 성심리발달단계로 제시한 구강기, 항문기, 남근기, 잠복기, 생식기에 대해 설명하면 다음과 같다.

(1) 구조적 모형의 성격 이론

프로이트는 인간의 성격을 원초아(id), 자아(ego), 초자아(superego)의 가설적인 세 가지 구조로 구분하였다. 원초아는 생물학적 구성요소이고, 자아는 심리적 구성요소, 초자아는 사회적 구성요소라고 했다. 그리고 전통적인 정신분석적 관점에서 성격의 역동은 심리적 에너지가 원초아, 자아, 초자아에 분배되는 방식으로 결정된다. 그러나 인간의 성격은 이 세 가지 구성요소가 각각 분리되어 작용하기보다는 기능적으로 하나의 전체로서 기능한다.

첫째, 원초아(id)이다. 성격의 생물학적·원초적·무의식적 측면으로 성격의 원래 체계이다. 원초아는 정신에너지의 원천으로 인간의 정신을 지배하는 본체인 동시에 생명 유지에 필수적인 생물학적 욕구인 배고픔(hungry), 목마름(thirsty), 성(sex), 수면(sleep) 등이 해당된다. 따라서 원초아의 기능은 본능적 욕구충족을 위해 작용해서 매우 강력하고 강요적이다. 또한 원초아는 사고하지 않고 긴장, 고통의 회피, 해소를 기본으로 하는 쾌락의 원리(pleasure principle)에 지배받게 되며, 무의식적 동기에 의해 충동적으로 유발하기 때문에 비논리적이고, 도덕관념이 없고, 대부분 인식되지 않으며, 무의식적이다.

둘째, 자아(ego)이다. 성격의 심리학적·의식적 측면으로, '인격의 행정부'에 해당된다. 즉, 자아는 현실이라는 외부세계와 접촉하면서 성격을 지배하고 통제한다. 자아는 성격의 조직적이고 합리적이며 현실지향적인 체계로서 성격의 집행자이며, 경영자이며, 이성·상식이라고 불리는 것들을 내포하고 있다. 자아는 지적 활동이나 합리적이며, 원초아의 맹목적 충동을 억제하고 통제하는 역할을 한다. 현실원리(reality principle)에 의해 지배받음으로써 개인의 주관적 욕구와 외부환경의 욕구를 구분하며, 개체의 자기보전과 안전을 확보한다. 또한 자아는 정신적 심상과 외부세계의 사물 구분이 가능한 현실적·의식적 사고 및 행동과 연관되어 있다.

셋째, 초자아(superego)이다. 성격의 도덕, 양심의 부분으로 '인격의 사법부'라고 부르며, 성격의 세 가지 구조 중에서 최후에 발달하는 부분으로 사회적 자아발달과 관련되어 있다. 초자아는 부모로부터 자녀에게 전승되는 사회적 가치와 이상을 대표하며, 원초아의 비이성적인 충동을 억제하고, 자아가 도덕성을 갖추도록 보강하는 기능을 한다. 초자아는 인간사회의 도덕과 규범, 행동의 선악, 전통적 가치 추구와 관련된 도덕원리(moral principle)에 지배받으며, 부모나 사회의 표준이 내면화된 것으로 심리적 보상(자신감, 자애감정)과 처벌(죄책감, 열등감)에 의해 형성된다.

(2) 지형학적 모형의 정신의 수준

프로이트는 인간의 정신세계를 세 가지 단층 또는 수준으로 구분하고 이를 빙산에 비유하여 물 위에 나타난 작은 부분을 '의식(consciousness)'이라고 했다. 또한 수면 밑에 가라앉아 있는 부분 중에서 의식과 경계하고 있는 부분을 '전의식(preconsciousness)', 외부로 전혀 드러나지 않고 잠겨 있는 부분을 '무의식(unconsciousness)'이라고 했다. 이 세 가지 수준은 인간의 감정과 사고, 행동을 결정하는 정신적 실체로서 성격이해에 매우 중요한 요인으로 작용한다.

첫째, 의식이다. 의식은 자신이 주의를 기울이는 순간에 인식될 수 있는 모든 감정, 지각, 경험, 기억, 감각을 의미하는 정신작용이며, 시간이 경과하거나 주의가 분산되면 인식되었던 부분들이 전의식과 무의식으로 잠재되는 한계가 있는 정신수준이다. 따라서 의식은 인간 정신세계의 '빙산의 일각'으로 극히 작은 부분이 외부로 드러나는 의식적인 행동으로 국한되는 부분이다.

둘째, 전의식이다. 의식과 무의식을 연결하는 중간 지점에 있으며, 현재 의식되는 수준은 아니지만 주의를 집중하고 노력하면 의식으로 떠올릴 수 있는 생각이나 감정을 말한다. 전의식은 정신세계에서 무의식 영역과 의식 영역을 연결해 주는 이용 가능한 경험과 기억들이 저장되어 있는 곳이다.

셋째, 무의식이다. 과거의 모든 경험, 동기, 기억, 억압되었던 욕구 등이 모두 잠재되어 있는 부분으로 현실적으로 전혀 자각이나 인식하지 못하는 상징적인 정신세계이다. 빙산의 대부분이 수면 아래에 있는 것과 같이 정신내용의 대부분을 형성하는 부분으로서 현재의 성격과 인간행동의 동기가 되는 가장 중요한 정신분석의 초점이 되는 부분이다. 또한 무의식은 의식의 영역 밖에 있기 때문에 직접 자각이나 관찰할 수 없는 부분으로 꿈이나 암시, 망각과 실언 등의 행동으로 추리된다. 특히 무의식은 의식의 상태로 남아 있기에는 위협적이고 고통스러운 경험이나 기억들이 강제적 또는 의식적으로 무의식에 억압되면서 잠복하게 된다. 그러나 이러한 무의식의 내용들은 완전히 사라지는 것이 아니라 마음의 방어가 약해지거나 과거와 흡사한 상황을 경험하게 되면 다시 수면 위로 부상하면서 인간의 마음을 불안하게 한다. 따라서 인간이 경험하게 되는 심리적 문제는 무의식이 작용한 결과로 모든 신경증적 증상이나 행동의 근원으로 본다.

무의식은 개인이 자신의 힘으로는 의식으로 떠올릴 수 없는 생각, 감정들을 포함하여 감각기관으로 인식할 수 없는 마음 깊은 곳에 감추어져 있는 정신세계로 본능, 열정, 억압된 관념과 감정 등이 잠재되어 있다.

이러한 정신의 세 가지 층은 구분되거나 절대적인 범주로 볼 수 없으며 정도의 범주로 보아야 하지만, 개인의 사고와 감정의 대부분은 의식 외부에 존재한다. 프로이트는 모든 정신과정이 무의식으로부터 기원하기 때문에 무의식을 가장 중요한 의식수준이라고 보았다.

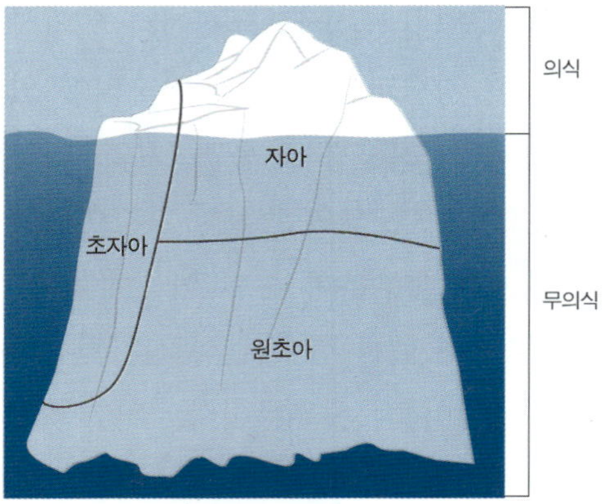

그림 6-2 프로이트의 정신세계

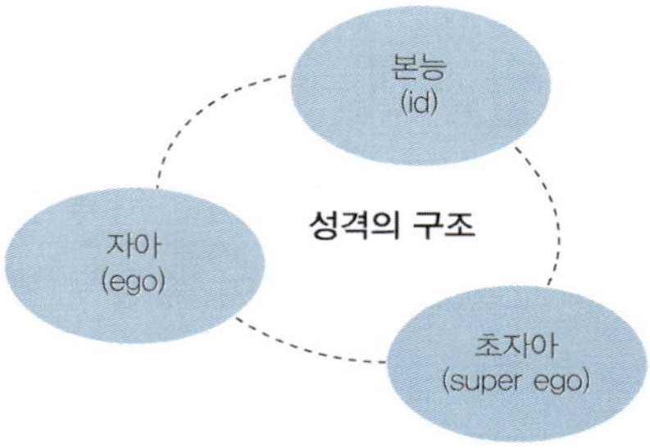

그림 6-3 프로이트의 성격의 구조

(3) 불안(anxiety)

불안은 정서의 긴장상태를 말하는 것으로, 주로 원초아의 본능적·무의식적 욕구를 현실적으로 조절하려는 자아와의 충돌 시 갈등이 통제의 수준을 초과할 때 발생한다. 프로이트는 불안을 무의식적 욕구가 의식 속으로 침투할 때 발생하는 두려움 등의 임박한 위험을 인식시키는 것으로 자아에 대한 경고의 의미이다. 정신분석에서 불안은 매우 중요한 개념으로 모든 신경증의 원인이라고 했다. 프로이트는 불안을 아직 분출되지 못한 성 본능의 결과로 보았으며, 불안을 현실적 불안(reality anxiety)과 신경증적 불안(neurotic anxiety), 도덕적 불안(moral anxiety)의 세 가지 유형으로 구분했다.

첫째, 현실적 불안이다. 외부세계에 존재하는 실제 위험에 대한 두려움으로 인해 초래되는 불안으로, 이때 불안의 정도는 외부위험에 대한 두려움의 정도에 정비례하는 것으로 나타났다. 따라서 현실적 불안은 기본적으로 공포와 같으며, 자아로 하여금 이를 회피하도록 경고하는 것으로 외부 현실적 불안 요소가 제거되면 자연스럽게 감소하는 것으로 나타났다. 둘째, 신경증적 불안이다. 신경증적 불안은 주로 본능이 통제되지 않아서 처벌받을 어떤 행위를 하게 되는 것에 대한 두려움으로 충동적이고 강요적인 본능을 자아가 이를 현실적·이성적으로 해결하지 못해서 본능적으로 행동한 후에 경험하게 되는 불안을 말한다. 프로이트는 자아가 합리적이고 현실적인 방법으로 신경증적 불안을 해결하지 못하게 되면 자아방어적 행동을 하게 되면서 신경증의 주요 원인으로 작용한다고 주장했다.

셋째, 도덕적 불안이다. 원초아와 초자아 간의 갈등에서 비롯되며, 주로 개인의 양심에 따른 두려움으로 사회적 규범이나 도덕적 원칙과 가치관 등을 위배했을 때 경험하게 되는 불안이다. 프로이트에 의하면 도덕적 불안은 초자아가 발달하는 3~6세의 남근기(phallic stage)가 되어야 가능하다고 했다.

(4) 자아방어기제(ego-defense mechanism)

현실·신경증적·도덕적 불안의 상태에서 이를 이성적·현실적·합리적인 방법으로 해결이나 조절할 수 없을 때 자아는 불안에 대처하고 상처받은 자아를 보호하기 위해 방어기제를 사용하게 된다. 따라서 자아방어기제(ego-defense mechanism)는 개인이 불안에 대처하고 상처 입은 자아를 보호하게 된다. 그러나 대부분의 자아방어기제가 무의식적이고 비현실적, 현실왜곡의 특성을 가지고 있기 때문에 지나치게 사용하게 되면 자아의 제어능력과 현실대면 능력이 저하되면서 성격과 행동이 병적으로 발전하게 된다. 주요 방어기제를 설명하면 다음과 같다.

① 억압(repression)

억압은 불안을 유발하는 기억이나 현실적으로 수용하기 어려운 사건을 의식적 인식으로부터 없애기 위해 강제로 무의식 속으로 밀어내는 것을 의미한다. 프로이트는 생의 초기 5년 동안의 고통스러운 성심리 사건들이 바로 억압에 의해 의식에서 배제되면서 의식을 방어하게 된다. 그러나 억압된 갈등과 충동은 완전히 망각되는 것이 아니라 의식의 배후에 머물게 되면서 심리적으로 부정적인 영향을 미쳐 신경증의 기초로 작용하게 된다. 그 전형적인 예가 기억상실이며, 하기 싫고 귀찮은 과제를 "깜박 잊었다"고 말하는 경우가 여기에 해당된다.

② 부정(denial)

부정은 현실적으로 수용하기 어려운 사실이나 문제에 당면했을 때 자아가 이를 합리적으로 해결하기 곤란한 경우 현실 자체를 무시하고 문제를 왜곡하여 자아를 보호하고자 하는 노력이다. 그 예로 아무런 예고 없이 불치병의 진단을 받았을 때 죽음에 대한 불안을 불치병을 인정, 수용하지 않고 사실을 부정함으로써 현실적 고통을 거부하는 것이다.

③ 합리화(rationalization)

합리화는 실망스러운 현실이나 불합리한 자신의 행동에 대해 진정한 이유나 동기를 모색하기보다는 핑계나 변명을 만들어 자신을 설득하고 위로하는 것이다. 따라서 합리화는 실패 또는 상실로 인해 상처받은 자아를 설명하기 위해 타당한 이유를 조작하는 자기기만이며, 그 예로 『여우와 신포도』의 이솝우화에서 높게 달려 있는 포도를 먹을 수 없는 여우가 배고픔을 잊기 위해 포도가 시기 때문에 먹지 않는다고 자신을 위로하고 변명하는 태도에 잘 나타나 있다.

④ 퇴행(regression)

퇴행은 새로운 환경이나 불안한 상황에 대응하기 어려운 경우에 발달의 이전단계 행동으로 후퇴함으로써 불안을 해소하고 무의식적 갈등을 회피하는 기제이다. 이때 회피는 개체가 심각한 스트레스나 극단적인 곤경에 직면하게 되면 생애에서 안전했던 시기로 되돌아가기를 원하는 심리상태를 반영한다. 그 예로 동생이 태어나 부모의 관심을 분산하게 된 유아가 자신의 심리적 불안을 회피하고 부모의 관심을 되찾기 위한 목적으로 동생과 같이 발달 이전의 행동으로 되돌아가는 현상을 말한다.

⑤ 반동형성(reaction formation)

반동형성은 개인적으로 수용하고 인정할 수 없는 감정을 부인하기 위해 능동적으로 상반되는 충동을 표현하는 것이다. 즉, 불안을 야기하는 무의식적 욕구를 억제하기 위해 이와 정반대되는 의식적 태도나 행동으로 은폐하는 것을 말한다. 그 예로 자신이 좋아하는 사람에 대한 감정을 숨기기 위해 오히려 더 불친절하게 대하거나 무관심한 태도를 보이는 것이다.

⑥ 투사(projection)

투사는 자신이 수용하기 어려운 감정으로 인해 수반되는 불쾌한 감정이나 고통을 피하기 위해 타인에게 전가하고 현실로부터 자신을 분리시키는 것이다. 즉, 자신의 심리적 속성이 타인에게 있는 것처럼 생각하고 행동하면서 자신의 욕망이나 충동을 타인에게 귀인시키는 것이다. 그 예로 특정한 사람과 특별한 이유 없이 관계가 불편함을 느낄 때 상황을 그 사람에게 전가해서 "그 사람이 나를 불편하게 생각한다"는 방식으로 말한다.

⑦ 대치(displacement)

대치는 어떤 대상이나 사물에 대한 감정을 해결하기 위해 의식적으로 다른 대상을 향하여 동일한 감정이나 욕구를 발산함으로써 자아를 보호하는 기제이다. 그 예로 아버지를 향한 분노를 직접 표현할 수 없을 때 자기보다 만만한 대상을 찾아 화를 냄으로써 심리적 갈등과 욕구를 해소한다.

⑧ 고착(fixation)

고착은 다음 단계로의 발달에 위협이나 불안을 느끼게 될 때 그 전 단계에 계속 머물기 위해 특정 사람이나 사물에 대한 지나친 정서적 애착현상을 나타내는 방어기제이다. 그 예로 각 성격발달의 단계에서 전 단계의 발달이 적절하게 성취되지 못하면 그 단계에 계속 머물면서 다음 단계 발달에 영향을 미치는 것을 말한다.

⑨ 승화(sublimation)

승화는 의식적·현실적으로 수용될 수 없는 원초적 충동이나 욕구를 사회적으로 고차원적인 형태로 전환해서 표현함으로써 자신의 욕구도 해결하고 사회적으로 인정도 받게 되는 건강한 기제이다. 그 예로 공격적 충동은 체육활동으로 전환될 수 있으며, 전위예술가들은 자신의 강한 성적 충동이나 욕구를 예술작품을 통해 표현함으로써 욕구해소와 함께 사회적 인정도 동시에 획득한다.

⑩ 보상(compensation)

보상은 자신의 부족함이나 결점으로 인해 심리적 갈등과 열등감을 느끼게 될 때 이를 극복하기 위한 보상적 노력을 통해 자신의 부족함을 감추거나 타인의 인정을 받도록 시도하는 것을 의미한다. 그 예로 신체적 왜소함으로 열등감을 느끼는 사람이 직접적인 보상노력으로 보디빌딩 선수로 성공하거나 간접적인 보상노력으로 학업에서 우월성을 나타내는 경우이다.

(5) 심리성적 발달이론

지그문트 프로이트의 심리성적 발달이론은 인간의 성격이 태어나면서부터 가지고 있는 성욕 에너지인 리비도가 5단계를 거치며 발달한다는 이론이다. 각 단계는 다음과 같다.

① 구강기(oral stage): 생후 0~18개월

프로이트의 구강기(oral stage)는 생후 0~18개월까지의 시기로, 이 시기의 아동은 입을 통해 성적 쾌감을 얻는다. 구강기의 주요 관심사는 빨기, 씹기, 삼키기 등이며, 이 시기의 아동은 입을 통해 세상을 탐색하고, 자신의 감정과 욕구를 표현한다. 구강기의 발달이 정상적으로 이루어지면, 아동은 자신감, 자존감, 자기애 등을 발달시킬 수 있다. 그러나 구강기의 발달이 지연되거나 왜곡되면, 아동은 과도하게 빨거나 씹는 등의 행동을 보이거나, 지나치게 의존적이거나 공격적인 성격을 갖게 될 수 있다. 구강기의 발달을 촉진하기 위해서는 아동에게 충분한 양의 음식을 제공하고, 아동이 자신의 감정을 표현할 수 있도록 격려하는 것이 중요하다. 또한, 아동이 지나치게 빨거나 씹는 등의 행동을 보이면, 아동의 행동을 교정하고, 아동이 자신의 감정을 다른 방법으로 표현할 수 있도록 도와주는 것이 중요하다.

② 항문기(anal stage): 생후 18~36개월

프로이트의 이론에서 생후 18~36개월은 항문기(anal stage)에 해당한다. 이 시기의 아동은 배변과 배뇨를 통해 성적 쾌감을 얻는다. 아동은 배변과 배뇨를 통해 자신의 신체적 능력을 탐색하고, 자신의 자아를 형성한다. 이 시기의 아동은 배변과 배뇨를 통해 자신의 주도권을 행사하고, 자신의 감정을 표현한다. 프로이트는 이 시기의 아동이 배변과 배뇨를 통해 자신의 성적 욕구를 표현하는 방식에 따라 고착이 발생할 수 있다고 주장했다. 예를 들어, 배변과 배뇨를 너무 억압하는 아동은 성격이 소심하고 내성적이 될 수 있다. 반면, 배변과 배뇨를 너무 자주 하는 아동은 성격이 공격적이거나 난폭해질 수 있다. 이 시기의 아동이 건강하게 발달하기 위해서는 부모가 아동의 배변과 배뇨를 적절하게 훈련하고, 아동의 감정을 이해하고 수용하는 것이 중요하다.

원초아는 욕망의 충족만을 추구하지만 자아는 현실을 함께 고려한다. 자아는 구강기 전기에 발생하지만, 항문기 배변훈련을 거치며 크게 발달한다.

③ 남근기(phallic stage): 생후 3~6세

지그문트 프로이트는 인간의 성격이 태어날 때부터 가지고 있는 성적 에너지인 리비도가 5단계를 거치며 발달한다고 주장했다. 이 중 남근기는 생후 3~6세에 해당하는 시기로, 성기 부위에 성적 쾌감을 느끼는 시기이다. 이 시기의 아이들은 자신의 성기 부위를 자위하거나, 다른 사람의 성기 부위를 만지려는 행동을 하기도 한다. 프로이트는 남근기의 아이들이 오이디푸스 콤플렉스와 엘렉트라 콤플렉스를 경험한다고 주장했다. 오이디푸스 콤플렉스는 남자아이가 어머니를 사랑하고 아버지를 질투하는 현상이며 엘렉트라 콤플렉스는 여자아이가 아버지를 사랑하고 어머니를 질투하는 현상이다. 이 콤플렉스는 아이들이 자신의 성 정체성을 확립하는 과정에서 나타나는 자연스러운 현상이지만, 부모가 이 콤플렉스를 제대로 이해하지 못하면 아이들이 성격 장애를 경험할 수 있다. 남근기의 아이들은 성적 쾌감을 느끼는 것 외에도, 자신의 성 정체성을 확립하고, 사회 규범을 배우는 중요한 시기이다. 이 시기의 아이들은 부모로부터 사랑과 관심을 받고, 자신의 성 정체성을 긍정적으로 받아들일 수 있도록 도와주는 것이 중요하다.

- 오이디푸스 콤플렉스

오이디푸스 콤플렉스는 남아가 아버지와 어머니와의 감정적인 상호작용에서 생기는 어떤 복잡한 갈등과 감정을 지칭하며, 이로 인해 어머니에 대한 성적인 욕망과 아버지에 대한 적대적인 감정을 경험하게 된다. 오이디푸스 콤플렉스는 3~6세경에 나타나며, 이 시기에 아동은 이성의 부모에 대해 성적인 감정을 느끼게 된다. 그러나 아동은 자신이 부모의 성적 대상이 될 수 없다는 것을 깨닫고, 아버지에 대한 적대감을 느끼게 된다. 이 적대감은 아버지를 죽이고 어머니와 결혼하고 싶은 욕망으로 나타난다. 그러나 아동은 아버지의 권위에 대한 두려움을 느끼고, 결국 이 욕망을 포기하게 된다.

프로이트는 오이디푸스 콤플렉스가 아동의 성적 발달에 중요한 역할을 한다고 주장했다. 아동이 오이디푸스 콤플렉스를 성공적으로 극복하면, 이성의 부모에 대한 정상적인 성적 욕망을 갖게 된다. 그러나 아동이 오이디푸스 콤플렉스를 극복하지 못하면, 성인기에 정신병이나 성격 장애를 일으킬 수 있다고 주장했다. 오이디푸스 콤플렉스는 프로이트의 정신분석학 이론에서 가장 중요한 개념 중 하나지만 존재 여부와 그 중요성에 대해서는 여전히 논란이 있다.

• 엘렉트라 콤플렉스

엘렉트라 콤플렉스는 프로이트의 정신분석학에서 여아가 아버지에 대해 느끼는 성애적 감정과 어머니에 대한 경쟁심이라고 합한. 이 용어는 1913년 칼 융이 처음 사용했다. 프로이트는 여아가 아버지의 남근에 대한 열등감을 느끼고 어머니를 아버지로부터 빼앗으려 한다고 주장했다. 그는 이 콤플렉스가 여아의 성격 발달에 중요한 역할을 한다고 믿었다. 그러나 엘렉트라 콤플렉스 이론은 현대 심리학계에서 널리 받아들여지지 않는다. 많은 학자들은 이 이론이 남성 중심적이며, 모든 여아가 이 콤플렉스를 경험하는 것은 아니라고 주장한다. 또한, 이 이론이 과학적 근거가 부족하다는 비판도 있다. 최근 연구에 따르면, 여아는 아버지에 대한 성애적 감정보다는 아버지와의 애착 관계를 더 중요하게 생각하는 것으로 나타났으며, 여아는 어머니와의 경쟁심보다는 어머니와의 협력 관계를 더 중요하게 생각하는 것으로 나타났다.

④ 잠복기(latency stage): 생후 6~12세

프로이트의 잠복기(latency stage)는 생후 6~12세에 해당하는 시기이다. 이 시기에는 성적 욕구가 억압되고, 대신 사회적 기술과 지적 능력이 발달한다. 아이들은 이 시기에 친구들과 어울리고, 새로운 것을 배우고, 운동을 하며 사회성을 익히게 된다. 또한, 이 시기에 아이들은 자신의 성 정체성을 확립하게 된다. 프로이트는 잠복기가 성격 발달의 중요한 시기라고 생각했다. 이 시기에 아이들은 자신의 성적 욕구를 억압하고, 사회적 기술과 지적 능력을 발달시킴으로써 성인으로 성장하기 위한 준비를 하게 된다고 주장했다.

프로이트의 잠복기 이론은 인간의 성격 발달을 이해하는 데 중요한 역할을 했으며, 현대 심리학에도 큰 영향을 미쳤다.

⑤ 생식기(genital stage): 13세 이후

프로이트의 이론에서 생식기(genital stage)는 13세 이후에 시작되는 성인기의 성격 발달 단계이다. 이 단계에서는 성욕이 성적 파트너를 찾고 성관계를 갖는 데 집중하게 된다. 프로이트는 성기기에서 성욕이 충족되지 않으면, 성격장애가 발생할 수 있다고 주장했다. 예를 들어, 성욕이 억압되면 신경증이나 우울증과 같은 정신질환이 발생할 수 있다. 또한, 성욕이 지나치게 강하면 성적 욕망에 의해 지배되는 사람이 될 수 있다. 생식기는 성인기의 성격 발달단계이기 때문에, 이 단계에서 성욕을 건강하게 표현하는 것이 중요하다. 성욕을 건강하게 표현하기 위해서는 성교육을 통해 성욕에 대한 올바른 이해를 갖는 것이 필요하다. 또한, 성욕을 표현하는 데 있어서 타인을 존중하는 태도를 갖는 것이 필요하다.

3) 사회복지실천과 연관성

프로이트가 확립한 정신분석은 광범위하게 인간에 대한 이해 및 심리적 문제해결에 적용되어 왔다. 사회복지실천에서도 클라이언트와 관계형성 및 사정, 그리고 개별 및 집단 면담의 과정에서 실천적이고 이론적인 도구로 타 이론과 혼용하여 활용되고 있으며, 사회복지실천과 오랜 역사를 공유하고 있다. 프로이트의 정신분석이론과 사회복지실천과의 연계를 살펴보면 다음과 같다(엄태완, 2020; 윤경원 외, 2022; 장수복 외, 2024).

(1) 정신분석과 사회복지실천

먼저 정신분석은 클라이언트 개입에 마땅한 개입도구가 없어 전문성을 비판받고 있을 때 등장하여 진단주의학파에 영향을 주었으며, 해밀튼, 홀리스 등이 개별사회사업(case work)을 발달시키는 데 큰 영향을 미쳤다. 둘째, 경청 등으로 정보를 받으면서 대화로 클라이언트를 변화시킬 수 있다는 토대를 제공하였다. 클라이언트의 가족력과 개인력을 자세하게 밝혀 클라이언트가 현재 가지고 있는 문제에 대한 특징을 파악할 수 있도록 도와준다. 따라서 사회복지사는 클라이언트의 현 문제를 이해하기 위해 과거의 경험과 충동을 통찰력을 가지고 인식하도록 하여 현재의 문제를 이해할 수 있도록 돕는 데 그 목적이 있다.

셋째, 어떤 문제라도 문제에는 일정한 원인이 있다는 직선론적 원인론을 채택하게 되어 사회복지사에게 이해의 틀을 마련하였다. 클라이언트가 어떻게 행동하고, 왜 그런 행동을 하는지에 대한 이해를 사회복지사가 사회복지실천에 적용하게 되는 토대를 제공하였다. 사회복지사는 클라이언트를 이해할 때 어느 단계에 고착 및 퇴행이 되었는지를 파악하여 개인 성장을 위한 갈등 등을 해결할 수 있도록 도와준다.

넷째, 사회복지사에게 실천현장에서 인간을 면접, 사정하는 객관적인 준거틀을 제공하였다. 사회복지사가 클라이언트의 문제를 심리적, 가족적 요인에게 어떻게 영향을 받는지를 규명하도록 도와준다. 클라이언트가 면담이나 개입과정 중에 실수, 실언의 행위 등을 할 경우에, 사회복지사는 그런 클라이언트의 실수와 관련하여 클라이언트의 무의식에 존재하고 있는 잠재적 갈등이나 감정을 이해함으로써 클라이언트의 현재 심리상태를 적절하게 사정할 수 있다.

(2) 정신분석의 평가

정신분석은 프로이트 자신의 문제의 원인에 대한 철저한 '자기분석'으로부터 탄생하였다. 정신분석이 출현하기 전까지는 개인의 심리적 문제인 불안,

초조, 우울 등을 꾀병으로 취급하여 이러한 심리적 현상들이 왜 생기는지에 대한 관심과 방법도 모르고 있었다. 이 이론의 출현으로 상담의 기술을 풍부하게 하여 이론가들을 자극하였다. 이 이론에서는 이러한 현 문제에 대한 치료적 처방을 제공하기보다는 클라이언트의 통찰력 혹은 문제인식능력과 이해력을 향상시키는 데 그 초점을 두고 있다(손병덕 외, 2019). 더불어 공격적 성향은 영화나 운동경기 등을 관람하면서 평상시에 조금씩 내면 밖으로 내보내야 한다고 주장한다. 만약 해소하지 못하면 댐 둑이 한방에 무너지듯, 한꺼번에 감정이 폭발하게 되어 정신분열병에 걸리게 된다는 것이다(이우언 외, 2017).

정신분석이론은 깊은 무의식으로부터 오는 성적 본능과 그것을 억압하는 힘을 기계론적으로 설명하고 있다. 그리고 자아가 스스로를 제어하는 '초자아'가 있어, 이 초자아에 반하는 경우에 자책감이 생기고 여기로부터 우울이나 불안감 등이 생기게 된다. 억압되어 있는 불안감 등을 어떤 방법으로든 해방시키는 것에 신경증 요법의 의미가 있다.

정신분석이론이 완벽하지는 않아도 인간을 이해하고 심리적인 문제를 이해, 해결하는 준거틀을 제공으로 지대한 공헌을 하였다는 점에서 그의 업적은 누구와 비교하기 어렵다. 20세기 인류문명에 막대한 영향력을 주었으며, 최초로 인간의 심리적인 문제, 발달단계, 성격구조를 체계적으로 이론을 정립하였다. 전 세계에서 가장 영향력 있는 100인에 선정될 정도이다. 그러나 장점과 세계 최초라는 수식어에도 불구하고 다음과 한계점을 지닌다(Zastrow et al., 1997).

먼저 인간에 대해 스스로는 아무것도 할 수 없는 사람으로 지나치게 결정론적, 비합리적인 인간관으로 묘사한 것에 대한 비판을 받았다. 성격발달을 유아기, 아동기의 어떤 경험을 했는지에 따라 결정되는 현재보다 과거를 중시하는 입장을 보이며, 그의 이론의 남근선망, 리비도, 거세불안, 무의식적 갈등 등을 검증하기가 어렵다. 이런 이론들은 다른 비교문화의 결과 보편성이 증명되지 못하였다. 즉, 문화의 특수성에 따라 갈등을 경험하지 않아도 이룰 수 있으며, 남녀의 역할도 바뀌기 때문이다.

둘째, 인간의 성장 잠재력과 문제해결능력 등을 과소평가하고 사회적 관계에 대한 욕구는 무시한 경향과 학습, 교육으로나 자유의지로도 어느 정도 변할 수 있는 적극적이라는 존재를 간과하였다. 셋째, 성격발달에 있어 성적 욕망을 지나치게 강조하였으며, 유아기의 성욕을 더 강조한 점, 여성의 성차별적 관점을 지니고 있다고 비판받았다. 즉, 여성의 초자아 발달이 남성보다 부족하다는 점과 여성이 남근선망이 있다는 점으로 여성주의자들에게 강한 반론과 비판을 받았다. 넷째, 프로이트는 사춘기 이후의 성격발달은 무시하였다. 다른 이론가들은 인생 전반에 걸쳐 성격은 발달한다고 하였지만 프로이트는 무관심하였다. 성격발달은 프로이트의 시대상을 반영한 것으로 성격발달을 전부 설명하기에는 무리가 있고 과학적인 검증이 불가능하다.

2. 에릭슨의 심리·사회적 발달이론

1) 생애

그림 6-4 에릭슨(Erik Erikson, 1902~1994)

에릭슨(Erik Erikson, 1902~1994)은 1902년 프랑크푸르트 근처 마인에서 덴마크계와 유대계 부모 사이에 태어났다. 그는 생소한 외모 때문에 비유대인으로

부터 이방인 취급을 받았다. 그는 미술을 좋아하고 자유로운 분위기 속에 여행을 즐기고 20대 중반에 빈에서 어린 학생들에게 미술을 가르쳤다. 그는 안나 프로이트(Anna Freud)에게 교육 분석 및 기타 훈련을 받았으며, 27세에 결혼하여 1933년 히틀러의 유대인 박해정책으로 인해 미국으로 이주하여 보스턴에 자리를 잡았다. 보스턴에서 아동정신분석을 연구하던 그는 1936년 예일대학으로 옮겨 연구를 계속하였고, 프로이트의 5단계의 성 심리발달이론을 바탕으로 8단계의 사회심리이론을 만들었다. 그는 정체성(identity), 유예(moratorium)와 같은 인격형성에 관련된 개념을 확립시키고, 정신분석적 자아심리학을 전개하였다. 정체성 개념은 이론의 핵심이다. 정체성의 확립은 청년기를 초월하여 개인의 전 생애에 걸친 과업으로도 파악되고 있다.

그는 퓰리처상과 국민 저술상 수상자로서 20세기의 가장 저명하고 영향력 있는 심리학자 중의 한 사람으로 꼽힌다. 에릭슨 역시 생의 초기 경험의 중요성을 인정했으나 전 생애를 통한 심리적 발달에 관심의 초점을 두어 노년기를 통한 발달을 제시했다.

에릭슨은 프로이트가 여러 가지 문화에 의해서 바람직하다고 생각되는 행동패턴의 다양성에 대한 인식이 결핍되었고, 청년기 이후의 발달단계를 무시하며, 심리성적 발달단계 외에 심리·사회적 위기에 대한 명확한 표현이 없었음을 지적하였다.

그러므로 그는 개인의 발달이 단지 생물학적 요인과의 관계에서뿐만 아니라 심리·사회적인 측면에서 일생을 통해 계속하여 이루어지는 과정이라고 설명했다. 그는 일생을 통한 각 발달은 그 자체의 목적을 가지고 있으며, 사회의 요구에 적응하기 위하여 각 단계마다 겪어야 하고, 겪어낼 수밖에 없는 심리·사회적 위기(phychosocial crisis)가 있다고 보았다. 따라서 발달은 각 단계에서의 위기를 다루고 직면하는 경험에 의해 향상되거나 지연된다. 뿐만 아니라 이러한 위기의 극복 여부가 정상과 이상을 결정짓는다고 보았다.

에릭슨은 개인이 하나의 특별한 발달단계에서 심리·사회적 위기에 적절하게 대처하는 방법에서 나타나는 태도 혹은 일반적 감정 등을 심리·사회적 감각(psychosocial senses)이라고 하며 일생을 8단계로 나누어 유형별로 설명하였다. 즉, 개인도 그의 경험의 결과로써 이 감각을 발달시킨다. 8단계가 각각 확립되는 것은 개인이 사회에서 건전한 심리·사회적 기능을 하는 데 요구되는 능력이 발달된다는 것을 의미한다. 그는 신뢰감을 형성시키는 인생의 초기단계를 가장 중요한 시기로 보았다.

2) 주요 개념

에릭슨 이론은 '심리사회이론' 혹은 '자아 심리이론'이라고 부른다. 정신분석이론을 기반으로 하여 인간의 전 생애에 걸친 발달을 설명하는 심리·사회적 발달이론을 제시했다. 심리·사회적 발달이론은 인간의 발달이 생물학적 요인뿐만 아니라 사회적 요인에도 영향을 받는다는 것을 강조한다. 에릭슨의 심리·사회적 발달이론은 인간의 발달을 이해하는 데 중요한 이론으로 평가받고 있다.

(1) 자아(ego)의 발달과 기능 강조

자아를 바라보는 에릭슨의 관점을 프로이트와 비교해보면 프로이트는 인간행동의 기초를 원초아라고 보았다. 자아가 원초아의 욕망을 만족시키기 위해 원초아로부터 분화되었으며, 자아의 모든 에너지는 원초아에서 나온다고 보았다. 에릭슨은 원초아의 영향을 완전히 배제한 건 아니지만 인간발달에서 자아가 담당하는 역할을 더 중요시하였다. 자아는 원초아로 부터 자율적인 구조와 기능을 갖는다고 보았으며, 자아는 인간이 느끼는 감정과 사고 그리고 행동하는 전반적인 것을 통제하고 집행하는 주체이고, 의식 수준에서 통제가 가능하다고 하였다.

(2) 자아 발달에 영향을 미치는 사회문화적 요소 강조

자아 발달에 영향을 미치는 사회문화적 요소를 강조하였다. 첫째, 프로이트는 부모의 영향에 주목하여 아동의 성격 발달을 연구했다. 그러나 에릭슨은 부모뿐만 아니라 아동이 스스로 자아를 형성하고 발전시켜 나가는 과정에 사회문화적 배경의 영향을 강조했다. 또한, 성격 구조를 설명하는 과정에서 문화적 요인을 고려하여 노력했다. 둘째, 에릭슨은 개인의 발달은 사회적 상황들을 풍요롭게 한다고 보았다.

(3) 에릭슨의 인간발달(성격 발달)

① 점성원칙

인간의 발달은 8단계로 이루어지며, 각 단계마다 특정 위기를 극복해야 한다고 주장하는 이론이다. 에릭슨은 각 단계의 위기를 성공적으로 극복하면 긍정적인 성격 특성을 발달시킬 수 있지만, 위기를 극복하지 못하면 부정적인 성격 특성을 발달시킬 수 있다고 주장했다.

② 성격 발달(심리·사회적 위기 극복과 성격 발달) 과정

자신이 느끼는 여러 가지 욕구를 만족시키고자 환경적 상황과 연결하는 발달과정에서 자아가 경험하는 심리적 또는 사회적 위기를 극복하는 과정이 성격 발달의 핵심이다. 각 발달단계에는 생체적 성장과 사회적 요구에 따른 심리적·사회적 어려움 발생된다. 심리·사회적 어려움은 긍정적 부분와 부정적 부분을 모두 아우른다. 건전한 성장과 발달을 위해서는 이러한 각 단계의 어려움을 적절하게 해소해야 한다. 각 단계의 심리·사회적 어려움을 잘 극복하면 자아특질(ego quality)이 강화된다.

③ 상호작용하는 생물학·심리·사회·문화적 영향 요인

발달의 순서는 생물학적 성숙과 연계된다. 인간이 생물학적 또는 사회 환경적 영향에 의해만 좌우되는 건 아니다. 하지만, 인간행동(성격)과 발달은 생물학적·심리적 요인·사회문화적 요인의 상호작용 안에서 진행된다고 할 수 있다.

④ 인간발달에 대한 프로이트와 에릭슨의 차이 비교

표 6-1 인간발달에 대한 프로이트와 에릭슨의 차이 비교

	프로이트	에릭슨
발달 특성	• 심리성적 발달 • 원초아와 성적 욕망을 강조	• 심리·사회적 발달 • 사회문화적 영향을 강조
단계	• 사춘기까지 5단계	• 전 생애 8단계
구분 기준	• 리비도가 성적 쾌감을 얻고자 하는 신체 부위	• 심리·사회적 위기
강조	• 초기 세 단계(구강기, 항문기, 남근기)에서 성격의 기틀이 확립된다고 보고 만 5세까지의 유년기를 강조	• 전 생애의 모든 발달을 강조 (특히 청소년기 자아정체성 확립을 강조)
환경에 대한 입장	• 부모와의 관계 이상의 환경 요인을 고려하지 않음	• 발달단계에서 외부 환경적 요인에 대처하고 적응해 나가는 과정을 중요하게 다룸 • 개인의 발달과 사회의 발달 사이에 밀접한 관계가 있다고 봄

(4) 심리·사회적 발달단계

에릭슨의 심리·사회적 발달 이론은 인간발달이 출생에서 사망까지 계속된다는 견해를 기초로 프로이트의 성심리 5단계 발달을 확대·발전시켜서 8단계로 제시하였다. 또한 에릭슨은 정상적인 인간을 대상으로 수집된 자료 분석을 통해 인간은 사회적 관계 속에서 성숙·발달하는 과정을 설명하였다. 에릭슨은 8단계의 발달과정 중에 발생하는 위기는 해결하기에 따라 긍정적·부정적 결과를 초래해서 건강의 균형이 두 개념 사이에 위치하지만 긍정적인 결과가 더 우세해야 한다고 보는 입장이다. 심리·사회적 발달 8단계의 발달특성과 발달과제, 긍정적 발달결과와 부정적 발달위기를 설명하면 다음과 같다.

표 6-2 심리 · 사회적 발달 8단계

단계	시기	연령	적응 대 부적응	기본적 쟁점	주요 관계	주요 병리	성심리 단계
1	영아기	0~1.5세	신뢰감 대 불신감	희망	어머니	철퇴	구강기
2	유아기	1.5~3세	자율성 대 수치심 및 의심	의지	부모	강박	항문기
3	학령 전기	3~6세	주도성 대 죄책감	목적	가정	억제	남근기
4	학령기	6~12세	근면성 대 열등감	유능성	이웃, 학교	비활성	잠복기
5	청소년기	12~20세	자아정체감 대 역할 혼미	성실	또래집단	거절	생식기
6	성인초기	20~40세	친밀감 대 고립감	사랑	우정, 애정, 동료	배타심	
7	중년기	40~65세	생산성 대 침체성	보호	직장, 확대가족	거부	
8	노년기	65세 이후	자아통합 대 절망감	지혜	인류, 민족	경멸	

① 1단계(0~1.5세) 영아기 : 신뢰감 대 불신감

프로이트의 구강기에 해당하는 이 시기는 구강 만족 이외에도 어머니의 양육이 영아에게 심리사회적으로 만족감과 안정감을 제공할 수 있는 시기이다. 영아는 자신을 돌보아 주는 어머니와의 관계에서 어머니가 신체적·심리적 욕구를 즉각적으로 충족시켜주고 일관성 있게 돌보아 주게 되면 어머니를 신뢰하게 된다. 또한 어머니와의 신뢰감이 형성되면 주변 사람들에게도 신뢰적인 태도를 가질 수 있게 된다. 그러나 반대로 어머니로부터 지속적이고 일관된 보살핌을 받지 못한 영아들은 타인과 주변 세계에 대해 불신감과 두려움, 의심 등의 부정적인 감정이 형성된다.

에릭슨은 신뢰감을 형성하는 이 시기를 생의 후기에 건강한 성격과 사회적 관계 형성에 매우 중요한 시기로 간주하였다. 따라서 이 시기의 영아는 부모의 사랑과 관심이 넘치는 온정적인 환경에서 양육되어 그 결과로 신뢰감을 획득할 수 있어야 한다고 강조하였다.

② 2단계(1.5~3세) 유아기 : 자율성 대 수치심, 의심

이 시기의 유아는 새로운 신체적 능력을 얻게 되면서 부모에게서 벗어나 스스로 선택하고 자신의 의지대로 행동하고자 하는 자율성이 발달하게 된다. 그러나 프로이트의 항문기에 해당하는 이 시기는 외부로부터 배변통제를 포함하여 혼자 식사하기, 옷 입기, 언어학습 등의 다양한 외적 훈련을 받게 되면서 부모와의 갈등을 경험하게 되고 이를 통해 유아는 사회적 기대와 압력을 이해하게 된다. 따라서 부모가 이 시기 유아의 발달특성을 고려하여 인내와 격려로 다양한 활동을 허용하면서 훈련하게 되면 유아는 발달과제를 순조롭게 완수하면서 자율성을 획득하게 된다. 반대로 유아의 발달과 의사를 무시하고 강압적인 훈련을 가하게 되면 유아의 분노가 내부로 향하게 되면서 자신의 통제능력 상실에 대한 수치심과 의심을 느끼게 되면서 후기 자존감 및 자아정체성 발달에 지장을 초래하게 된다.

③ 3단계(3~6세) 학령 전기 : 주도성 대 죄책감

프로이트의 남근기에 해당하는 시기로, 유아의 활동이 증가하면서 언어의 급속한 발달과 함께 새로운 과업과 기술을 습득하게 된다. 이와 함께 유아는 자신의 행동을 스스로 통제하기 시작하고, 자신의 행동이 생산적임을 인정받기 위해 노력하게 된다. 그리고 언어나 운동기술 능력의 발달과 함께 다양한 사회놀이에 자율적으로 참여하게 되면서 자신의 행동을 주도적으로 계획하고 부가적인 책임의식을 갖기 시작한다. 따라서 이 단계에서 부모나 주변 조건이 유아의 생각이나 행동을 격려하고 인정하는 환경이 조성되면 긍정적 결과로 주도성을 획득하게 된다. 반면에 유아의 주도적인 행동에 대한 주변의 지나친 간섭이나 통제를 통해 유아가 자신의 계획과 목표를 달성하지 못하고 실패를 경험하게 되면서 주도성 상실과 함께 죄책감을 경험하게 된다.

④ 4단계(6~12세) 학령기 : 근면성 대 열등감

이 단계는 아동이 학교라는 형식적 교육을 경험하는 시기로 아동은 읽기와 쓰기, 셈하기 등의 기본 학습능력을 배양해야 한다. 아동이 이러한 새로운 기능을 습득해서 주위 사람들로부터 보상과 인정을 받게 되면 학습의욕이 강화되면서 근면성을 발달시킨다. 그러나 학습능력의 부족으로 근면성을 발달시키지 못하고 거듭해서 실패의 경험을 하거나 다른 아동과 비교를 당하게 되면 열등감을 느끼게 된다. 또한 이 시기는 학교생활과 함께 또래관계가 확대되면서 사회생활에 필요한 기능과 문화적 요소들을 습득하게 된다. 또래와의 놀이 역시 이 시기의 아동들이 상호 약속된 규칙을 준수하고 관계 유지를 위해 서로를 존중하면서 자기조절 능력 및 사회성을 배우게 된다. 에릭슨은 이 시기의 아동들이 획득하게 되는 근면성은 청소년기 자아정체감 형성에 결정적인 역할을 한다고 주장하였다. 따라서 이 시기 아동의 부모는 자녀에게 지나치게 학습의 부담감을 주거나 다른 아동과 비교 평가하는 태도들을 지양하여 열등감이 형성되지 않도록 주의해야 한다.

⑤ 5단계(12~20세) 청소년기 : 자아정체감 확립 대 역할 혼미

인생 제2의 성장 급등기인 이 단계는 급격한 신체적·인지적 변화와 함께 자신의 존재에 대해 새로운 의문과 탐색이 시작되는 시기이다. 또한 새로운 사회적 갈등과 요구가 대두되면서 자신의 정체성을 찾기 위해 혼란과 방황을 경험하게 된다. 에릭슨은 인생 주기 중에서 청소년기를 강조하고 이 시기를 자아정체감이 형성되는 결정적인 시기라고 했다. 자아정체감이란 자기동일성에 대한 자각으로 자기의 위치와 능력, 역할 및 책임에 대한 분명한 인식이다. 그러므로 청소년들이 인생의 중요한 결정의 기초가 되는 자기를 정립하는 이 시기에 긍정적인 자아정체감이 확립되면 장래진로와 직업선택, 성인기 자립생활 등을 성공적으로 설계할 수 있게 된다. 반대로 심리적 고민과 방황의 기간이 길어지게 되면 정체감의 혼미로 인해 위기를 경험하게 되며, 이후의 여러 결정상황에서 혼란과 갈등을 경험하게 되는 동시에 부정적인 자아정체감이 형성된다.

⑥ 6단계(20~40세) 성인 초기 : 친밀감 대 고립감

이 단계는 직업과 배우자를 선택해서 자신만의 고유한 성인 생활을 시작하는 시기로 건강한 결혼과 인간관계를 위해서는 자신과 타인과의 동일성을 공유해서 사회구성원들과 친밀한 관계를 형성해야 한다. 따라서 이 시기의 주요 발달과업은 친밀감 형성으로 자아정체감이 분명하게 확립된 사람은 이미 친밀에 대한 준비가 되어 있는 것이다. 그러나 정체감이 확립되지 못했거나 타인들과 깊은 감정과 사고를 교류하는 데 실패한 사람은 자신에게만 몰두하면서 고립된다.

⑦ 7단계(40~65세) 중년기 : 생산성 대 침체성

이 단계에서 요구하는 생산성은 자녀 양육이나 후학 배출 등 다음 세대를 확립하고 지도하는 사회적 성취와 연결되어 있다. 또한 이 시기의 성인들은 가정과 사회에서 중심이 되는 성공한 인물로 자리하게 되면서 학문적·예술적·직업적으로 업적을 남기게 되며, 이를 통해 다음 세대 육성에 기여할 수 있게 된다. 그러나 자신의 자리에서 성공하지 못해서 아무런 발전을 이루지 못한 사람들은 생산성을 발휘하지 못하고 사회적으로 위축되면서 타인에 대한 관대함이 결여되고 자신에게만 몰두하게 되고 심한 침체에 빠지게 된다.

⑧ 8단계(65세 이후) 노년기 : 자아통합 대 절망감

인생의 마지막 단계인 노년기에 해당하는 이 시기는 신체적 노쇠함과 직업에서의 은퇴, 친구나 배우자의 사망 등 질병의 고통과 소외감으로 인생의 무상함을 느끼게 된다. 따라서 자신의 지나온 삶에 대해 보람과 가치를 찾지 못하고 무의미하고 후회되는 인생으로 간주하게 되면 절망감에 빠지게 되면서 죽음을 자연스럽게 수용할 수 없게 된다. 그러나 이전의 단계에서 발달과제를 정상적으로 성취했으며 자신이 살아온 삶에 대해 보람을 느끼고 진정한 의미를 깨닫게 되면 높은 차원의 인생철학으로 자아를 통합해서 죽음도 겸허하게 받아들일 수 있게 된다.

3) 사회복지실천과 연관성

(1) 심리·사회적 발달이론과 사회복지실천

사회복지실천현장에 사회복지사들은 에릭슨의 이론을 선호한다. 그 이유는 프로이트는 성적 본능을 지나치게 강조하여 인간을 결정적으로 보아 변화하지 못하는 쪽에 더 방점을 찍었다. 그러나 심리사회이론은 이성과 적응을 강조하였기 때문에 실천현장에 적용하기도 유용하여 훨씬 더 매력과 호소력이 있기 때문이다. 구체적으로 보면 다음과 같다(윤경원 외, 2022; 노수희, 2023; 장수복 외, 2024).

첫째, 사회복지실천에서 클라이언트 개인뿐만 아니라, 클라이언트를 둘러싼 환경의 중요성, 즉 '환경 속의 인간(Person In Environment, PIE)'에 대한 시각을 제공하였다. 전통적으로 사회복지는 환경 속의 인간을 강조하며, 이를 클라이언트 사정과 개입의 기초로 삼아 왔기 때문에 사회복지실천에 잘 부합되는 이론이다. 둘째, 인간의 정상적인 위기와 사건을 정확하게 이해할 수 있는 준거틀을 제공하였다. 초기아동기에 대한 환경에 미치는 영향으로 아동의 탐구와 활동으로 가득차 있다. 이러한 연구는 통찰을 바탕으로 부모는 아이에게 적절한 기대와 행동의 통제기술을 개발할 수 있도록 하여 부모의 통찰력을 돕는 역할을 한다.

셋째, 인간이 전 생애를 통하여 성장하며 변화한다는 이론은 인간발달에 대해 새로운 관점을 제시하였다. 이전에 인간발달은 10대 말까지 완성되는 것으로 알려졌으나, 에릭슨의 전 생애 발달이론으로 인간의 발달은 평생 지속됨을 인식하게 되었다. 따라서 노인에 대한 새로운 시각을 제시하였고, 이에 따라 노인복지정책의 수립과 서비스 제공에도 영향을 미쳤다(오창순 외, 2015)). 넷째, 청소년 클라이언트를 위한 사회복지실천 현장에서 사회복지사들이 준거틀을 제공하였다. 청소년기의 행동에 대한 역동성을 이해하고 단계별 특징적 상호관계를 이해해야 한다. 더불어 청소년기의 갈등은 매우 자연스러운 현상으로 부모와 청소년 자녀 간의 갈등은 청소년기에 일어날 수 있는 보편적인 일로 보아야 한다. 그리고 클라이언트 청소년 자신의 느낌, 행동에 대해 통찰력을 가질 수 있도록 원조해야 한다. 한편 이러한 심리·사회적 발달이론은 사회복지를 전공하는 학생들 자신에 대한 이해에도 도움이 될 수 있다. 그러므로 심리·사회적 발달단계를 누구나 자신의 인생에 적용하여 자서전 및 자기분석보고서를 작성해 보는 것도 유용할 것이다.

(2) 심리·사회적 발달이론의 평가

심리·사회적 발달이론은 생애주기를 통한 전 생애 발달을 강조하였다. 또한 사회문화적 요인을 배경으로 인간의 발달과 성격구조를 이해하게 해줌으로써 정신분석학의 타당성과 실용성을 확대시키고 정신분석학적 자아심리학을 비약적으로 발전시켰다. 인간 성격의 건전한 발달을 위한 가능성과 자아의 성장 가능성을 제시하였다. 또한 성숙의 개념을 폭넓은 의미로 활용하고 이해할 수 있게 하였으며, 인간의 건강한 발달에 새로운 통찰력을 부여하였다. 그리고 심리사회이론은 자아발달이 부모, 양육자뿐만 아니라 교사, 주변 사람들과 사회환경, 가치체제, 사회제도, 문화환경 등과 밀접한 관계가 있다고 보았다. 그러나 이러한 에릭슨 이론에서도 몇 가지 부분에서 비판을 받는다.

먼저, 발달의 원인이 무엇인지에 대한 설명이 부족하고 개념 정의가 불명확하다. 즉, 사회정서 발달에 대한 설명은 없고 기술만 있으며, 단계이론은 각 단계마다 전환은 어떻게 이루어지는지, 성숙이 어떻게 성인기에 영향을 미치는지에 대한 기제가 명확하지 않다는 것이 문제점으로 지적된다. 둘째, 자아발달의 여러 측면들을 신체부위마다 자아가 외부세계와 상호작용하는 특징적 양식이 존재한다고 보았지만 그렇지 않다는 것이다. 예를 들면, 유아의 자율성을 획득하려는 노력에 배설의 보유와 항문의 통제방식과 관계가 있다고 보기는 어려움이 있기 때문이다. 셋째, 발달단계의 구분에 대한 이론체계가 명료하지 못하고 모호하며, 과학적 근거와 실증적 연구가 부족함이 있다. 자아발달의 여러 측면을 프로이트의 성적 신체부위에 너무 무리하게 연결시키려 했다는 점이 한계점으로 지적받는다.

CHAPTER 07

정신역동이론 2

융은 프로이트와 함께 정신분석운동에 참여했으나 성적인 욕구를 지나치게 강조하는 것에 반대하며 분석심리학을 창설하였다. 아들러는 군의관으로 근무하면서 인간이 가지고 있는 공격성에 대해서 생각을 많이 하게 되었다. 이후 이러한 공격성을 토대로 '힘에 대한 의지', '우월성의 추구' 등으로 개념을 정립하였다. 본 장에서는 융과 아들러의 생애, 이론의 주요개념 그리고 사회복지실천과 연관성에 대해 설명하고자 한다(윤경원 외, 2022; 김영미, 2023; 노수희, 2023; 장수복 외, 2024; 유미림 외, 2024).

1. 융의 분석심리

1) 생애

그림 7-1 융(Carl Gustav Jung, 1875~1961)

융(Carl Gustav Jung, 1875~1961)은 1875년 스위스 개신교 목사의 아들로 태어났다. 그는 프로이트 심리학을 분석심리학으로 발전시켰다. 융은 1914년 프로이트의 곁을 떠나 분석심리학파를 만들었다. 그러나 융은 프로이트의 무의식 개념을 완전히 버린 것이 아니라 거기에 집단 무의식(collective unconsciousness)

이라는 개념을 첨가하였다. 집단 무의식이란 과거 세대의 누적된 경험이 저장되어 있는 것으로, 모든 인간이 공유하는 것이며, 사고하고 느끼는 방식, 인생과 세계를 인식하는 방식, 신과 인류에 대한 인식 등에 영향을 주는 인간의 기본 성향이다.

융은 한 인간의 전인격적 심리구조를 통틀어 사이키(psyche)라고 표현했는데, 이러한 사이키는 의식의 심층을 둘러싼 자아(ego), 그 의식을 둘러싼 개인 무의식 그리고 집단 무의식과 원형(archetype)으로 구성되어 있다고 보았다. 사이키의 구성 중 집단 무의식과 원형은 성격 구조를 이해하는 데 있어 융 분석심리학의 특징이라 할 수 있다.

융은 집단 무의식을 구성하는 가장 기본적인 요소가 원형이라고 보았다. 원형은 보편적 심상이나 상징을 말하는 것으로 이러한 원형이 진정한 자기와 갈등을 일으키며 그 결과에 따라 성격이 형성된다고 보았다.

자기는 사이키의 구조에서 가장 중심적인 역할을 한다. 융은 개인의 발전이 사이키의 모든 원형이 완전히 성숙한 후에야 비로소 가능하다는 입장을 취했다.

융과 프로이트의 차이를 비교해 보면 첫째, 프로이트는 리비도를 성적 에너지라고 주장하였지만 융은 일반적 에너지로 간주하였다. 둘째, 프로이트는 성격에 있어 어린 시절의 영향에 대한 결정론적인 견해를 주장하였지만 융은 생활 속에서 후천성으로 인해 변할 수 있고 미래의 열망에 따라 형성된다고 보았다. 셋째, 프로이트는 무의식을 주장한 반면에 융은 집단 무의식을 강조하였다. 집단적 무의식 요소를 원형이라고 한다.

프로이트의 제자였던 융은 고전적 정신분석학에 환멸을 느끼면서 1913년 프로이트를 떠나 분석심리학이라는 자신의 학파를 창설하였다. 분석심리학은 체험을 바탕으로 하는 심리학설이라는 데 그 특징이 있다. 융의 생각은 여러 가지 측면에서 프로이트와는 달랐다. 융은 리비도가 모든 생명의 창조적 힘을 나타내는 것이지 성적 힘만을 나타내는 것은 아니며 물리적 에너지와 마찬가지로 정상적인 신체의 신진대사과정에서 발생한다고 주장하였다. 또한 프로이트와 융 모두 인간행동을 결정하는 데 있어 무의식적 동기의 역할을 강조하였으나, 프로이트는 무의식을 자아가 통제해야만 하는 흥분이 들끓는 원초아의 덩어리로 보았던 반면, 융은 강인함과 생명력이 넘치는 자아의 근원으로 보았다는 점에서 차이가 있다. 그리고 융은 개인적 무의식과 집단적 무의식이라는 다른 수준의 두 가지 층의 무의식이 있다고 한 것 역시 차이점이라 할 수 있다.

2) 주요 개념

(1) 인간의 정신

융은 인간의 정신을 전체적 성격으로 보고 정신의 수준을 크게 의식(conscious)과 무의식으로 구분하였다. 더 나아가 무의식을 개인무의식(personal unconscious)과 집단무의식(collective unconscious)으로 세분화한 후에 집단무의식을 중심으로 자신의 독창적인 심층심리학을 확립하였다.

① 의식(conscious)

자아에 의해 지배되는 의식은 인간이 현실적으로 직접 보고, 듣고, 느끼고, 생각하는 모든 감각적 기능과 내용들로 구성되어 있다. 인간은 자신의 존재를 현재의 의식과 동일하게 인식하고 행동하게 된다. 융은 프로이트의 견해와는 다르게 의식이 '빙산의 일각'으로 정신의 작은 일부분에 해당되는 것이 아니라 정신의 대극적인 측면에서, 의식은 무의식과 양극을 형성하고 있다고 주장하였다(성혜란 2008).

의식의 중요한 작용에는 인식과 분화, 통합이 있다. 의식은 사람들이 외부적 상황을 인식하고 그 상황에 적응하게 하는 중요한 역할과 함께 의식은 분명하지 않은 무의식의 내용까지 인식하게 하는 기능을 한다. 또한 의식은 서로 다른 상황이나 다양한 정신내용을 구별할 수 있는 분화의 기능이 있다. 이외에도 의식은 인식과 분화를 통해 현재 파악되고 구별된 정신 내용들을 모두 통합해서 행동을 통해 상황에 잘 적응할 수 있도록 한다(김성민, 2001). 이와 같이 의식은 외부현실을 지각하고 인식하는 동시에 무의식의 여러 가지 내용들까지 모두 통합하여 자신을 외부에 표현하는 기능을 하는 것이다.

② 무의식(unconscious)

인간의 정신은 현재 의식에만 영향을 받는 것이 아니라 이보다 더 큰 영역에 의해 영향과 지배를 받는다고 보았으며, 이러한 영역을 정신분석학자들은 무의식이라고 하였다. 그러나 분석심리학에서 융이 주장한 무의식은 프로이트가 인간의 심리적 갈등과 신경증의 원인으로 작용하는 억압의 산물로 정의하였던 것과는 차이가 있다. 융은 자신의 생애가 무의식을 실현한 역사라고 하였다. 그리고 자신의 생애를 가장 개성적이며, 과학적으로 자신의 삶을 묘사할 수 있었던 것은 무의식의 모든 것이 사건화되고 현상으로 나타나서 체험되었기 때문이라고 하였다(김성민, 2001).

융은 인간의 모든 정신적인 요소들은 무의식으로부터 배출되기 때문에 무의식적 에너지는 인간의 창조적 에너지로 인간의 삶을 전체적으로 통합시키는 힘으로 작용한다고 주장하였다. 또한 인간의 무의식에는 서로 반대되는 힘들을 통합시키려는 조정의 기능과 함께 두 가지 정신요소들이 서로 맞서게 될 때 무의식은 하나의 상징을 만들어서 두 요소를 통합해내는 초월적 기능이 있음을 발견하였다. 이외에도 융은 무의식이 의식의 어느 한 부분에만 정신적 에너지를 투여할 때 정신의 전체적인 균형을 유지하기 위해 그와 반대되는 요소를 강화하는 보상작용이 있다고 하였다. 따라서 어떤 정신내용의 무의식적인 특성이 강할수록 의식에서 분리되면서 내면에 발생했던 갈등은 해소되고 정신은 다시 안정을 찾게 되는 것이다. 이와 같이 융은 인간 정신의 중심요소로 무의식의 긍정적인 기능을 강조하면서 무의식과의 대결과 화해를 주장하였다.

무의식에는 한 개인의 경험세계에서 나오는 개인무의식과 한 개인의 경험세계를 초월해서 인류 전체 경험의 세계에서 나오는 집단무의식이 있다.

• 개인무의식(personal unconscious)

한 개인 경험의 세계에서 나오는 무의식을 의미하며, 한번 의식되었지만 억압·억제되었거나 망각 또는 무시된 경험들이 머물고 있는 부분이다. 의식과 인접하고 있는 영역으로 인격의 구조 안에서 독특한 위치를 차지하고 있다. 이러한 융의 개인무의식은 프로이트의 전의식(preconsciousness)과 유사한 개념으로 의식에 도달하거나 의식적인 인상을 주기에는 약한 내용들로 구성되어 있으며, 의식의 영역에 이르지 못하는 심리적 요소들을 말한다. 그러나 융은 유아적 경험이 억압된 장소로 보았던 프로이트와는 다르게 개인무의식이 정지되어 있는 영역이 아니라 과거의 경험을 모아서 재편성하는 활동의 장소로 보았다. 따라서 개인무의식은 인간이 출생한 이후부터 형성된 개인적 경험의 산물로 소멸되지 않고 언제든지 의식화될 가능성이 있다.

• 집단무의식(collective unconscious)

융의 분석심리학 이론에서 가장 독창적·핵심적이고 논쟁을 일으키는 개념이다. 융은 모든 인류에게 공통적으로 유전되어온 집단무의식이 정신의 심층에 존재한다고 주장하였다. 집단무의식은 개인적 경험뿐만 아니라 인류 역사를 통해 조상 대대로 종족의 근원과 역사를 통해 반복된 경험의 결과로 형성된다. 개인무의식보다 훨씬 더 넓고 풍부하고, 역동적이며, 인간의 행동에 막대한 영향을 미치는 정신의 기초적인 요인으로 작용한다. 융은 인간세계에 대한 경험은 집단무의식에 의해 형성되며, 어느 한 개인이 소유하고 있는 것이 아니기 때문에 객관적으로 존재하는 객관적 정신(objective psyche)이라고 부르기도 하였다. 이와 같이 집단무의식은 뇌에 형성된 한 종족과 개인의 잠재력이며, 이러한 정신적 소인은 유전적으로 전승되면서 자아와 개인무의식을 약화시키거나 영향을 미치게 된다. 따라서 집단무의식은 인간의 정신에서 가장 유력하고 영향력 있는 체계로 현재의 모든 태도와 행동을 지시한다. 융은 인간의 집단무의식을 직접적으로 의식화할 수는 없지만 인류역사의 산물인 신화, 민속, 예술 등이 지니고 있는 주제를 통해 관찰될 수 있다고 했다. 융은 집단적 무의식을 구성하고 있는 대표적인 요소로 원형(archetype)이라는 개념으로 설명하였다.

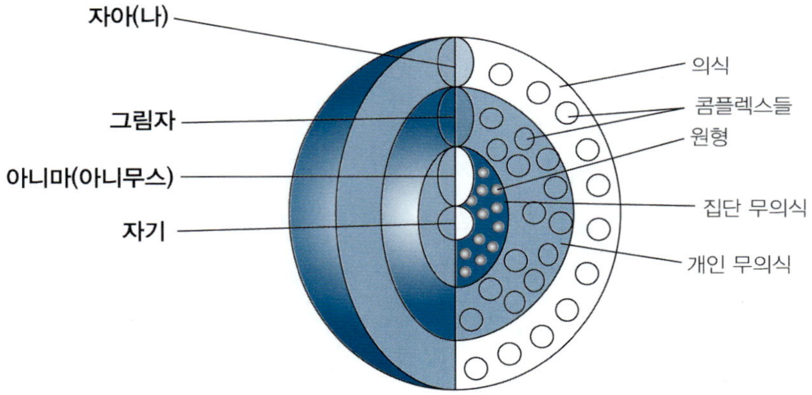

그림 7-2 융의 마음의 구조

출처: 유미림 외(2024). 알기 쉬운 인간행동과 사회환경.

(2) 집단무의식과 원형

원형은 인류가 여러 세대를 통해 계속적으로 반복된 경험이 마음속에 영구히 축적된 정신적 소인이며, 다른 말로 원초적인 이미지(primordial image)라고도 한다. 융은 원형의 특성으로 "원형은 순수하고 거짓이 없는 성질이며, 인간으로 하여금 말하고 행동하게 하는 성질이다. 그러나 인간은 그 의미를 의식하지 않으며 심지어 너무 무의식적이어서 그 의미에 대해 한 번도 생각해 보지 않은 것도 있다"고 설명하였다. 이와 같이 원형은 무의식적이고 표상적이기 때문에 형태를 가진 이미지와 혹은 심상으로 나타난다. 또한 과거의 기억과 같은 완전한 것도 아니다. 원형은 인간들에게 동일한 방식으로 생각하고 행동하게 하는 요인으로 작용하며, 표상 불가능한 무의식적이고 선험적인 영상으로 구성되어 있다. 그 예로 원시적인 영상(태초의 인간과 자연 등)과 신화적 영상(신, 악마, 천사 등), 사회적인 영상(출산, 죽음, 권력, 영웅, 나무, 태양, 달 등)이 있으며, 민족과 문화를 초월하는 것이다. 이러한 잠재적 이미지는 현실 속에서 부합되는 대상들과 동일시되고 마음에 각인되면서 의식적 실재가 되어 개인의 행동양식을 구성한다. 또한 원형은 인간의 성격과 행동에 중요하게 작용하는 페르소나(persona)와 아니마(anima), 아니무스(animus), 자기(self), 그림자(shadow) 등의 형성에 관여한다.

- 페르소나: 자아의 가면으로서, 개인이 외부세계에 내보이는 이미지이다. 외부와의 적응에서 생긴 기능 콤플렉스로, 개인이 사회적 요구에 적절히 반응하기 위한 다른 사람들에게 내보이는 공적인 모습 또는 역할이라고 할 수 있다. 사회에 적응하거나 성공하기 위해 페르소나는 어느 정도 필요하다.
- 아니마: 모든 남성의 의식 속에는 이성, 로고스가 있지만 깊은 무의식에는 여성적인 에로스, 수동적인 요소가 있다. 융은 인간은 양성으로 태어났기 때문에 남자는 여성의 에로스(사랑), 여성은 남자의 로고스(이성)를 개발해야 할 것을 주문한다.
- 아니무스: 모든 여성의 의식에는 사랑, 에로스[1]가 있지만 무의식에는 남성적인 로고스, 이성, 즉 적극적인 요소가 있다.
- 자기: 무의식과 의식의 주인으로 성격형성은 자기를 실현하는 과정이다. 전반기는 외부로 지향되어(외부활동) 분화된 자아를 통해 현실 속에서 자기를 찾으려고 한다. 중년기에는 자기의 방향이 내부로 지향하게 된다.
- 그림자: 인간의 어둡고 밝은 측면의 원형이다. 원초적 동물적 본능을 내포하고 있는 원형으로서, 성격의 어둡거나 사악한 측면을 말한다. 가장 강력한 원형이므로 인간 생활의 활력과 추진력이며 삶의 원천이다. 긍정적인 자아상과 반대되는 개념이므로 대부분 부정적이지만, 의식적 자아상이 부정적이면 무의식적 음영은 긍정적일 수 있다. 자아가 음영을 지나치게 억제하게 되면 생명력과 활력을 잃게 된다. 그래서 음영과 페르소나 사이의 적절한 조화가 필요하다.

---

1) 사랑에는 아가페: 이타적이고 희생적인 사랑, 스톨게: 부모와 자식 간의 혈육적인 사랑, 필리아: 친구 간의 우정, 에로스: 남녀 간의 이성적인 사랑이 있다.

(3) 성격과 성격 발달

융은 성격 발달을 의식과 무의식이 서로 교류하면서 적절하게 조화를 이루는 것으로 보았다. 의식은 우리가 깨어 있는 상태에서 경험하는 모든 것, 즉 생각, 감정, 기억, 행동 등을 말한다. 무의식은 의식의 영역 밖에 있는 모든 것, 즉 꿈, 환상, 감정, 본능 등을 말한다. 의식과 무의식이 서로 조화를 이루는 것이 건강한 성격 발달에 중요하다고 생각하였다.

융은 개인의 관심과 에너지 연결 방향에 따라 외향성과 내향성의 두 가지로 분류하였다. 외향성은 외부 세계에 관심과 에너지를 두고 사람들과 상호작용하면서 객관적으로 인식하는 태도이며, 내향성은 내면 세계에 관심과 에너지를 두고 내적인 성장과 탐구를 하며 주관적으로 인식하는 태도이다.

① 자아의 태도(자아 성향, ego orientation)

자아의 태도는 삶에 대한 일반적인 태도를 의미하는 말로, 자아가 갖는 정신에너지(리비도)의 두 방향, 내향성(introversion)과 외향성(extraversion)으로 구분된다. 모든 사람은 내향성과 외향성의 양면을 가지고 있다. 그래서 어느 한쪽이 상대적으로 우세한가에 따라 성격 유형이 결정짓게 된다.

표 7-1 내향성과 외향성

내향성	• 내향성은 외향성과 반대에 있다. • 내향성이 지배적인 사람들은 그들의 리비도가 내부로 향할 때 가장 편안하다. • 좋은 사회기술을 가지고 있을지도 모르나, 자신의 내면을 성찰하는 경향이 있으며, 혼자 있을 때 에너지를 보충한다. • 사람들의 무리는 그들을 지치게 한다.
외향성	• 외향성의 태도를 가진 사람들은 에너지가 외부세계를 향해 있다. • 외향적인 경향이 있고 외부의 변화에 쉽게 적응한다. • 혼자 있을 때보다 사회나 대인관계 상황에 있을 때 힘을 얻는다.

② 심리적 기능(정신기능, paychological function)

성격의 심리적 기능에는 합리적 기능과 비합리적 기능이 있다.

- 합리적 기능: 이성적 판단을 필요로 한다.
- 비합리적 기능: 이성적 판단을 필요로 하지 않는다.

표 7-2 합리적 기능과 비합리적 기능

합리적 기능	사고형	• 사고는 지적 기능으로서 사물을 이해하고 해석하는 능력을 갖추며, 여러 관념을 조합하여 문제를 해결하는 역할을 한다. • 사고 기능을 가진 사람은 인식력이 있고, • 지적으로 주로 반응하고 자극을 해석하고 이해하는 것을 추구한다.
	감정형	• 감정은 평가의 기능을 말한다. • 어떤 관념이 긍정적 감정 또는 부정적 감정을 경험하는지에 따라 그 관념을 수영할 것인지 물리칠 것인지를 결정한다. • 감정 기능은 사고 기능과 반대된다. 감정 기능은 주로 정서적이며 좋고 싫음이나 자극에 의한 발생으로 다른 감정들에 초점을 맞춘다.
비합리적 기능	감각형	• 감각은 감각기관의 자극에 의해 생기는 여러 의식적 경험을 포함하고 있다. 감각을 통해 자극을 받아들이고 확인하며, 그것을 의식으로 다시 내보낸다. • 감각을 지닌 사람은 사실과 자극 자체를 직접적으로 관찰하고, 그들의 의미와 가치에 대한 실질적인 증거를 탐구하는 주요 기능을 가지고 있다.
	직관형	• 직관은 감각과 비슷한 점이 많다. 둘 다 직접적으로 주어지는 경험이고, 생각이나 추론 없이 즉각적으로 받아들인다. • 직관은 갑자기 발생하며 그 원인과 과정을 설명할 수 없다는 점에서 차이가 있다. • 직관이 지배적인 사람들은 자극이 어디에서 생성되었는지, 어디로 흘러가는지, 그 가능성이 어떠한지에 대한 직감에 의존하여 판단한다. • 직관은 감각과 함께 우리에게 중요한 정보를 제공한다. • 직관은 우리에게 새로운 가능성을 열어주고, 우리를 더 창의적이고, 미래지향적으로 만들어준다.

③ 심리적 기능의 특징

- 자신이 지닌 기능 중에서 어떤 기능을 먼저 사용하고 어떤 기능을 나중에 사용하거나 덜 사용하는가에 따라서 개인의 기본적인 성격이 변화된다.
- 심리적 기능 중 한 기능만이 의식의 지배를 받고 나머지는 개인적 무의식의 일부가 된다.
- 우수기능과 열등 기능: 인간이 가진 네 가지 기능이 모두 고르게 발달하는 건 아니다. 네 가지 기능 중 가장 고도로 분화되어 있어 의식 속에서 뛰어난 역할을 하는 기능을 우수기능이라 하며, 가장 분화되지 못해 무의식에 억압되는 기능을 열등 기능이라 한다.

표 7-3 융의 성격유형론은 MBTI의 이론적 기반

유형	특징
외향적 사고형	외부 세계에 관심을 가지며 객관적인 시각으로 사물들을 이해하고 해석하는 경향을 말한다. 현실적이고 논리적인 자료를 중요시하며, 사실적인 것과 경험에 바탕을 두고 판단하려고 한다.
내향적 사고형	개인내적인 성장과 탐구에 관심이 많고 자신만의 생각과 감정에 더 집중하며, 외부 자극에 대해서는 민감하지 않는 경우가 많다.
외향적 감정형	감정을 먼저 생각하기 때문에 상황에 따라 감정의 변화를 일으키며 잘난 척하며 감정적이기도 하며 사치스럽다.
내향적 감정형	자신의 감정을 있는 그대로 표현하며 자신의 감정을 남에게 잘 들어내지 않고 말수가 적고 무관심한 듯 보이며 마음을 알기가 어렵다.
외향적 감각형	외부세계의 데이터를 모으는 일에 흥미를 가지며 현실주의적이고 실제적이며 미래를 생각하기보다 지금 있는 그대로 받아들이고 즐긴다.
내향적 감각형	외부세계와의 접촉에 거리를 두고 자신의 내면적 감각에 충실하며 예술적 표현을 제외한다면 자신을 표현하는 일에 어려움을 느낀다.
외향적 직관형	외부세계에 대한 발전적인 가능성을 찾기 위해 동분서주하지만 한 가지 일을 끈기 있게 못 하며 자리를 옮겨 다니는 경솔함과 불안함이 특징이다.
내향적 직관형	내면세계에서 다채로운 심상과 통찰을 구하며 타인에게는 알 수 없는 괴짜로 보일 수 있지만 예술가나 몽상가 혹은 예언가 등이 이에 속한다.

3) 사회복지실천과 연관성

(1) 분석심리학과 사회복지실천

융의 분석심리학과 사회복지실천에 대한 긍정적 부분은 크게 5가지로 나누어 볼 수 있다(윤경원 외, 2022; 노수희, 2023; 장수복 외, 2024). 첫째, 융의 이론은 인간행동과 발달에 대한 이해를 넓히는 데 도움을 주었으며, 특히 중년기의 개성화, 성격발달에 대한 특성과 마음에 관한 연구는 사회복지실천현장에서 중년기의 내담자를 이해하는 데 유용한 지침을 제시한다. 둘째, 대부분 클라이언트 치료과정에서 비롯된 연구로 삶을 통합하는 데 필요한 경험과 무의식의 본질을 이해하는 데 도움을 주는 임상사회복지사가 적용이 가능하다. 셋째, 미시적 수준의 상담, 정신치료의 접근에 대한 기여를 하였고 마음에 관심인 통찰력의 중요성으로 면담, 즉 상담방법에 상당한 기여를 하였다.

넷째, 인간의 페르소나의 개념은 사회복지실천 현장에서는 사회적 기능과 같은 개념이라고 할 수 있다. 클라이언트의 페르소나를 구축시켜 클라이언트의 본성과 다른 측면으로 표현하게 하여 클라이언트의 사회적 기능 향상을 위해 원조할 수 있다. 다섯째, 융은 중년기에 무의식적으로 남아 있는 성장을 위해 잠재력과 새로운 이익 및 가치를 개발하고, 사회적인 일에 능동적으로 참여할 수 있다고 한다. 이것은 사회복지사에게 중년기에 있는 클라이언트에게 새로운 사고와 대처방식을 발견하도록 하였으며, 이를 수용할 수 있도록 원조하는 기초를 마련한 점에서 사회복지실천에 유용한 이론이라고 할 수 있다.

(2) 분석심리학의 평가

분석심리학은 인간의 정신인 무의식의 세계에 대한 심층적인 접근과 이해로 현대 심리학에 발전에 영향을 미쳤다는 점에서 의의를 갖는다. 현대 심리학뿐만 아니라 정신의학, 철학, 종교학 등 다양한 학문 분야에 발전에 기여했다. 더불어 내적 경험의 중요성, 인간 본성에 대한 양면성, 상징주의, 중년기

발달에 대한 관심 등은 현재에도 중요하게 다루어지고 있다. 그리고 활용할 수 있는 MBTI라는 성격유형이론에도 많은 기여를 했다. 학문의 공헌에도 불구하고 몇 가지 측면에서 한계점을 가진다.

먼저, 이론이 너무 이해하기 어렵다는 비난과 다른 정신역동이론에 비해 체계적이지 못하고 개념의 명료성이 부족하다. 둘째, 신비로움과 초자연적인 것과 깊이 관련되어 불안정하고 모호하다. 또한 이론 간 관련성이 애매하고 과학적인 검증이 어렵다. 치료환자의 치료과정에서 나타난 경험으로 한 이론 위주로 신화, 상징, 연금술 등 실증적인 검증이 어렵다. 셋째, 사회적으로 크게 성공하여 최고의 업적을 쌓고 상당한 지위를 얻은 남녀들이라는 것은 성공하지 못한 사람, 즉 클라이언트의 경험보다 엘리트를 위주로 한 지적 상담치료로 자신의 이해가 부족한 클라이언트에게 적용하기에는 한계가 있다.

2. 아들러의 개인심리이론

1) 생애

그림 7-3 아들러(Alfred Adler, 1870~1937)

아들러(Alfred Adler, 1870~1937)는 1870년 유대인 곡물상의 차남으로 태어났다. 어릴 때부터 병약하였고, 학업에서도 성공하지 못하였다. 이는 훗날 그의 연구의 핵심주제인 '열등감과 우월성의 추구'라는 연구를 하게 되는 계기가 되었다. 대학 시절에는 마르크스주의에 심취하여 사회적 관심을 중시하였고, 안과 전문의, 신경학과 전문의였다. 프로이트의 영향을 받아 정신분석학에 심취하여 비엔나 정신분석학회의 회장으로 활동하였고, 1907년 『기관 열등성과 심적 보상의 작용』이라는 책을 출간하였다. 1911년 프로이트 곁을 떠나 자유심리분석연구회를 결성하였고, 개인심리학을 만들면서 사회적 충동이나 열등감 극복이 더 중요하다고 보았다. 1912년 개인 심리학회로 변경하면서 프로이트와 다른 길을 걷게 된다. 아들러의 인간관은 인간은 유일한, 분해할 수 없는(indivisible) 자아 일치된(self-consistent), 통합된 실체로 보았고, 더 큰 체계의 사회 생태적 체계 속에 한 구성요소(integral part)로 보았다.

개인심리학(Individual Psychology)을 창설한 아들러도 무의식을 강조하였지만 그의 무의식은 프로이트가 주장한 성적 본능이 아니라 사회적 충동이었다. 왜냐하면 아들러는 인간을 출생의 순간부터 대인관계에 노출되며 일생 동안 사회에 적응해야만 하는, 근본적으로 사회적 존재로 생각했기 때문이다. 아들러의 개인심리학의 기본입장에 의하면 전체적으로 인간을 단일하고 분해할 수 없는 자아 일관적이며 통일된 존재로 기술한다. 즉, 개인을 통일된 자아일관적인 실체로서, 완전성을 추구하기 위해 능동적인 노력을 하는 사람으로서, 또한 창조적이고 자기결정적인 실체로서, 사회적인 소속체로서 그리고 자기주관성을 지닌 사람으로 간주한다. 즉, 인간을 본능의 충동적 처분만 따르는 것이 아니라 자신의 운명을 선택하고 자신의 인생계획을 창조하며 자신의 목적성취를 도와줄 특질, 태도 및 능력을 발전시키는 존재로 보았다.

아들러는 인간의 공통적인 기본 동기를 열등감에 기초한 '우월성 추구(striving for superiority)'라고 하였다. 왜냐하면 열등감 콤플렉스(inferiority complex)가 근본적으로 모든 인간의 추구에 대한 동기유발의 근거가 된다고 보았기 때문이다. 즉, 모든 개인의 진보나 성장 그리고 발달은 자신의 열등감을 극복하려는 시도에서 비롯된다는 것이다. 아들러는 열등감 콤플렉스의 세 가지 원천으로서 기관열등감(organ inferiority), 과잉보호(spoiling), 방임(neglect)을 주장하였다.

아들러에 의하면 유아는 음식을 제공해 주며 보호해 주는 성인에게 열등감을 갖고 있으며, 성장하면서 자신의 신체적 결함, 손위의 형제·자매들의 존재 또는 불행한 가정생활 등이 열등감 반응을 강화시켜 준다고 하였다.

아들러는 이러한 열등감 콤플렉스를 보상하기 위해 아동은 우월감, 충족감 및 권력감을 성취하게 해 주는 개인적 목표를 설정한다고 주장하였다. 따라서 모든 개인은 완전성이나 우월성을 포함한 가상적인 최종 목표를 위해 자기 고유의 생활양식을 발달시킨다는 것이다. 이러한 생활양식은 세 가지 주된 인생과제, 즉 직업이나 우정 그리고 사랑과 결혼에 관한 태도와 행동을 통해 가장 잘 드러난다는 것이다. 여기서 아들러는 사회적 관심 차원과 세 가지 인생과제와 관련된 능동성의 정도의 차원을 기초로 네 가지 생활양식 유형 – 지배형(the ruling type), 기생형(the getting type), 회피형(the avoiding type), 사회적 유용형(the socially useful type) – 을 제시하였다. 네 가지 생활양식 가운데 가장 바람직한 유형은 사회적 유용형으로서 그만큼 사회적 관심을 강조하고 있다. 아울러 개인의 생활방식을 발달시키는 데 관련되는 것으로 아들러는 창조적 자아, 출생순위, 그리고 사회적 관심을 들고 있다. 아들러의 성격이론에서 사회적 관심의 정도는 심리적 건강의 지표가 될 정도로 중요한 의미를 지니고 있다.

아들러는 가족 내에서의 출생 순위가 상당히 중요하며, 특히 각 출생 순위에 수반되는 상황에 대한 지각이 중요하다고 했다. 이것은 아이들은 출생 순위가 각자의 생활양식에 어떤 방식으로 영향을 미치는가를 결정하는 상황에 집착하게 됨을 의미한다. 더욱이 이런 지각은 분명히 주관적이기 때문에 아이들은 어떤 순위에 태어나건 그들 자신의 생활양식을 창조할 것이다. 그러나 일반적으로 특정 출생 순위에 태어난 아이들은 공통적인 특징들을 가지고 있음을 발견하게 되는데, 아들러는 첫째, 둘째, 막내, 독자를 집중적으로 연구하였다.

2) 주요 개념

아들러는 프로이트의 제자였지만, 프로이트의 정신분석학 이론에 동의하지 않았다. 아들러는 인간의 심리는 생물학적 충동이나 무의식에 의해 결정되는 것이 아니라, 개인의 의지와 목표에 의해 결정된다고 주장했다. 또한, 아들러는 인간은 모두 타고난 열등감을 가지고 있으며, 이 열등감을 극복하기 위해 노력하는 과정에서 성장하고 발전한다고 주장했다.

(1) 열등감, 보상, 우월을 향한 노력(추구)

① 열등감

인간이 더 나아지기를 원하기 때문에 느끼게 되는 감정이 바로 열등감이다. 인간이 그 자리에 안주하지 않고 무언가를 추구하도록 하는, 즉 우월을 추구하도록 하는 자극이자 원동력이 된다. 열등감은 누구에게나 존재하는 보편적이다. 열등감 그 자체만으로는 완전체를 이룰 수 없으며, 재능과 용기 그리고 사회적 관심과 연결되어야 한다.

② 보상

열등감을 느낄 때 인간은 부족한 점을 채우며 더 나아지기를 바라게 된다. 보상은 이렇게 자신에게 부족한 무언가를 충족하고자 하는 시도이다. 이는 인간이 자신이 가진 잠재력을 발휘하도록 자극하는 역할을 한다. 열등감은 누구에게나 존재하는 보편적이지만, 같은 열등감이라 해도 그것을 보상하는 방법은 개인마다 다르다.

③ 우월을 향한 노력(추구)

부족한 것은 채우고 미완성의 것은 완성해 가면서 좀 더 나은 상태로 나아가고자 하는 경향성으로, 모든 인간이 갖는 기본적인 동기이다. 아들러에 의하면 인간 생활의 근본적인 목적은 바로 우월함을 추구하는 것이다. 다시 말해, 우월에 대한 추구가 인간 생활의 기초가 된다. 우월을 향한 저마다의 목표는 고유하며, 각자의 인생에 대한 의미에 따라 다르게 나타난다. 우월에 대한 목표는 긍정적인 경향을 띌 수도 있고 부정적인 경향을 띌 수도 있다. 긍정적인 경향은 사회적 관심, 다른 사람의 행복과 같은 이타적 목표를 지향하고, 부정적인 경향은 개인적 우월성만을 쫓는 이기적 목표를 지향한다. 인간이 추구하는 우월은 개인적 차원의 우월도 있지만 사회적 차원의 우월도 있다. 즉, '내가 더 나아지기 위해' 노력할 수도 있지만, '우리가 함께 더 나아지기 위해' 노력할 수도 있다. 사회적 우월을 추구하는 그것에 관한 관심이 곧 '사회적 관심'이다.

(2) 사회적 관심

아들러는 개인심리학의 창시자이다. 그는 개인의 행동은 지나온 시간에 의해 결정되는 것이 아니라, 현재의 목적에 의해 결정된다고 주장했다. 그는 인간의 모든 행동은 "우월성의 추구"에 의해 동기화된다고 보았고, 이 우월성의 추구는 개인의 신체적, 정신적, 사회적 능력을 향상시키려는 욕구에서 비롯된다고 주장했다. 그러나 아들러는 우월성의 추구가 항상 개인적인 목표를 달성하는 것에만 국한되지 않는다고 보았다. 그는 개인이 사회에 공헌함으로써 자신의 우월성을 실현할 수 있다고 보았으며 그는 이러한 개인의 행동을 사회적 관심이라고 부르며, 사회적 관심은 인간의 가장 고귀한 행동이라고 주장했으며 사회적 관심을 통해 개인은 자신의 삶에 의미와 목적을 찾을 수 있다고 주장했다. 그는 사회적 관심을 통해 개인은 다른 사람들과 연결되고, 사회에 기여할 수 있으며, 자신의 잠재력을 최대한 발휘할 수 있다고 주장했다. 아들러의 사회적 관심은 오늘날에도 여전히 유효한 이론으로 사회적 관심은 개인의 삶을 풍요롭게 하고, 더 나은 사회를 조성할 수 있는 힘을 가지고 있다. 개인의 행동은 과거의 경험에 의해 결정되는 것이 아니라, 현재의 목적에 의해 결정된다. 인간의 모든 행동은 "우월성의 추구"에 의해 동기화된다. 그리고 우월성의 추구는 개인의 신체적, 정신적, 사회적 능력을 향상시키려는 욕구에서 비롯된다. 개인은 사회에 공헌함으로써 자신의 우월성을 실현할 수 있으며 사회적 관심은 인간의 가장 고귀한 행동이다.

아들러의 사회적 관심은 개인이 타인과 관계를 맺고, 사회에 공헌하려는 욕구이다. 아들러는 사회적 관심을 인간의 가장 고귀한 행동이라고 보았으며, 사회적 관심이 있는 사람은 자신의 삶에 의미와 목적을 찾고, 삶의 의미를 찾을 수 있다고 주장하였다. 구체적으로 아들러의 사회적 관심은 다음과 같은 특징을 가지고 있다. 첫째, 타인에 대한 관심이다. 사회적 관심이 있는 사람은 타인의 어려움을 이해하고, 그들에게 도움을 주고자 한다. 둘째, 사회에 대한 기여이다. 사회적 관심이 있는 사람은 사회를 위해 자신의 능력을 봉사하고자 한다. 셋째, 공공의 이익이다. 사회적 관심이 있는 사람은 자신의 이익보다 사회의 이익을 우선시한다. 넷째, 타인과의 협력이다. 사회적 관심이 있는 사람은 타인과 협력하여 공동의 목표를 달성하고자 한다. 다섯째, 상호 보완이다. 사회적 관심이 있는 사람은 타인과 상호 보완적인 관계를 맺고자 한다.

(3) 생활양식

아들러의 생활양식은 개인이 자신의 삶을 살아가는 방식이다. 아들러는 개인의 생활양식은 출생순위, 가족관계, 문화적 배경, 개인의 경험한 다양한 요소들에 의해 영향을 받는다고 보았다. 생활양식은 개인의 성격, 행동, 가치관, 목표 등을 형성한다고 보았다. 또한, 생활양식은 개인의 정신건강에 영향을 미친다고 보았다. 아들러는 생활양식을 이해하면 개인의 행동을 더 잘 이해할 수 있다고 보았으며 생활양식을 이해하면 개인의 정신건강을 개선하는 데 도움이 될 수 있다고 보았다. 아들러의 생활양식은 사회 전체에 긍정적인 영향을 미칠 수 있는 중요한 개념으로 개인은 생활양식을 이해하면 자신의 삶을 더 나은 방향으로 이끌 수 있다. 사회는 생활양식을 이해하면 개인의 정신건강을 개선하고, 사회를 더 나은 곳으로 만들 수 있다.

만 4~5세경 열등감을 보상하려는 심리 속에서 형성된다. 인간은 창조적 존재이므로 열등감을 보상하는 방법이 매우 다양하다. 따라서 개인마다 독특한 자신만의 생활양식을 가지게 된다. 만 4~5세경에 형성된 생활양식은 성인이 되어도 근본적인 변화는 거의 일어나지 않는다. 다만, 어릴 때 정착된 기본 구조가 개정·확대되거나 생활양식이 표현되는 행동에서의 차이만 나타난다. 생활양식의 4가지 유형은 지배형, 획득형, 회피형, 사회적으로 유용한 유형으로 구분할 수 있다.

표 7-4 생활양식을 구분하는 기준: 사회적 관심과 활동 수준

유형	생활양식의 특징
지배형	• 활동하는 수준은 높지만, 사회적 관심이 낮은 유형 • 자신의 욕구 충족과 목표 추구에만 관심이 있어 활동적이지만 독단적이고 공격적이며, 사회의 안녕과 발전에는 관심이 거의 없다.
획득형	• 활동 수준은 중간 정도이고 사회적 관심이 낮은 유형 • 파생적인 방법으로 외부세계와 접촉하며 다른 사람으로부터 자신의 욕구를 충족시킨다. • 가능한 많은 것을 타인에게서부터 획득하는 것이 주된 관심이다.
회피형	• 사회적 관심과 활동 수준 모두 낮은 유형 • 성공하려는 욕망보다는 실패하는 것에 대한 두려움이 더 강하다.
사회적으로 유용한 유형	• 사회적 관심과 활동 수준 모두 높은 유형 • 사회적 관심이 높아서 자신과 타인의 욕구를 만족시키며 인생과제를 완수하기 위해 타인과 협동한다.

(4) 창조적 자기

아들러 이론을 대표하는 개념으로 생의 의미를 제공하는 원리이자 개인의 자유와 선택을 강조하는 개념이다. 목표를 결정하며 선택하는 것에 대하여 개인의 목표와 가치관에 일치하는 모든 종류의 배려가 능력이다. 아들러는 자기(self)의 창조적인 힘이 생활양식과 사회적 관심을 발달시키며, 인생의 목표와 목표 추구 방법을 결정한다고 보았다.

(5) 가상적 목표(허구적 목표)

아들러는 인간행동이 현실 속에서 검증될 수도 그리고 확충될 수도 없는 상상 또는 가상의 목표(허구적 목표)에 따라 인도된다고 보았다. 즉, 누구나 각자의 열등감을 보상하기 위해 어떤 목표를 향해 나아가지만, 자신이 향하고 있는 그 최종 목표가 무엇인지를 알지 못하는 경우가 많다.

(6) 가족형상

가족 형상(family constellation)은 가족원 간의 정서적인 유대감, 가족의 크기와 형태, 가족의 성적 비율, 출생순위, 가족역할 모델 등을 포함하는 전반적인 가족 분위기를 의미한다. 아들러는 가족형성이 어떻게 되느냐에 때라 그 이후의 성격 발달에 커다란 영향을 미친다고 보았다. 나아가서 이웃과 학교, 종교 사회문화적인 힘이 개인의 성격에 많은 영향을 미친다는 점을 인정하였다.

(7) 출생순위

같은 부모에게서 태어나더라도 출생순위에 따라 그들이 경험하는 가정환경은 차이가 있고 이는 성격 형성에 주요한 영향을 미치게 된다. 출생순위를 통해 아들러가 주장하는 것은 단지 가족 안에서의 서열상 위치에 따라 서로 상충되는 독특한 문제들이 있을 수 있다는 점이다. 성격에 영향을 주는 것은 출생의 순서가 아니라 태어난 상황이라는 것이다.

표 7-5 출생순위와 성격

출생순위	성격
첫째 자녀	• 외동 자녀로서 부모의 사랑을 독차지하다가 동생이 출생하면서 상실한 사랑을 되찾기 위해 노력하지만 실패하고 또 다른 것에서 그 상실감을 보상받으며 사랑과 인정을 얻기 위해 노력하면서 생의 기술을 익히게 된다. • 첫째 자녀가 겪는 이러한 상황을 아들러는 '폐위된 왕(dethroned king)'에 비유했다.
둘째 자녀	• 둘째 자녀는 늘 누군가의 뒤에 있다. 따라서 첫째 자녀에게 열등감경험하고 이를 뛰어넘기 위해 비교적 빠른 성장 속도를 보인다. • 경쟁적인 성격과 혁명가 적 기질을 갖는다.
막내 자녀	• 집안 환경에 따라 성격이 달리 형성될 수 있다. • 비교적 넉넉한 가정에서 태어난 막내는 동생이 없어 사랑을 빼앗기는 경험 없이 온 가족의 사랑과 관심을 독차지하면서 응석받이로 자라 의존적 성향이 될 수 있다. • 가정형편이 힘든 가정의 막내는 자신이 가정을 어렵게 만드는 짐과 같은 존재로 자신을 인식하여 소심하고 열등감 많은 아이가 될 수 있다.
외동 자녀	경쟁할 형제가 없어서 응석받이가 되기 쉬우며 자기중심적일 수 있다.

3) 사회복지실천과 연관성

(1) 개인심리이론과 사회복지실천

아들러 이론에서 성격의 사회적 요인에 대한 강조는 집단 내에서 개인을 치료하는 집단치료의 개념을 선도하였다. 따라서 중요한 공헌은 초등교육, 부모교육, 부부상담, 가족상담 등이다. 또한 인간중심 접근, 형태치료, 현실치료, 합리·정서적 치료 등 다른 치료법에도 큰 영향을 미쳤다. 개인심리이론은 클라이언트의 사회적 관심, 즉 잘못된 사회적 가치를 바꾸고 증상의 경감, 제거보다는 기본적인 삶의 전체를 수정하고 왜곡된 삶의 동기를 수정하는 데 초점을 둔다. 사회복지사의 역할은 지시적이며 능동적인 자세로 참여하여야 하며, 클라이언트와 동등하게 문제에 대해 토론함으로써 건전한 인간관계와 사회적 관심을 강화시켜야 한다. 뿐만 아니라 건설적인 목표를 설정하기 위해 내담자를 재교육한다. 치료의 기본목표는 내담자의 사회적 관심, 즉 잘못된 사회적 가치를 바꾸는 것이다. 구체적으로 다음과 같다(윤경원 외, 2022; 노수희, 2023; 장수복 외, 2024).

첫째, 인간행동에 영향을 미치는 주요 인물을 부모, 형제자매들과의 관계, 가족구조, 가족형태, 생활양식과 함께 사회 환경과의 상호작용에 관심을 두었다. 그러므로 미시적인 사회복지실천과 가족상담에 영향을 미쳤다고 할 수 있다

둘째, 아들러 이론은 부모역할이 아동에게 매우 중요하며, 전반적인 인간의 생활양식에 강력한 영향을 준다는 것을 이해할 수 있도록 도움을 준다. 그러므로 사회복지실천현장에서는 자녀를 올바르게 기르기 위하여 부모역할 프로그램에 활발하게 사용되고 있다.

셋째, 개입목표는 인간은 사회적 존재이며, 공동체의식과 사회적 관심을 강조하여 상황 속의 인간을 이해하게 하였다. 또한 클라이언트 자신의 잘못된 생활양식을 깨닫게 하여 자신의 사고, 느낌, 행동에 책임질 수 있도록 원조하는 데 있다.

넷째, 인간의 모든 행동을 전체적 관점에서 이해해야 하며, 클라이언트 자신이 지닌 열등감을 직시하고 용기를 가지고 문제에 직면할 수 있도록 격려해야 한다. 또한 클라이언트의 우월한 추구를 방해하는 생활양식과 환경적 요소를 찾아 해결하기 위하여 노력해야 한다(표갑수 외, 2021).

(2) 개인심리학의 평가

아들러의 이론적인 개념은 실제적인 연관이 상당히 높은 것으로 인정받았다. 더불어 개인심리학은 가족분위기, 가족형태, 가족구성원의 생활양식 등에 초점을 두어 가족상담에 유용한 지식기반을 제공하였다. 또 집단사회사업에서 유용하게 활용되고 있으나 아들러 이론에서도 비판점이 있다.

먼저, 아들러는 자신의 이론을 잘 다듬고 체계적으로 조직하기보다는 실행과 교수를 강조하였다. 따라서 그의 저술은 대부분 어딘가 느슨하게 상식심리학에 근거하고 있고 지나치게 간결한 경향이 있다. 둘째, 개념들의 경험적

인 검증은 수적으로 빈약하다. 개인주의 심리학 개념의 경험적 검증이 어렵다. 또한 그의 이론적 체계가 구체적인 하위수준에 대한 개념이 부족하고 너무 일반적인 특성을 지녔기 때문이다. 예를 들어 우월을 향한 노력, 자기의 창조적 힘, 열등감 등의 기본 개념들이 잘 정의되어 있지 않고 두리뭉실하다. 그래서 아들러는 상식적인 감각의 심리학이라는 비판을 받았으며 복합적 개념을 지나치게 단순화하고 있다는 비난을 받았다.

셋째, 급히 해결해야 할 문제를 가지고 있는 내담자들에게도 아들러식 치료는 좀 문제가 있다. 그런 내담자들은 자신의 아동기, 초기기억, 가족 내의 역동을 탐색하는 데 별 관심이 없기 때문이다.

CHAPTER

08

행동주의이론

행동주의이론의 가장 큰 업적은 인간이 행동과 성격을 설명하기 위하여 과학적인 접근을 시도했다는 점이다. 다양한 부적응 문제를 학습원리로 설명할 뿐만 아니라 그러한 문제를 치료할 수 있는 다양한 치료기법을 개발하여 성공을 거두었다. 본 장에서는 파블로프과 스키너 그리고 반두라의 생애, 이론의 주요개념 그리고 사회복지실천과 연관성에 대해 설명하고자 한다(윤경원 외, 2022; 김영미, 2023; 노수희, 2023; 장수복 외, 2024; 유미림 외, 2024).

1. 파블로프의 고전적 조건화

1) 생애

그림 8-1 파블로프(Ivan Petrovich Pavlov, 1849~1936)

파블로프(Ivan Petrovich Pavlov, 1849~1936)는 조건형성 연구에 착수하기 전에 이미 소화에 관한 연구 업적으로 1904년 노벨상을 받은 러시아의 생리학자이다. 그의 초기 관심은 개의 음식 소화와 관련된 각종 반사행동에 대한 선천적인 신경통제에 있었다. 그는 외과적으로 침 분비선 가운데 하나를 적출하여 침이 특수한 관을 통해서 동물의 신체 밖으로 흐르게 함으로써 침의 분비 여부가 쉽게 측정되고 분석될 수 있도록 실험장치를 마련했다. 침 분비는 몇 가지 선천적 반사에 의해 생기며, 그 중 하나가 음식을 소화시키려는 준비 반사이다. 이것은 입속의 음식(특히 마른 음식)에 의해 촉발된다.

파블로프는 연구과정에서 새로운 사실, 즉 침 분비 반사가 애초에는 전적으로 무관하였던 자극들에 의해서도 시작될 수 있다는 것을 발견하였다. 실험실에 얼마 동안 있었던 개들은 실험실에 들어온 적이 없었던 개들에게는 영향을 미치지 않는 다수의 자극들에 대해서도 침 분비반응을 나타냈던 것이다. 입 속에 있는 고기 맛과 접촉감뿐만 아니라 먹이를 단순히 보는 것이나 먹이가 놓여 있던 그릇을 보는 것, 그리고 먹이를 제공하는 사람의 발소리를 듣는 것조차도 마침내 침을 분비시켰던 것이다. 파블로프는 즉시 그런 현상에 대한 원인에 관심이 많았다. 왜냐하면 그러한 현상들은 선천적 반응이라고 간주했던 반사개념이 학습된 반응까지 확장시켜 주는 수단을 제공할 수 있다고 생각했기 때문이다. 접근방법을 보면, 동물의 일상사에서 우발적 사건이 일어나기를 기다리지 않고 실험자가 그러한 경험을 제공하는 것이다. 초기에 실험자는 종소리를 반복적으로 들려주고, 곧이어 음식물을 제공한다. 나중에는 종소리는 들리지만 먹이가 주어지지 않을 때 발생하는 현상을 관찰함으로써 다음과 같은 결과를 발견하였다.

이런 사실을 설명하기 위해서 파블로프는 무조건 반사와 조건반사의 구별을 제안하였다. 그는 무조건 반사(unconditioned reflex)가 본질적으로 생득적이고 선천적이라고 주장하였으며, 동물들의 생활경험과는 관계없이 적절한 자극에 의해 무조건적으로 유발된다는 것이다. 한 가지 예를 들면 입속의 음식인데, 이것은 무조건적으로 침 분비를 유발한다. 이와 대조적으로 조건 반사(conditioned reflex)는 획득되는 것으로, 동물의 과거 경험에 대해 조건적이고, 파블로프에 따르면 뇌에서 새롭게 형성된 연결들에 기초를 두고 있다.

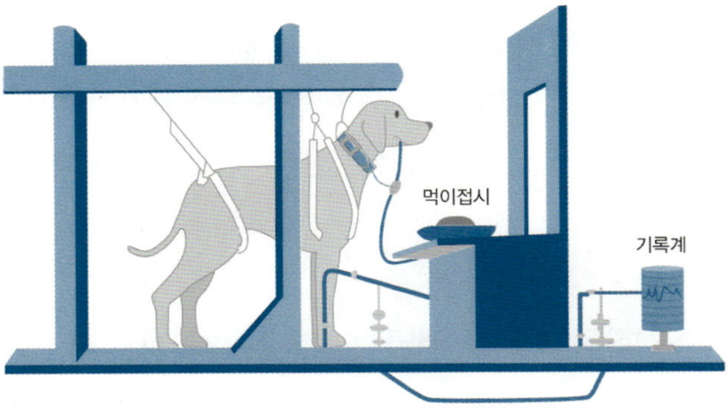

그림 8-2 파블로프의 고전적 조건형성

표 8-1 고전적 조건형성의 모형

(1) 조건형성 전		
무조건 자극(UCS) (고기)	⟶	무조건 반응(UCR) (침)
(2) 조건형성 중		
조건 자극(CS) (종소리)	⟶ + 무조건 자극(UCS) (고기)	무조건 반응(UCR) (침)
(3) 조건형성 후		
조건 자극(CS) (종소리)	⟶	조건 반응(CR) (침)

2) 주요 개념

(1) 행동주의 이론의 공통적 가정

행동주의 이론은 인간의 행동을 이해하는 데 중요한 이론이다. 행동주의 이론의 공통적인 가정은 첫째, 인간행동을 일으키는 요인은 환경적 자극이라고 본다. 둘째, 인간행동은 학습의 결과로 형성되며 새로운 학습을 습득하면서 교정 가능하다고 본다. 셋째, 과거의 영향보다 현재의 행동 결정 영향에 초점을 둔다. 넷째, 겉으로 드러난 관찰이 가능한 행동에 초점을 둔다. 다섯째, 행동주의 이론을 토대로 하는 개입(행동 수정모델)에서는 구체적 행동을 변화시키는 것에 치료목표를 두며, 따라서 행동을 구체적으로 기술하고 개입목표 또한 구체적이고 객관적인 용어로 설정한다. 아울러 개입과정을 객관적으로 평가한다.

(2) 고전적 조건화의 과정과 개념

파블로프는 자신의 소화 연구에서 개를 대상으로 실험하는 과정에서 조건화의 원리를 발견하였다. 개는 음식이 입안에 있을 때 자동적으로 침을 흘린다. 이런 반응은 자연적이며, 학습을 통해 습득할 필요가 없는 반사반응(Reflex Response), 즉 무조건반응(Unconditioned Response : UCR)이다. 이러한 무조건반응을 유발하는 자극들을 무조건자극(Unconditioned Stimulus : UCS)이라고 한다. 이 예에서 무조건자극은 음식이다. 무조건자극은 이전의 어떤 학습이 없이도 침 흘리는 반응을 유발한다. 그런데 배고픈 개들을 관찰하다 보면 입안에 어떤 음식을 넣기도 전에 음식을 보자마자 침을 흘리는 경우를 흔히 볼 수 있다. 더구나 음식을 담아서 케이지(cage) 안에 넣어주는 빈 음식 그릇을 보기만 하여도 침을 흘리기 시작한다. 음식과 연합되었던 빈 접시를 보고 침을 흘리는 것은 개의 선천적인 자연스런 반응이라기보다는 학습된 반응이다. 침을 흘리게 만드는 음식을 계속해서 특정한 그릇에 담아서 개에게 주면 개는 그 그릇을 보기만 하여도 음식을 연상(association)하게 된다. 이때 개가 그릇을 보고 침을 흘리는 반응을 조건반응(Conditioned Response : CR)이라고 한다. 조건반응을 유발해낸 자극을 조건자극(Conditioned Stimulus : CS)이라고 한다. 이렇게 볼 때, 행동에 미치는 조건자극의 영향은 자동적이라기보다는 학습에 의존한다. 주요 개념으로는 소거, 자발적 회복, 자극일반화, 자극변별이 있다.

① 소거(extinction)

소거는 조건화가 한 번 이루어졌다고 해서 조건자극이 계속해서 영원히 작용하는 것은 아니라는 것이다. 만약 파블로프의 개 실험에서 조건자극인 종소리를 울려주고 계속해서 음식을 제공하지 않는다면 개는 조건자극인 종소리를 듣고도 침을 흘리지 않게 된다는 것이다. 즉, 조건자극과 함께 무조건자극을 계속해서 제공하지 않는다면 조건반응을 하지 않게 된다.

② 자발적 회복(spontaneous recovery)

소멸 후 상당한 시간이 지난 다음 조건자극을 다시 제시하면 조건반응이 일시적으로 다시 나타나는 것으로, 이전에 소멸되었던 반응이 다시 재현되는 것이 자발적 회복이다. 이 자발적 회복은 학습이 영속적이라는 것을 뒷받침하는 근거가 되기도 하는데, 우리가 배운 내용을 잊어버렸다고 해서 두뇌에서 아예 지워지는 것이 아니라 어떤 계기에 의해 문득 떠오르기도 하는 것에서 경험하는 것과 같다.

③ 자극일반화(stimulus generalization)

자극일반화는 원래의 자극에 의해서만 이루어지는 것은 아니고 유사한 자극에 대해 조건반응하는 것을 의미한다. 학습된 반응은 그와 유사한 자극에도 반응하는 일반화 현상이 나타난다. 물론 이때의 반응강도는 한 자극에 대한 것보다는 약하며, 약한 정도는 원래 자극과의 차이에 비례한다.

④ 자극변별(stimulus discrimination)

자극변별은 일반화와 대립되는 개념으로 어떤 자극에 대한 강화 여부에 따라 구별하여 반응하는 것을 말한다. 그 예로 어두운 곳에서 공포를 느끼는 아동이 극장과 같은 어떤 특정한 어두운 장소에서는 공포를 느끼지 않는 것이다.

3) 평가

파블로프의 고전적 조건화에 대한 긍정적 평가는 인간의 행동을 이해하는 데 도움이 되었고, 인간의 행동을 변화시키기 위해 사용될 수 있다. 또한, 과학적으로 검증되었다. 하지만, 인간의 행동을 너무 단순화시킨다는 지적과 인간의 의식을 무시한다는 부분 그리고 인간의 행동을 변화시키는 데만 사용될 수 있다는 한계가 있다.

2. 스키너의 조작적 조건화

1) 생애

그림 8-3 스키너(Burrhus F. Skinner, 1904~1990)

스키너(B. F. Skinner, 1904~1990)는 동물의 학습과정을 연구하기 시작하였으며, 연구결과 그는 동물뿐만 아니라 인간의 학습도 조작적 조건형성의 원리로 설명할 수 있다고 생각하게 되었다. 조작적 조건형성의 원리는 대부분 그의 연구결과이다.

스키너는 고전적 조건형성과 조작적 조건형성을 철저하게 구분할 것을 주장한 초기 이론가 중의 한 사람이었다. 고전적 조건형성에서 동물들의 행동은 외적 자극인 CS에 의해 유발(elicit)되는 것이다. 그러나 조작적 조건형성에서의 반응행동은 유기체 내부로부터 방출(emit)되는 것이다. 따라서 스키너는 행동을 반응적(respondent) 행동과 조작적(operant) 행동으로 구분할 것을 주장하였다. 반응적 행동이란 반사행동과 같이 어떤 자극에 대한 자동적·수동적 반응을 의미하며, 고전적 조건형성이 잘 설명하는 반응을 포함한다. 한편 조작적 행동이란 유기체의 자발적·의도적 반응을 의미한다. 따라서 조작적 조건형성의 경우, 유기체가 먼저 어떤 행동을 해야 하며, 그 행동의 결과에 따라 그 행동이 미래에 나타날 확률이 달라진다는 것이다. 스키너 역시 손다이크처럼 효과의 법칙을 믿었으며, 이런 조작적 행동을 방출하는 경향성은 그 행동의 결과에 의해 강화되거나 약화된다고 주장하였다.

행동주의자들은 보다 근원적인 학습의 법칙을 밝히려는 의도 때문에 좀 더 단순한 학습상황을 탐구하였다. 스키너가 조작행동의 연구를 단순화시킨 방식은 동일한 조작적 반응이 반복적으로 수행될 수 있는 상황을 만드는 것이었다. 예컨대, 스키너는 배고픈 쥐나 비둘기를 자신이 제작한 '스키너 상자(Skinner box)'라 불리는 실험장치에 넣고 실험하였다. 스키너 상자 안에는, 쥐 실험의 경우 막대와 먹이접시가 있고, 배고픈 쥐는 상자 안을 서성거리다가 우연히 지렛대를 누르면 먹이가 접시로 떨어지게 되어 있다. 여기에서 쥐가 막대를 누르는 행동이 바로 조작적 행동이다. 지렛대를 누르면 먹이가 나온다는 것을 알게 된 배고픈 쥐는 점점 더 빠른 속도로 막대를 누르게 된다. 비둘기 실험의 경우, 스키너 상자 안에는 불 켜진 창과 먹이접시가 있으며, 비둘기가 불 켜진 창을 부리로 쫄 때마다 먹이가 떨어지게 되어 있다. 모든 동물의 반응은 자동적으로 기록되고, 자극의 강화도 프로그램 장치에 의해 자동적으로 제시된다. 반응강도의 측정은 반응률(response rate), 즉 단위 시간당 반응의 수로 표시된다.

한편 지렛대를 누를 때마다 먹이를 주다가 어느 순간부터 지렛대를 눌러도 먹이를 주지 않으면(보상의 철회) 지렛대를 누르는 행동은 점점 감소하여 사라지게 되는데 이를 소거라 한다. 이 실험에서 비둘기가 지렛대를 누를 때마다 먹이가 나오고 이에 따라 막대를 누르는 행동이 점점 빠르게 일어나는 것은, 비둘기가 지렛대를 누르는 조작적 행동이 먹이라는 보상(강화물)을 가져왔고, 먹이가 지렛대를 누르는 행동을 강화시킨 것이다. 이처럼 어떤 행동 뒤에 나타나 그 행동의 빈도를 증가시키는 결과를 초래하는 것을 강화라 하고, 행동의 빈도를 감소시키는 결과를 초래하는 것을 처벌이라고 한다.

2) 주요 개념

(1) 조작적 조건화 이론(Operant conditioning theory)

스키너의 조작적 조건화 이론은 행동분석을 포함한 다양한 행동치료의 이론적 근거가 되고 있으며, 특히 유기체의 반응을 방출하여 환경을 조작할 수 있다는 점에서 행동치료 발전에 막대한 공헌을 하였다.

(2) 강화(reinforcement)

스키너는 어떤 결과가 특정 반응을 증가시키는 것을 '강화'라 하고, 반응률 증가로 측정할 수 있다고 하였다. 어떤 사상에 강화의 기능이 있는지 알기 위해서는 특정 반응에 수반해서 그 사상을 제시한 뒤 반응증가를 관찰해야 한다. 따라서 강화는 행동에 미치는 효과의 측면에서 보면 행동에 수반해서 주어지는 것이다. 강화는 정적 강화(positive reinforcement)와 부적 강화(negative reinforcement) 나눌 수 있다. 정적 강화는 보상이 조작행동을 증가시키는 것을 말한다. 예를 들면 높은 성적, 맛있는 음식, 봉급, 장학금, 승진, 인정 등이 있다. 부적 강화는 혐오적 자극을 제거하거나 철회함으로써 반응확률이 증가하는 것을 부적 강화라고 한다. 예를 들면 수업시간에 집중을 잘하거나 좋은 질문을 하는 학생에게 청소 당번을 면제해 주는 경우이다.

(3) 처벌(punishment)

처벌이란 반응에 수반해서 혐오적인 자극을 제시함으로써 반응경향을 감소시키는 것을 말한다. 스키너 상자에서 쥐가 레버를 누르거나 비둘기가 레버를 쪼을 때 짧은 전기충격을 주면 반응률은 급속하게 감소한다. 처벌은 정적 처벌(positive punishment)과 부적 처벌(negative punishment)로 나눌 수 있다. 정적 처벌은 반응 후에 혐오적 자극이 제시되는 것이다. 예를 들면 숙제를 하지 않았을 때 청소를 시키는 것이다. 부적 처벌은 반응 후에 매력적인 자극이 제거되는 것이다. 시험을 못 봤을 때 인터넷 사용시간을 줄이는 방법이다. 전형적으로 처벌은 혐오적인 자극을 제시하는 것이지만 보상적인 자극의 제거도 포함한다. 예컨대, 아동들에게 TV를 보지 못하게 하는 것도 처벌이다. 처벌은 행동을 통제하는 강력한 수단이 아니다. 왜냐하면 처벌은 반응강도를 약화시키는 것이 아니라 일시적으로 억제하기 때문이다.

(4) 조건화된 강화

강화물은 1차 강화물과 2차 강화물, 사회적 강화물로 구분할 수 있다. 1차 강화물은 아무런 학습과정을 거치지 않고도 생물학적 욕구를 만족시켜 주기 때문에 기본적으로 강화 속성을 지닌 사상이다. 예를 들면, 인간의 경우 음식, 물, 온화함, 성, 애정 등이 있다. 2차 강화물은 1차 강화물과 연합된 결과 강화물의 속성을 획득한 사상을 말한다. 2차 강화물은 학습과정에 의존하기 때문에 아주 다양하다. 예를 들면, 인간의 경우 돈, 높은 성적, 타인의 인정, 칭찬 등이 있다. 사회적 강화물은 1차 강화물과 짝지어진 적이 없음에도 불구하고 강화력을 가진 것을 말한다.

(5) 강화계획

강화계획이란 강화자극을 얼마나 많이, 얼마나 자주, 언제 사용하는가의 문제를 계획하는 것을 말한다. 강화계획은 세부적으로는 아주 다양하지만 크게 4가지로 구분할 수 있다.

① 고정간격 강화계획(Fixed Interval Reinforcement : FI)

고정간격 강화계획은 일정한 시간이 지난 후에 강화하는 것이다. 즉 정해진 시간 간격이 되기 전에 발생되는 행동은 강화를 받지 못하고 정해진 시간이 경과한 후 발생하는 첫 번째 행동에 강화물을 제공하게 된다. 예를 들면, 매달 주는 월급, 2시간마다 주는 간식이 있다.

② 변동간격 강화계획(Variable Interval Reinforcement : VI)

변동간격 강화계획은 미리 정한 시간간격이 지난 후에 강화가 제공되지만 강화시행 간의 시간간격이 평균적으로 그다음 강화가 일어날 시기를 예측할 수 없다는 것이 고정간격 강화계획과 구별된다. 예를 들면, 2시간 안에 아무 때나 주는 간식, 교통상황에 따라 버스시간 배정 간격시간이 다름이 있다.

③ 고정비율 강화계획(Fixed Ratio Reinforcement : FR)

고정비율 강화계획은 반응하는 데 걸린 시간에 관계없이 어떤 특정한 행동이 일정한 수만큼 일어났을 때마다 강화를 주는 것이다. 예를 들면, 수학문제 10문제를 풀었을 때 주는 간식, 아빠의 흰머리를 10가닥 뽑으면 용돈 천 원이 있다.

④ 가변비율 강화계획(Variable Ratio Reinforcement : VR)

가변비율 강화계획은 고정비율 강화계획과 비슷하지만 평균적으로 정해진 어떤 수의 반응이 일어난 후에 강화하는 것이다. 다음 강화가 언제 일어날지 예측할 수 없으므로 반응률은 높고 지속적이다. 예를 들면, 로또, 카지노장의 도박기계, 언제 득점할지 모르는 축구경기가 있다.

3) 평가

스키너의 조작적 조건화에 대한 긍정적 평가는 크게 5가지이다. 첫째, 행동주의 학습이론의 범위를 매우 넓혔다. 둘째, 과학적 실험연구를 통하여 인간행동과 연관된 구체적이면서도 정확한 지식을 제공하였다. 셋째, 사회복지실천의 중점을 정신적인 내적 갈등에서 외현적인 행동으로 이동시켰다. 넷째, 인간의 발달에서 환경이 얼마나 중요한지 새롭게 인식하게 하였다. 다섯째,

다양한 행동수정 기법을 제시하였다. 하지만, 인간행동에 대한 비판적 판단을 지나치게 강조하여 행동에 영향을 미치는 인간의 내적인 정신적 특성을 배제하였으며, 인간을 마치 기계처럼 조작이 가능한 대상으로 여겨 인간의 자유와 존엄성을 무시하였다는 부분을 한계로 지적하고 있다. 또한, 인간의 모든 행동에 자율성을 부과하기보다는 조작적인 상황으로 행동이 변화될 수 있다고 보는 것은 인간을 지나치게 단순하게 여기는 관점이라고 비판도 있다.

3. 반두라의 관찰학습이론

1) 생애

그림 8-4 반두라(Albert Bandura, 1925~2021)

반두라(Albert Bandura, 1925~2021)는 1925년 캐나다의 앨버타 지방에 있는 작은 시골 마을에서 태어나 캐나다 밴쿠버 브리티시 컬럼비아 대학에서 심리학을 전공하였다. 그 후 미국 아이오와 대학에서 박사학위를 받았으며 스탠퍼드대학에서 교수로 재직하였다. 반두라는 "teaching is showing!"이라고 주장한 것으로부터 학습자는 다른 사람의 행동과 결과를 관찰하는 것을 통해 학습된다고 하였다(Bandura, 1977). 교육이 교사에 의해서 일방적으로 변화된다고 믿는 행동주의나 인지주의와는 다른 특징을 지닌다. 학교장면에서 학생들은 교사가 가르치지 않았음에도 가정이나 TV나 영화 등의 언론매체로부터 학습된 행동을 하는 것을 볼 수 있다. 여기에서는 관찰학습의 과정과 그 효과를 살펴보고자 한다.

2) 주요 개념

(1) 모델링(모방)

반두라는 사회학습에 있어서 중요한 과정은 모방(modeling)이라고 하였다. 새로운 반응들은 학습될 수 있고, 현존하는 반응의 특징들은 직접적 강화를 받지 않고도 다른 사람의 행동을 관찰하거나 반응결과를 통해 변화될 수 있다. 이것은 학습을 위하여 실질적인 행동을 반드시 수행하지 않아도 되며, 반응을 위해 즉각적인 보상이 꼭 필요하지 않다는 의미이다. 오히려 사람은 모델을 관찰함으로써 특별한 반응을 학습하여 일단 반응이 획득된 후에는 사회적 힘이 학습과정에 영향을 주기 시작한다. 반두라는 모델을 통하여 3가지 효과를 얻을 수 있다고 하였다. 첫째, 모델로부터 관찰자에게 모방적인 반응 패턴이 전달된다. 모델에 대한 새로운 반응은 점진적으로 일어나기보다는 갑작스럽게 일어난다. 둘째, 접촉하는 빈도에 따라 이전에 학습된 반응이 강화되거나 약화된다. 즉, 모델의 행동은 이전에 학습된 반응을 조절하며, 모델의 행동에 더욱 근접하게 만든다. 셋째, 모델을 관찰함으로써 이전에 획득한 반응이 더욱 촉발되는 경우이다.

또한, 반두라는 모방학습을 효과적으로 사용하기 위한 원칙을 다음과 같이 제시하였다. 첫째, 바람직한 행동은 가능한 한 여러 사람이 여러 번 시범을 보인다. 둘째, 모방의 내용은 쉽고 간단한 것에서 시작하여 점차 복잡하고 어려운 것으로 옮겨간다. 셋째, 각 단계에서 말로 설명해 주거나 지도해 주는 것이 필요하다. 넷째, 가르치는 내용에 따라서 보여주는 것이 효과적이다. 다섯째, 각 단계마다 잘하면 칭찬을 해 주어야 한다는 것이다.

(2) 상호결정론

반두라는 인간의 성격이란 개인(Person), 행동(Behavior), 환경(Environment) 요소들 간의 지속적인 상호작용에 의하여 발달한다고 보았으며, 이를 '상호결정론'이라고 하였다. 어떤 개인이 자신이 무엇을 할 수 있다는 신념은 어떤 특별한 행동을 수행하는 것에 영향을 주고, 그 행동은 환경에 영향을 준다. 환경은 다시 그 사람의 기대를 변화시키고 이 세 가지 요소는 서로에게 영향을 주며 상호의존적이다.

(3) 자기강화(self reinforcement)

자기강화란 자신의 행동을 감독하고 스스로 자부심을 지니는 것으로서, 인간의 행동은 주로 자기강화에 의하여 규제된다. 즉, 인간의 행동이란 외부로부터의 보상이나 처벌에 따라서 영향을 받기도 하지만 내적 표준의 지배를 받기도 한다. 자기강화는 개인이 자신의 성과를 어떻게 평가할 것인지 개인적 기준에 따라 좌우되며 자기평가적 반응과 관련이 있다.

(4) 자기효능감(self-efficacy)

자기효능감이란 자신이 바라는 목적을 이루기 위해 어떤 특정 행동을 성공적으로 수행할 수 있다는 신념이다. 반두라는 한 개인이 주관적으로 개인적 효능감에 대하여 어떤 개념을 가지고 있느냐가 중요하다고 보았는데, 이러한 개념을 지각된 자기효능감이라고 하였다. 이는 행동을 결정짓는 데 중요한 요소인데, 특히 자기에 대한 확신을 가지느냐 또는 자기불신이 있느냐 하는 것이 중요하다.

(5) 공격성의 사회화

사회학습 이론에서는 가족관계에서 발생하는 폭력의 학습에 대해서도 설명하고 있다. 아이의 공격성은 공격적 모델을 관찰하고 그 모델이 언제 강화를 받는지를 주시함으로써 학습된다.

(6) 학습된 무기력(learned helplessness)

셀리그만(Martin Seligman) 등이 발전시킨 학습된 무기력 이론은 인지행동의 특수한 영역에 대한 사회학습 이론의 적용이라고 할 수 있다. 사람들은 자신의 노력에도 불구하고 자신이 통제할 수 없는 사건에 직면하여 자신의 반응으로써 미래의 결과를 통제하지 못할 것이라는 예측, 즉 반응과 결과가 일치하지 않을 것이라는 기대에서 무기력이 발생하고, 사람들은 자신이 직면한 사건을 극복하는 노력이 지속적으로 성공하지 못할 때 무기력을 배운다.

(7) 관찰학습

관찰학습(observational learning)이란 사회적 환경 속에서 타인의 행동을 관찰함으로써 새로운 행동을 습득하는 것을 말한다. 반두라는 인간이 보이는 대부분의 행동은 다양한 사회환경 속에서 다른 사람들과의 행동을 관찰하고, 또 그 행동을 모방하여 수행하는 절차를 통해서 학습된다고 하였다. 모방범죄 등이 그 예라고 볼 수 있다. 영화나 TV등을 통해 살인이나 절도 등의 방법을 배운 뒤에 범죄에 사용하는 것이다.

관찰학습은 모방학습, 대리학습, 사회학습 등으로 불리기도 한다. 인간의 삶은 학습과정으로 평생 무엇인가 배우면서 살아가게 되는데, 이때 인간이 단순한 환경적 자극에 대한 반응을 통하여 행동을 익히는 것이 아니라 다른 사람의 행동을 관찰함으로써 학습한다는 주장이 곧 관찰학습이다. 관찰학습은 유용한 모델이 하는 행동을 따라 함으로써 학습이 되는 것으로 이것은 수동적인 행동의 모방만을 의미하는 것이 아니며, 학습된 행동을 모두 수행하는 것도 아니다. 여기서 말하는 관찰학습은 행동 수행의 가치를 배우고 다른 모델의 행위를 통합하여 새로운 행동을 만들어 내기도 하는 능동적이고 선택적인 행동을 의미하는 것으로, 반두라는 직접적 학습보다 오히려 관찰을 통한 대리적 학습을 더 강조하였다. 이러한 과정은 인지적 활동으로 인지는 사회학습이론에서 중요한 역할을 한다. 왜냐하면, 인지는 사람들이 다른 사람으로부터 배우게 되는 매개물이 되기 때문이며, 때로는 행동을 조정하고 통제하는 역할을 하기 때문이다.

만약 한 사람이 어떤 행위의 결과로 보상을 받은 다른 사람을 본다면, 그 관찰자는 '만약 내가 같은 행동을 한다면, 나도 같은 보상을 받을 것이다'라고 생각할 것이다. 다른 모델의 행동에 대한 보상을 관찰하는 것은 결과에 대한 직접적인 보상이 없더라도 학습할 수 있게 되는 것이며, 사실상 인간은 보상을 포함한 관찰이 아니라도 배울 수 있다(Allen, 2003). TV 프로그램 또는 책을 통하여 만날 수 있는 상징적 모델을 통한 학습이 관찰학습의 한 예라 할 수 있다. 즉, 관찰학습에는 자극이라고 하는 단순한 외적 요인 외에 인간 내적인 여러 조건이 동시에 구비되어야 한다고 본다. 관찰학습의 네 가지 단계는 다음과 같다.

① 주의집중단계(attentional process)

주의집중은 모델을 따라 하기 위해 모델의 어떤 부분을 선택하여 관심을 기울일 것인지를 결정하는 것을 말한다. 모델을 제시하는 것만으로는 사람들에게 충분한 주의를 이끌 수 없기 때문에 모방학습을 위해서는 무엇보다 먼저 모델에 주의를 기울여야 한다. 따라서 관찰자는 모델의 두드러진 특성에 주목하고, 인식할 뿐 아니라 변별해야 한다.

② 기억유지단계(retention process)

모델의 행동을 장기간 기억하는 것이다. 모델행동을 재생하려면 그것을 기억해야 하므로 모델행동의 주요 요소들을 회상할 수 있는 능력이 관찰학습의 결정요인이다. 반두라는 이 단계에서 심상체계와 언어체계라는 두 가지 주된 방식으로 이루어진다고 하였다. 심상체계란 모델을 관찰하는 동안 관찰대상에 대한 내용을 잘 기억할 수 있도록 심상을 형성하는 것을 말한다. 언어체계란 관찰한 내용을 언어로 부호화하여 저장하는 것이다.

③ 운동재생단계(reproduction process)

기억한 내용을 실제 행동으로 전환하는 것을 말한다. 주의집중을 통해 심상에 저장되어 있거나 상징적으로 부호화된 기억을 적절한 행동으로 전환시키는 단계로서 새로운 행동을 수행할 수 있는 운동능력이 전제조건이 된다. 행동유형을 분석하고 인지적으로 조직화하는 반응선택단계와 행동을 재생하는 과정에서 자기관찰과 타인의 피드백을 보고 행동을 수정하는 계속적 접근단계가 있다.

④ 동기화(motivation)

관찰한 것을 행동으로 옮기려면 동기가 있어야 한다는 것이다. 긍정적 강화가 주어지면 주의집중을 통해 저장된 기억이 행동으로 전환한다. 강화와 동기과정은 관찰학습 과정의 결과를 유지하기 위해서 필요하다. 행동을 수행할 능력을 가지더라도 동기가 없으면 행동하지 않을 가능성이 크기 때문이다. 따라서 모델을 통한 관찰학습은 긍정적인 자극이 주어질 때 동기화되고 행동으로 전환될 수가 있다. 동기화는 주로 강화에 의해 이루어지는데, 동기화를 촉진시키는 요인으로는 외적 강화, 대리적 강화, 자아강화가 있다.

3) 평가

반두라의 관찰학습이론의 긍정적 평가는 첫째, 관찰학습(모방, 모델링)의 중요성을 자각하게 했다. 이로 인해 클라이언트의 문제행동 수정을 위한 사회복지실천 개입에서 관찰과 모방을 활용하게 되었다. 모델링, 역할놀이 등의 개입기법은 실천 과정에서 매우 유용하게 활용되고 있다. 둘째, 사회적 환경이 인간에게 미치는 영향을 강조했다. 셋째, 관찰학습에서 행동에 변화를 일으키는 자기강화나 자기효능감은 행동주의 학습이론을 한층 더 높은 수준으로 끌어올렸다는 것이다. 이와 함께 관찰학습은 행동을 신속하게 학습할 수 있다는 장점을 가지고 있지만, 행동의 원인을 설명하는 데는 한계가 있으며, 인간행동의 발달에서 연령대별로 특이하게 나타나는 학습과 관련된 인지적 수준을 간과하였다는 비판도 있다.

4) 사회복지실천과 행동주의

사회복지실천에 있어 인간의 정신 내적 갈등에서 외적 행동으로 초점을 이동시켰다. 인간의 신체·심리적 발달에 있어 환경의 중요성에 대한 강조는 사회복지실천의 역할에 큰 토대를 이룬다. 클라이언트의 행동수정과 행동치료를 가능하게 하였으며, 사회복지사가 실천 현장에서 활용할 수 있는 다양한 개입방법을 제시했다. 조작적 행동주의는 고전적 행동주의적 사고를 더욱 확장하였으며, 인간의 행동은 환경과의 상호작용에서 개인적인 특성이 촉진되거나 선택되는 자연스러운 선택과정에 의해서 형성된다고 주장하였다.

스키너는 인간행동을 설명하는 데 선행 조건을 강조했던 이론과 다르게 과학적 실험을 위주로 한 행동주의에 관한 이론을 전개한 것이 큰 공헌이다. 그의 실험적인 분석을 통한 조사는 그의 이론에 관한 구체적이고 명확하게 신뢰성을 제고하였다. 더불어 치료기법의 효과성을 중시하고 발전시킨 점과 치료기법에 대한 정밀한 측정을 강조한 점이 중요하게 평가 받고 있다. 또한 비교적 짧은 시간 내에 개입의 효과를 기대할 수 있다는 점이다.

반두라는 스키너와 달리, 외부의 직접적인 환경의 자극 없이도 모델을 관찰하거나 대리강화를 통해서도 새로운 행동을 학습할 수 있다고 보았다. 이는 사회복지실천에서도 중요한 의미를 가진다. 예를 들어, 사회복지사는 아동들의 행동과 성격이 관계하는 아동과 관련 있는 모든 사람들에 의해서 언제, 어디서나 모방을 통해 형성되고 성격의 형성에 영향을 미치게 될 수 있음을 알아야 한다. 또한 특정 대상의 아동과 청소년들뿐만 아니라, 대중매체에서 보여 주는 공격성과 이미지들은 전체 아동, 청소년들에게 모방하는 기회를 제공한다. 따라서 사회복지사는 이러한 영향들을 고려할 수 있는 인식을 가짐과 동시에 사회 전체가 긍정적이고 바람직한 가치와 본보기를 형성하는 데 일조하도록 해야 한다. 이는 사회복지사가 전체 사회에 가지는 직업윤리에 따르는 책임과 같다(엄태완, 2020). 구체적으로 반두라의 관찰학습이론이 사회복지실천에 미치는 영향은 크게 3가지로 볼 수 있다. 첫째, 사회복지사가 클라이언트 및 모든 사람의 행동을 명확히 인지하고, 이 행동이 서로 어떻게 연관되는지 파악하는 것을 가능하게 하였다. 이와 함께 효과적이고 바람직한 행동을 학습할 수 있는 마중물 역할의 근거를 제시하였고 클라이언트를 원조하게 한다. 둘째, 사회학습이론은 어떤 행동이 있을 때와 없을 때, 서로 어떻게 다른지 관찰하는 사정의 중요성을 강조하였다. 셋째, 임상 모델링을 통해 클라이언트의 문제행동을 제거하는 데 유용하다는 것이 입증되었다(강세현 외, 2016).

CHAPTER 09

인지이론

인지이론은 사고의 획득과 기능에 초점을 두는 이론이다. 인지발달이론은 피아제에 의해 주창된 이론으로 인간의 인지와 사고과정에 연구의 초점을 두었다. 인간을 유전적 요인에 의해 결정되는 존재가 아니라 환경적 자극을 능동적으로 재구성할 수 있는 능력이 있으며 성장 잠재력을 지닌 존재로 보았다. 본 장에서는 피아제와 콜버그의 생애, 이론의 주요개념 그리고 사회복지 실천과 연관성에 대해 설명하고자 한다(윤경원 외, 2022; 김영미, 2023; 노수희, 2023; 장수복 외, 2024; 유미림 외, 2024).

1. 피아제의 인지발달

1) 생애

그림 9-1 피아제(Jean Piaget, 1896~1980)

피아제(Jean Piaget, 1896~1980)는 스위스의 철학자, 자연과학자이며 발달심리학자이다. 그는 그의 아이들이 노는 것을 보면서 인간의 적응에 관심을 돌렸다. 그는 훈련된 과학자의 눈으로 그들을 관찰하면서 아이들의 놀이를 환경과의 대결로 보았다. 다시 말하면 아이들은 놀이를 통해서 적응하는 것을 배우고 있다는 사실을 발견했다. 그리하여 어린이의 학습에 대한 연구인 인지발달이론과 자신의 인식론적 관점인 "발생적 인식론"으로 잘 알려져 있다.

스위스의 뇌샤텔(Neuchatel)이라는 작은 마을에서 태어나 어려서부터 자연현상에 대해 관심이 많아 새, 물고기들을 관찰하곤 하였다. 10세 때 색소결핍증에 걸린 알비노(albino) 참새에 대해 논문을 발표했으며, 21세인 1918년에 뇌샤텔 대학에서 연체동물에 관한 논문으로 동물학 박사학위를 취득하였다. 23세 때 아동심리분야에서 과학적으로 정신발달을 연구하여 지식의 근원에 대한 철학의 인식론 문제를 해결하고자 했다. 이것이 그가 주장한 발생학적 인식론(epigenetic epistemology)이다. 1920년 파리의 비네(Binet) 연구소에서 아동용 지능검사를 만드는 연구에 참여한 피아제는 아동들의 틀린 답에 일관된 유형이 있음을 발견하고 이들 사고에 공통된 특성이 있을 것으로 생각하였다. 그는 아동의 독자적인 사고방식을 알아내기 위해 표준화된 검사 대신에 보다 개방적인 임상 면담방법을 고안하였다. 아동의 사고에 관한 성인의 선입견을 배제하고 아동 자신으로부터 배우기 위해 아동의 자연적인 활동을 관찰하였다. 1940년 도식, 동화와 같은 개념을 확립했으며, 30년 동안 임상적 연구방법을 통하여 아동의 정신세계의 독특성과 사고의 질적 변화에 대한 인지발달단계 이론을 형성하였다(정옥분, 2008).

2) 주요 개념

(1) 인지 이론의 기본 가정

인지(cognition)란 인간이 외부세계를 이해하고 파악하는 지각능력이며 인식능력으로 지식, 의식, 학습, 사고 작용, 개념화, 지각, 학습 등 모든 정신적 과정을 말한다. 인식은 자신의 경험을 조직화하고 의미를 부여하는 과정으로, 말한 것을 주관적으로 해석하고 문제를 해결하며 정보를 종합하고 복잡한 과제를 분석하는 포괄적인 인지 활동을 말한다. 워너(Werner)는 생각하기에 따라 행동은 달라질 수 있다고 하여 인지를 사고라는 좁은 의미로 사용하고 있다. 최근에는 인지를 지식, 지능, 사고, 환상, 상징, 합리화, 개념화, 지각, 기억, 주의집중학습 등 인지에 속하지 않는 심리적 과정은 없다고 말할 정도로 광

범위하게 받아들인다(Flavell, 1985). 인지 이론에서는 인간의 성장과 변화 그리고 잠재력에 대하여 가능성을 보이는 비결정론적 입장이다. 개인적인 의미로 구성하는 인지과정은 타인을 지각하고 이해하는 것, 외부세계를 이해하는 것, 보상이나 처벌로써 경험하는 것, 어느 것에 주의집중하거나 간과하는 것 등이 있다. 세상이 어떠하느냐 하는 것보다는 개인이 세상을 어떻게 지각하고 이해하느냐가 더 중요하다. 개인의 인지왜곡은 사실을 그대로 보지 못하고 왜곡하여 자기방어를 하며 대인관계를 어렵게 만들고 사회생활의 적응을 어렵게 만든다.

인지 이론의 기본 가정은 다음과 같다. 첫째, 인지발달은 개인이 환경과 상호작용에서 이루어지는 적응과정이다. 둘째, 특정 연령에서 각 개인의 특정 영역의 인지적 유능성은 개인이 기능하는 맥락에 따라 차이가 있다. 셋째, 인지는 개인이 환경적인 경험에 의하여 습득되고 개인이 이러한 경험의 의미를 능동적으로 구성하여 만들어낸 결과이다. 넷째, 개인은 환경적 사건을 인지적으로 표상하고, 그에 따라 행동한다. 예를 들어, 개인이 사건의 어떤 측면에서 선택적으로 주의를 기울이며, 어떤 의미를 부여하는가에 따라 행동이 달라진다. 다섯째, 사고, 감정, 행동 그리고 그 결과는 원인적으로 관련성을 지니고 있다. 여섯째, 개인의 인지적 표상모델은 사회적 기능과 정서적 변화에 영향을 미치며 변화가 가능하다. 일곱째, 인지변화는 정서적 변화와 행동변화에 영향을 미친다(김동배 외, 2005).

(2) 인주구조

피아제의 인지발달이론을 설명하는 중요한 개념으로 도식과 동화, 조절, 평형 등을 들 수 있다. 조직화된 도식은 유기체의 생물학적 경향성이라고 볼 수 있는 동화와 조절을 통한 적응과정을 통해 인지구조의 변화를 이루고 사고체계의 발달이 이루어지게 된다. 이처럼 인지구조의 발달과 관련한 주요 개념들에 대하여 구체적으로 설명하면 다음과 같다.

① 도식(schema)

유기체가 사물이나 사건을 인지하고 대응하는 데 사용하는 지각의 틀을 의미한다. 유아들은 빨기, 보기, 잡기, 때리기 등의 일반적 잠재력을 가지고 태어나는데, 이와 같이 외부 환경에 대처하기 위한 인간의 반사적 혹은 반복적 행동과 경험이다. 예컨대, 빨기 반사를 갖고 태어난 신생아는 젖을 빪으로써 빨기 도식을 지니게 된다. 유아는 배가 고프지 않아도 손에 잡히는 것은 빨 수 있는 것은 모두 빠는데 이것은 빨기 도식을 가졌기 때문이다. 점차 빨기 외에 보기, 잡기, 때리기 등의 도식을 가지므로 유아의 행동은 다양해진다. 인간은 일단 어떤 도식을 갖게 되면 그것을 능동적으로 사용하려는 욕구를 가진다. 이렇게 도식은 동화를 거쳐 새로운 도식에 대한 조절을 하고 다시 그 새로운 도식에 외부세계를 동화하는 순환적 과정을 거쳐 점차 분화·통합된다. 도식의 사용은 아동이 성장함에 따라 감각운동 차원을 넘어 개념적 차원까지 확대되어 간다. 연령이 증가함에 따라, 그리고 많은 경험을 통해 인지구조가 발달하게 되는데, 이것이 도식의 질적 변화를 의미한다. 즉, 인간이 발달한다는 것은 자기 자신과 그 주위에 있는 환경 속에서 도식이 변화하는 것이다.

② 동화와 적응

피아제는 유기체의 생물학적 특성인 적응의 개념을 인간에게도 동일하게 적용하여 모든 유기체가 그러하듯, 인간도 자신에게 주어진 환경에 적응하려고 한다고 말한다. 그런데 이와 같이 모든 유기체들이 환경에 적응하는 과정 속에 '동화(assimilation)'와 '조절(accommodation)'을 경험하게 되며, 이러한 경험은 인지구조의 발달을 가져오게 되는 것이다. 여기에서 동화란 외부로부터 인지구조를 변형시키는 것을 의미하며, 마치 무엇을 먹거나 소화시킬 때처럼 흡수하는 것으로서 어떠한 대상이나 정보를 자신의 인지구조에 수용하는 것을 말한다. 또한 조절은 외부의 요구에 응하여 자신의 인지구조를 변형시키는 것을 의미한다.

③ 평형(equilibrium)

동화와 조절의 상호작용을 통한 조화를 통해서 유기체가 자신과 환경 간의 균형 상태를 이루는 것을 의미한다. 이와 같이 평형은 사고의 균형을 의미하며, 유기체는 그의 환경과의 상호작용을 통해서 균형을 추구하면서 발전해 나간다. 여기에서 균형은 정지된 상태가 아니라 계속적으로 움직이는 동적인 상태이다.

피아제는 인간의 인지발달이 동화와 조절이라는 적응과정을 통하여 내면적인 평형이 이루어지면서 가능하다는 것이다. 이러한 평형은 새로운 사태에 접할 때 균형이 깨지게 되며, 따라서 평형상태를 다시 회복하기 위해 적응과정이 되풀이됨으로써 보다 높은 수준의 인지발달이 이루어지게 된다고 하였다. 한편 동화와 조절이 이루어지는 과정은 모든 연령과 인지발달단계에서 동일하며, 평형은 모든 연령단계에서의 인지발달을 설명해 줄 수 있는 보편적인 원리가 된다.

④ 조직화(organization)

두 가지 이상의 서로 분리된 체제나 구조를 좀 더 고차원적인 체제나 구조로 새롭게 통합시키고 체계화하는 과정을 말한다. 예를 들면, 영아는 처음에는 어떤 물체를 쳐다보거나 잡을 수 있는 분리된 행동만을 하다가 시간이 조금 지나면 두 개의 행동을 통합하여 쳐다보면서 잡을 수 있는 보다 고차원적인 행동구조를 지니게 되는데, 이와 같은 과정이 조직화라고 할 수 있다.

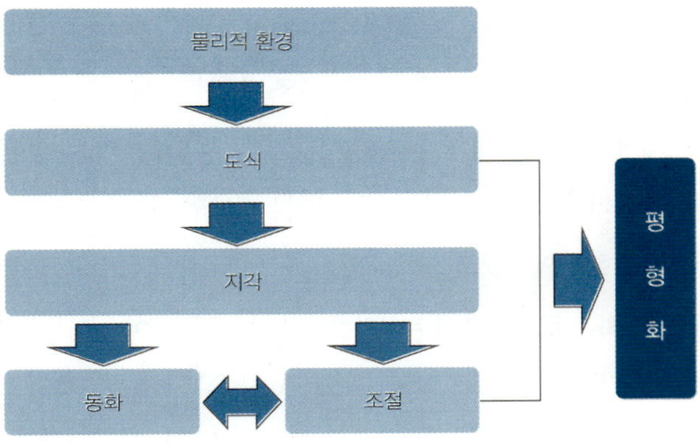

그림 9-2 피아제의 인지과정

(3) 지식의 습득과정

동화와 조절과정은 유기체의 생물학적인 과정을 말하는데, 아동의 인지과정을 인용하여 설명하였다. 피아제의 이론에 의하면, 아동의 사고는 동화와 조절이라는 두 과정을 통해 발달해나간다. 동화란 새로운 정보가 들어왔을 때, 기존에 있던 도식에 잘 받아들여 새로운 정보를 잘 융합시키는 것을 말한다. 그러나 새로 들어오는 정보가 반드시 현존해 있는 도식에 잘 이해할 수 없을 때 아동은 자신이 가지고 있는 현재의 도식을 수정해서 새로운 정보로 만들어가는 데 이것을 조절이라고 한다. 이러한 과정은 인지적 이해의 틀을 변화시키므로 발달해간다. 동화와 조절은 상보적인 형태로 동시에 일어나게 된다. 즉, "어떻게 할 것인가?"라는 문제에 직면했을 때, 이미 알고 있는 지식을 적용시키는 동화의 과정과 무엇인가 새로운 방법을 습득하는 조절의 과정이 우리의 사고과정에서 동시에 일어난다. 동화가 조절보다 훨씬 더 많이 일어난다면 사고는 자기중심성 내지 자폐적인 방향으로 발전할 수 있다. 가장 좋은 예가 아이들의 상징놀이이다. 반대로 조절이 동화보다 더 우세하면 행동은 모델이 되는 사물이나 행동을 그대로 따라하며 대표적인 것이 모방행동이다. 발달단계의 향상이나 인지발달 수준이 높아진다는 것은 모방이 점차적으로 지연반응으로 변하여 모방행동이 내면화·상징화되는 것을 의미한다(김현택 외, 2003).

피아제 이론에서 강조하는 것은 "아동이 주체적인 조작(operation) 활동을 통하여 자신의 인지구조(cognitive structure)를 형성"하는 것이다. 아동의 지능이 발달한다는 것은 내적 심리구조, 즉 인지구조가 복잡해지는 것이다. 이 구조는 아동이 발달단계에서 복잡해지는 방향으로 구성되며 재구성된다. 구조 내부에 새로운 것이 생겨나며 구조가 이루어지는 상황이 변화하는 과정을 통하여 점차 정교해진다(김현택 외, 2003). 이 구조는 아동이 초기에는 감각-운동적인 협응 행동이 일차적으로 나타나는 것은 감각-운동이 우리의 사고를 특징짓는 결정적인 구조라고 보았다. 피아제의 통찰은 구조를 지능의 생성·발전에 의한 것으로 보았고, 인간이 자신의 발달을 만들어내는 것이라고 보았다. 인지발갈에 관한 피아제의 사고는 유기체와 환경과의 끊임없는 상호작용에 의한 인지발달로 후기 구성주의(constructivism) 이론에도 수용되었다.

(4) 인지발달이론

피아제는 아동의 인지적 발달은 인지구조의 질적인 변화과정으로 이는 기존의 인지구조를 바탕으로 새로운 인지구조가 결합되어 일어나며, 감각운동기, 전조작기, 구체적 조작기, 형식적 조작기라는 단계를 거친다고 보았다(민영순, 2004).

① 감각운동기(sensory-motor stage: 0~2세)

아기가 태어날 때 생물학적으로 부여된 몇 개의 단순한 반사기능은 감각운동기 동안에 물건을 잡고 빠는 등 여러 형태의 신체적 활동에 의해 다양한 감각운동적 도식으로 변화하며, 마침내는 의도적이며 체계적인 인지적 행동으로 발달해나간다. 발달의 처음 단계에서 아동은 시각, 청각 등의 조절감각과 운동능력에 초점을 둔다. 그들의 사고는 자신의 신체적 행동에 주변의 세계가 어떻게 반응하는가에 제한되어 있다. 감각운동기의 아동들은 기억 속에 사물에 대한 어떤 표상도 가지고 있지 않으며 모방력을 발전시키게 되는데, 감각운동기 동안 아동은 표상형성의 기초가 되는 대상개념을 발달시켜 간다. 즉, 이 단계의 인지발달은 감각과 신체적 운동으로부터 얻어진 정보에 기초한다 반사적 행위로부터 점차 목표지향적으로 발달하는 대상연속성이 획득된다 시야에서 사라져도 존재한다는 인식이 생기는 것이다.

② 전조작기(preoperational stage: 2~7세)

이 시기는 아동의 정신적 표상에 의한 사고가 가능하나, 아직 개념적 조작능력이 충분히 발달되지 못한 발달의 불완전한 단계이다. 아동들은 이 단계에서 감각운동이 더욱 정교하게 발달된다. 그러나 트럭, 아파트, 나무 등과 같이 물질로 존재하거나 현재 상황과 연결된 개념들은 비교적 쉽게 습득하지만, 추상적인 개념의 습득은 여전히 한정되어 있다. 눈에 보이는 지각적 속성에 의해서만 판단하는 직관적 사고 때문에 지각된 것 이상의 정신적 표상을 발달시키지 못하므로 아직 아동의 사고체계는 비체계적이고 비논리적이다(정옥분, 2008). 전조작기의 특성으로 자기중심성(egocentrism), 중심화(centration), 비전이(nontransformation), 추론(reasoning) 등을 들 수 있다.

③ 구체적 조작기(concrete operational stage: 7~11세)

구체적 조작기에는 어느 정도 논리적 추리를 할 수 있을 만큼 발달한다. 피아제는 구체적 조작기 아동의 조작 행동 속에 나타나는 논리적 사고의 가장 큰 특징으로 가역성의 개념을 들고 있다. 가역성(reversibility)이란 일단 변형된 형태가 그 반대 절차에 따라 다시 현재 상태로 되돌아갈 수 있음을 말한다. 이 시기의 대표적인 세 가지 조작형태가 보존개념, 분류조작, 서열조작이다.

④ 형식적 조작기(formal operational period: 11세 이후)

가장 발달된 인지적 조작을 할 수 있는 단계로써 구체적이고 현실적인 것뿐만 아니라 가설적인 것, 확률, 가능성 등에 관해 생각하는 능력을 발달시키며 고차적인 추상과 사고능력이 발달된다. 이들은 언어를 사용하여 논리적 사고를 표현하며, 추상적 개념을 사용하여 가설의 설정과 검증을 통한 결론 수준에까지 도달할 수 있다.

3) 사회복지실천과 연관성

인지발달이론은 아동의 인지발달과정을 이해할 수 있는 이론적 틀을 제공하였다. 이와 함께 아동의 사고가 어른들의 사고보다 부족한 것이 아니라 아동의 사고방식이 어른과 다르다는 것을 밝혔다. 과학적, 수학적 능력의 발달에 대한 이해도 증가하였으며, 인지발달, 정서발달, 사회적 발달은 분리될 수 없고 병행하여 발달한다는 것을 주장했다(신기원 외, 2016).

피아제는 일상생활에서 실제로 아동의 행동을 세심하게 관찰하고 이에 근거하여 이론이 탄생되었기 때문에 사회복지실천 현장에서 아동의 인지발달을 위한 여러 가지 실천 프로그램의 개발에도 적용이 용이하다. 또한 인지발달을 설명하는 그의 이론은 일반 아동의 인지발달에 대한 이해뿐만 아니라, 인지발달이 지연되거나 학습장애 등을 가진 아동에 대한 개입에서도 중요하다(표갑수 외, 2021).

결론적으로 피아제의 이론은 가치지향적인 측면에서 사회복지실천 분야보다는 교육학적 측면에서 더 이론적 토대를 이루고 있다. 그러나 아동 클라이언트 개개인을 사정하여 서비스를 제공하고 기능을 촉진, 회복, 유지하며 향상시키고자 하는 사회복지실천의 궁극적 목적을 위해 활용할 수 있다. 이러한 점을 살펴보면 첫째, 개인과 환경의 상호작용을 강조하고 있다. 인지이론은 개인이 환경 속의 다른 사람들과의 행동이나 사건, 상황에 어떠한 의미를 부여하는지에 대한 이론의 틀을 제시했다. 또한 인간의 환경에 대한 도식인 동화와 적응은 인간과 환경의 상호적 관계를 설명하는 것으로, 사회복지실천에서 시사하는 바가 크다. 둘째, 인지이론에서 인지는 현실을 해석하여 정서와 행동에 영향을 주는 매개요인으로 작용한다. 즉, 인지이론은 클라이언트가 지각한 현실이 중요하다는 근거를 제공하는 것으로, 사회복지사들은 클라이언트가 보는 관점으로 문제를 이해하고 개입하여야 한다는 것이다.

피아제 인지발달이론은 아동은 가르치는 대로만 학습하는 것이 아니라 스스로의 방법으로 배우고 터득한다고 주장한다. 피아제는 인간이 유아기에서 성인기로 성장하는 과정에서 다양한 단계를 거치면서 생각하고 배우는 능력을 갖춘다고 하였다. 아동의 사고방식이 어른들과 다르다는 새로운 관점을 바탕으로 이론의 신기원을 이룩했다. 이러한 이론은 아동들의 세심한 관찰로 이루어졌으며, 인지발달에 대해 체계적, 포괄적으로 접근하였다. 이러한 학문적인 공헌에도 불구하고 한계점은 아래와 같다(고명석 외, 2018).

먼저, 인지발달 과정을 자발적인 과정으로 성인의 가르침이 없이도 아동 스스로가 인지구조를 발달시키는 것이 가능하다고 주장하였다. 그러나 많은 연구자들이 학습과 훈련의 효과를 무시한 것에 대한 강한 비판을 하고 있다.

둘째, 성별의 차이와 개인차에 대해서는 언급하지 않았다. 또한 청소년기를 지나 성인기에도 인지발달이 지속하나 성인기 이후의 인지발달에 대해서는 논의하지 않았다. 셋째, 피아제는 아동을 직접적인 관찰로 통해 수집한 자료이므로 도식, 적응, 평형 등 발달과정이 과학적으로 증명되기 어렵다. 또한 어떻게 다음 단계로 넘어가는지 명확한 설명을 하지 못한다. 넷째, 개인의 경험과 문화적 차이를 고려하지 못한다는 비판과 함께 아동의 지적발달, 사회성 발달, 정서발달은 거의 다루지 않았다.

2. 콜버그의 도덕성 발달

1) 생애

그림 9-3 콜버그(Lawrence Kohlberg, 1927~1987)

콜버그(Lawrence Kohlberg, 1927~1987)는 1927년 뉴욕에서 태어났다. 명문 사립고를 졸업한 이후 대학을 진학하지 않고 홀로코스트에 영향을 받아 이스라엘 난민들을 유럽에서 이스라엘로 실어나르는 수송비행기 부조종사가 되어 그들을 돕는 일을 하였다. 영국군에 체포되어 2년 동안 감금생활을 하게 되었고, 도덕적 행동주의자였던 자신에게 유대인의 종교적이고 이기주의적인 것이 목적이 수단을 정당화시킨다는 것을 깨닫는다. 이것이 그의 도덕성 발달이론의 기초가 되었다. 1947년 시카고 대학에 입학하여 박사과정까지 빠른 시간에 도달했으며 피아제의 학문적 영향을 받아 도덕성 발달이론을 펼치게 되었다. 콜버그는 1956년부터 10~16세 사이의 아동과 청소년 75명을 대상으로 도덕성 발달을 연구하였다. 콜버그는 1976년에 피험자들에게 "하인즈의 딜레마"라는 가상적인 도덕적 갈등상황을 제시하고서 왜 그렇게 판단하였는지에 대한 이유를 통해 어떤 반응을 나타내는가에 따라 6단계로 도덕성 발달수준을 구분하였다. 각각의 도덕성 발달단계에서는 각기 다른 인지능력이 필요하다고 주장하였다. 전인습적 수준의 인지발달은 자기중심적이다. 인습적 수준에 도달하기 위해서는 다른 사람의 입장을 이해할 수 있어야 한다. 후인습적 수준에서는 형식적 사고가 필요하다. 따라서 구체적 조작기에 있는 사람은 후인습적 단계에 도달할 수 없다. 그러나 성인이라고 해서 모두 6단계까지 도달하는 것이 아니고, 소수의 사람만이 6단계에 이를 수 있다고 주장하여 많은 비판을 받고 있다. 대부분의 성인은 남자의 경우에 4단계, 여자의 경우에 3단계까지 발달한다고 보았다(정옥분, 2008). 도덕적 발달에 기초하여 도덕성 발달과 영향요인으로는 부모의 영향, 또래의 영향, 대중매체의 영향이라 할 수 있다.

2) 주요 개념

(1) 이론의 특성

콜버그는 피아제의 도덕성 판단연구에 관심을 갖고 종단연구와 비교문화연구로 도덕성발달 이론을 더 세분화하고 체계화하였다. 연구 방법론을 달리하여 '하인즈의 딜레마(Heinz dilemma)' 같은 가상적인 도덕적 딜레마(moral dilemmas)를 아동들에게 제시하고, 연령별로 개인이 그러한 상황에 처했을 때에 어떻게 행동할 것인지 그리고 왜 그러한 판단을 하게 되었는지에 관한 아동의 도덕적·추론적 사고에 중점을 두었다. 그는 도덕적 딜레마를 해결하는 데에 옳고 그른 내용보다는 사고의 틀이나 추리양상에 따라 도덕성발달단계가 결정될 수 있다고 보았다. 아동의 도덕성(morality)발달은 인지발달 수준에 따라 그 단계가 결정되기 때문이다(이근홍, 2006). 예를 들어, 10~11세 전후 아동은 결과에 따라 도덕적 판단(moral judgements)을 내리는 데 반해, 나이든 아동은 행동의 동기를 근거로 잘못을 판단한다. 엄마를 도우려다 접시 다섯 개를 깨뜨린 사람과 과자를 훔치려다 컵을 한 개 깬 아이의 이야기를 통해 누가 더 잘못한 아이인가 질문하였을 때에 어린아이들은 첫 번째 아이라고 말하지만, 나이가 든 아이들은 두 번째 아이라고 말한다. 도덕성발달도 인지발달처럼 낮은 수준에서부터 순차적으로 다음 발달단계로 이어질 수 있다고 보았다. 지적발달은 16세까지 계속 발달하며 도덕적사고(moral reasoning)도 청소년기를 거쳐 계속 발달한다고 보았다.

(2) 도덕성발달단계

콜버그는 아동과 청소년을 대상으로 연구하여 도덕성발달단계를 6단계로 나누어 제시하였다. 전반의 3단계까지는 피아제와 유사한 점이 많다(송길연 외 역, 2005; 엄신자, 2007). 콜버그는 일련의 도덕적 갈등 상황에 대한 개인의 판단과 추론 내용을 근거로 도덕성 발달을 세 가지 수준의 6단계로 제시하였다.

① 제1단계: 타율적 도덕성/복종과 처벌 지향

벌과 복종 때문에 행위의 옳고 그름을 결정하는 도덕성 단계이다. 행위의 의도와 상관없이 행위의 물리적·신체적 결과가 옳고 그름을 판단하는 기준이 된다. 따라서 처벌을 많이 받을수록 나쁜 행동이라고 여기며 피하려고 권위자가 제시한 규칙을 따른다. 1단계의 아동은 고정불변의 규칙은 강한 권위자 정한 것으로 생각하며, 이들이 만든 규칙과 질서를 절대적인 것으로 여긴다.

② 제2단계: 개인적, 도구적 도덕성

1단계의 아동은 강력한 권위자에 의한 절대적 규율이 있다고 생각하지만,

2단계의 아동은 어떤 문제든 한 가지 이상의 측면이 있음을 알게 되면서 상대성을 알기 시작한다. 모든 것이 상대적이기 때문에 궁극적으로 각자의 욕구와 쾌락(상대적 쾌락주의)으로 도덕성이 결정된다. 따라서 어떤 행위의 옳고 그름을 판단하는 기준은 그 행위가 나에게 이익이 되는가에 있다. 어떤 행동이 자신에게 유익하고 자신의 욕구(필요)를 충족시켜주고 자신에게 즐거우면 옳은 행동이라고 생각한다.

③ 제3단계: 개인 상호 간의 규준적 도덕성

3단계의 아동은 착한 사람이 행동하는 것을 관찰하며, 행위자가 어떤 동기와 마음을 가졌는지를 본다. 사회의 요구와 기대를 따르고 부응함으로써 칭찬받는 착한 아이가 되기를 추구한다. 도덕적 행동의 판단기준은 타인과의 관계에서 오는 평가이다. 어떤 행동을 통해 다른 사람들에게 인정받고 그들과 더욱 조화롭고 나은 관계가 된다면 그 행동을 옳다고 판단한다. 타인을 향한 존중과 배려를 가지며, '남들이 나에게 대해주었으면 하는 대로 나도 남들을 대해야 한다'라는 황금 법칙(golden rule)을 적용할 수 있다.

④ 제4단계: 사회체계 도덕성

의무를 수행하고 권위를 존중하는 행동, 사회질서를 지키는 행동을 중요하게 생각한다. 4단계의 아동들은 사회질서가 유지되도록 법에 복종하는 데 초점을 둔다. 권위, 고정된 규칙, 사회적 질서를 지향한다. 개인적인 문제보다 전체를 위한 의무감을 더욱 중요하게 여기는 시기이며, 주어진 사회질서를 유지하려는 행동을 나타내는 시기이다. 사회, 집단, 제도에 공헌하는 것 역시 선(善)이라고 생각한다.

⑤ 제5단계: 인권과 사회복지 도덕성

4단계에서는 상당히 엄격한 '법과 질서'의 태도를 보였지만 5단계에서는 법을 보다 유동적인 것으로 파악한다. 법은 절대적인 것이 아니라 다양한 사회

구성원들 사이에 합의된 계약이라고 생각한다. 따라서 법이 사람들의 필요를 충족시키지 못하면 상호 동의와 민 주적 절차를 통해 언제든지 변경 가능하다고 본다. 5단계에서는 자유, 정의실현, 행복 추구 등 인간의 가치가 법보다 우선한다는 것을 모호하게 이해한다.

⑥ 제6단계: 보편적 원리, 일반윤리

단계에서는 법을 초월하는 어떤 추상적이고 보편적인 원리에 대한 보다 명확한 인식이 이루어지며 사회 규범과 법을 따라 살기보다는 자신의 윤리적 원칙과 신념에 따라 살아가며 정의를 구현하고자 한다. 사회질서의 중요성을 인식하지만, 질서정연한 사회라고 해서 더 중요한 원리들이 모두 실현되는 것은 아니라는 것을 깨닫는다. 6단계 수준의 도덕적 사고에 도달하는 사람은 매우 드물다.

〈하인즈의 딜레마〉

하인즈의 아내가 특수한 종류의 암을 앓아 거의 죽어가고 있었다. 그녀의 병을 치료하는 데는 오직 한 가지 약밖에 없는 것으로 알려져 있었다. 이 약은 같은 마을에 사는 어느 약사가 최근에 발명한 라듐(radium) 종류의 약이었다. 그 약을 만드는 데는 원가가 상당히 비싼데다가, 그 약사는 약값을 원가의 10배나 요구하였다. 라듐을 200달러에 구입해 가지고 그 조그만 약을 2,000달러에 팔려고 한 것이다. 병든 부인의 남편인 하인즈는 돈을 구하기 위해 아는 사람들 모두 찾아다녔으나 그 약값의 절반밖에 안 되는 1,000달러밖에 마련하지 못했다. 할 수 없이 하인즈는 그 약사에게 가서 자기 부인이 죽어가고 있다고 설명하고 그 약을 1,000달러를 받고 싸게 팔거나, 아니면 외상으로라도 자기에게 팔아주면 다음에 그 돈을 갚겠다고 간청했다. 그러나, 그 약사는 "안 됩니다. 그 약은 내가 발명한 약인데, 나는 그 약으로 돈을 벌어야 합니다."라고 대답했다. 절망에 빠진 하인즈는 결국 약방을 부수고 들어가서 자기 부인을 위하여 그 약을 훔쳤다.

3) 사회복지실천과 연관성

콜버그의 도덕성 발달이론은 도덕성 발달을 단계적으로 설명하여 도덕성 발달의 이해를 높였으며, 도덕성 발달에 영향을 미치는 요인을 설명하여 도덕성 발달을 촉진하는 방법을 제시했다. 또한, 도덕성 발달을 연구하는 데 널리 사용되어 도덕성 발달에 대한 연구에 기여했다. 하지만, 4가지의 비판도 있다. 첫째, 도덕적 사고를 지나치게 강조하고 도덕적 행동이나 도덕적 감정은 무시했으며, 모든 문화권에 보편적으로 적용하기에 한계가 있다. 둘째, 남성의 대다수는 4단계의 도덕성을 보이고, 여성의 대다수는 3단계의 도덕성을 보인다는 성차별적 주장을 해서 비난을 받기도 했다. 상당수의 사람은 상황에 따라 여러 단계의 도덕성을 왔다 갔다 할 수도 있어 비판도 받았다. 셋째, 이 이론은 다양한 문화권에서 성장한 사람들을 대상으로 연구하였지만 집단주의를 중요시하는 동양사회와 개인주의를 선호하는 서양사회의 문화적 차이점을 고려하여야 하며, 보편적으로 적용하기 어렵다는 견해가 있다. 넷째, 실제 여성은 남성과 다른 도덕관점을 갖는다는 점을 주장하였다. 남성은 법을 통한 정의의 도덕성의 경우가 높고 여성은 배려에 더 초점을 두는 타인 배려의 도덕성을 갖는다고 주장했다.

CHAPTER

10

인본주의이론

인본주의이론은 정신분석이론과 행동주의이론에 이어 등장한 이론으로서 '제3세력의 심리학'이라고도 불린다. 인본주의이론은 정신분석이론처럼 인간을 비합리적으로 보거나 행동주의적 관점에서와 같이 자극에 대해 단순히 반응하는 유기체로 보지 않고, 스스로 결정하며 경험하고 자신의 행동을 자유롭게 선택하는 의지를 지녀서 자신의 잠재능력을 실현해 나갈 수 있는 존재로 보았다. 본 장에서는 매슬로와 로저스의 생애, 이론의 주요개념 그리고 사회복지실천과 연관성에 대해 설명하고자 한다(윤경원 외, 2022; 김영미, 2023; 노수희, 2023; 장수복 외, 2024; 유미림 외, 2024).

1. 매슬로의 욕구위계이론

1) 생애

그림 10-1 매슬로(Abraham H. Maslow, 1908~1970)

매슬로(Abraham H. Maslow, 1908~1970)는 러시아에서 이주한 유대인이다. 그는 가난한 유대인 가정에서 7남매 중 장남으로 미국 뉴욕에서 태어났다. 매슬로의 부모는 열심히 일해서 빈민가를 벗어나 중류층에 합세하였다. 매슬로는 어린 시절에 이웃의 유대인에 대한 편견 및 자신의 신체적 외모에 대한 달갑지 않은 눈초리를 받으며 고립감과 외로움을 느끼면서 성장하였다. 그는 뉴욕시립대학에 입학하였지만 흥미를 못 느끼고 일 년 만에 학교를 그만두었다. 그는 코넬대학에 들어갔지만 심리학을 공부하기 위해 위스콘신 대학으로 옮겼으며, 20세에 베르타(Bertha)와 결혼하였다. 그에게 결혼이 소속감과 방향감을 제공하는 전환점이 되었다.

그는 처음에 왓슨의 행동주의 심리학에 매력을 느꼈고, 1930년대 후반과 1940년대 초반에 호나이, 프롬, 아들러 등을 만나 지적 교류의 기회를 가졌으며, 심리학자 베르타이머(Max Wertheimer)와 인류학자 베네딕트(Ruth Benedict)와 교류하였다. 그는 제2차 세계대전과 첫 아이 출생 등을 통해 행동주의 관점에서 인본주의 관점으로 탈바꿈하게 된다. 그는 아이의 출생을 "청천벽력"으로 묘사하였고 "나는 신비감과 통제할 수 없는 기분에 휩싸였다. 이러한 경험 이전에 나는 별 볼 일 없고 정신적 및 신체적으로 약하다고 느꼈다. 나는 아이를 가져본 사람은 누구나 행동주의자가 될 수 없을 것이라고 생각한다"고 했다. 그 후 그는 인간의 가장 높은 이상과 잠재력을 다룰 심리학의 발달에 헌신할 것을 결심하였다. 그는 인간이 증오, 편견, 전쟁 행위보다 숭고한 행동을 표출할 수 있다는 것을 입증하고 인간 성격을 향상시키고자 하였다. 그는 1967년에 미국 심리학회 회장으로 선출되었고 심리학과 일반 대중에 지대한 영향을 끼쳤다.

인본주의 심리학에서는 인지적이며 정의적인 전반적인 측면에서 보이는 인간의 다양한 특성들이 동기유발에 어떤 영향을 미치는지에 관심을 갖는다. 따라서 인간의 개인적인 지각이나 내적 동기 그리고 자아실현에의 욕구 등에 초점을 둔다. 그리고 이러한 인본주의적 견해에서 볼 때, 사람들은 그들이 가지고 태어난 재능을 실현시키고자 하는 본능적인 경향이 있으므로 이를 발전시키고 고양시키기 위하여 동기가 유발된다는 것이다. 또한 인본주의적 관점에서는 동기를 인간의 성장과 발달에 있어서 원인이 되는 내적·적극적 힘으로 설명한다. 즉 동기유발은 내부에서 주어지는 것이 아니라 인간에게 이미 존재하고 있는, 성장하고 발달하며 새로운 경험을 통합하려는 긍정적 경향성을 북돋우는 일이다. 그리고 모든 사람은 항상 동기유발되어 있으며, 다만 그들이 하고 싶지 않은 일에는 동기유발이 안 될 수도 있다. 인간의 행동은 일반적으로 그 시발점에 있어서 그 개인의 가장 강한 욕구(needs)에 의해서 결정된다고 한다. 매슬로는 행동의 동인과 이들을 만족시키는 유인에 대한 기본적인 기제를 다음과 같이 위계적으로 설명하고 있다.

2) 주요 개념

(1) 욕구

매슬로는 1971년 그의 저서 『인간본성의 더 넓은 범위(The Farther Reaches of Human Nature)』에서 욕구를 두 가지 형태로 나누어 다른 이론의 욕구개념과 구별하고 있다. 제1형태는 기본적 욕구(basic needs) 또는 결핍성의 욕구(deficiency needs)이며, 제2형태는 성장욕구(meta needs) 또는 자기실현욕구(self-actualization needs)이다.

먼저, 기본적 욕구는 음식, 물, 신체의 안전, 애정, 존경, 쾌적한 온도 등이다. 기본적 욕구는 객관적, 주관적 특징을 가진다. 이러한 욕구가 결핍되면 병이 생기지만 충족되어 있으면 병이 예방되고 생긴 병도 회복된다. 더불어 자유롭게 선택할 수 있는 상황의 경우 충족이 결핍된 사람은 우선적으로 결핍된 것부터 충족하려고 한다. 그러나 건전한 사람에게는 결핍성의 욕구가 기능적으로 존재하지 않는다. 그리고 인간은 의식적 또는 무의식적 바람이 있고 이 바람이 부족하면 결핍감으로 느껴지게 된다. 이러한 기본적 욕구가 결핍되면 신경증이 생긴다고 보았다. 대부분의 신경증은 친밀한 애정관계, 안전, 소속, 존경과 체면에 대한 욕구가 충족되지 못한 것과 관련이 있기 때문이다.

두 번째, 자기실현욕구는 잠재능력, 기능, 재능을 발휘하려는 욕구이다. 매슬로는 결핍성의 욕구를 저변으로 하여 자기실현욕구를 정점으로 하는 체계를 설경했다. 그는 성장욕구도 역시 결핍성의 욕구와 같이 선천적인 것으로 보았지만 성장욕구가 결핍욕구보다는 강도가 약하다. 그러나 심리적 건강을 유지하고 완전한 성장을 이루려면 성장욕구를 만족시켜야 한다. 그는 성장욕구에 의해 동기화된 사람들이 선, 조화, 법, 질서, 정의 등을 완전하게 추구한다고 보았다(Maslow, 2018).

(2) 인간 동기의 종류

매슬로는 인간의 좌절을 극복하는 것보다는 균형을 회복하고 성장에 오히려 더 관심을 가졌다. 인간이 원하는 행복, 만족, 성장을 위해 활동하는 동기를 가지고 있다. 이러한 동기를 결핍동기(deficiency motivation)와 성장동기(growth motivation)로 구분하였다.

먼저, 결핍동기는 생명과 삶을 유지하기 위해 꼭 필요한 동기이다. 또한 인간은 결핍상태가 발생하면 결핍상태를 극복하기 위해 목표지향적 활동을 하게 된다. 이 결핍동기는 제1형태는 기본적 욕구를 포함한다. 결국 결핍이 동기로 작용을 하고 기본적인 욕구가 결핍동기로 더 강하게 작용할 수 있다.

두 번째, 성장동기는 기본적 욕구 이상의 높은 수준의 욕구인 성장욕구를 충족하고자 한다. 더불어 인간의 살아가는 기쁨과 열정을 증진시키고 새로운 경험을 다양하게 하려는 데 목표를 둔다. 또한 삶을 창조하려고 하며, 욕구단계설에서 하위 4가지 욕구가 어느 정도 충족이 되어야 작동하는 동기이다. 오직 자아실현욕구에서만 작동하고 작동하지 못하면 완전한 성장이 어렵다고 보았다.

성장욕구가 좌절되면 불신, 우울, 무관심, 절망 등의 심리상태로 직접, 즉각적으로는 나타나지 않지만 인간의 성장과 발달에 저해하는 요인이 되며 또한 잠재력을 충분히 발휘하지 못하게 된다(이인정 외, 2020).

(3) 자기실현인의 특징

매슬로는 자기실현에 대한 정의를 내린 후 그 정의에 맞는 사람들의 공통적 특성을 발견하고자 하였다. 이에 그는 평범한 사람들에 비해 그들을 움직이는 어떤 힘이 질적으로나 양적으로 다른 사람이 자기실현을 하는 사실을 인식하였다. 자기실현자는 존재가치에 의해 동기화되고 성장동기로서 존재가치가 경험을 확장하고 삶을 풍부하게 한다. 또한 자아실현자는 신경증 같은 병리 현상이 없고 연령적으로도 중년 이상이라고 보았다. 즉, 중년기 이전에는 자아실현을 이루기가 어렵다. 성인기에는 에너지가 성욕, 결혼과 부모역할, 고육, 직업경력 등으로 여러 방향으로 분산이 되기 때문이다. 그러나 중년기에는 이러한 욕구가 대부분 충족되고, 이제 자아성숙을 향한 노력에 에너지의 초점을 두어야 한다(정옥분, 2015).

매슬로가 주장하는 자아실현을 이룬 성숙한 사람들의 특징은 낙관적이지만 극소수 위인들에 불과하며, 인간이 승화된 모습이다. 우리 모두가 위인이 될 수 없듯이, 이러한 모습은 현실적으로 실현하기 매우 어려운 일이다. 그러나 한 번쯤은 깊이 '인생을 어떻게 살아갈 것인가?'를 진지하게 생각하는 사람이라면 생각해 볼 가치가 있는 기준이다. 자아실현인의 특성은 다음과 같다(장수복 외, 2020).

① 효율적인 현실 지각과 현실 중심적이다(reality-centered). 거짓, 부정직함, 가짜, 사기, 허위를 진실로부터 구별하는 능력이 있고 물체를 객관적으로 지각하고 있는 그대로 본다.

② 문제해결능력이 강하다(problem-centered). 어려움에 괴로워하거나 도망가려고 하지 않는다. 어려움과 역경을 문제해결을 위한 기회로 삼는다.

③ 수단과 목적, 선과 악을 분명하게 구분한다. 목적으로 수단을 정당화하지 않는다. 또한 옳고 그름, 선과 악을 구분하고 어느 상황에서나 뚜렷한 도덕적, 윤리적 기준을 가지고 있다.

④ 사생활을 즐긴다(need for privacy). 남들과 함께 하는 시간보다는 고독함을 종종 더 편안하게 느낀다. 타인에게 의존하지 않고 독립적이고 분리되어 있다.

⑤ 환경과 문화에 영향을 받지 않는다(independent of culture and environment). 자율적이며, 자부심이 강하고 주위 환경에 의해 쉽게 바뀌지 않는다. 자신

의 경험과 판단에 더 의존한다.

⑥ 사회적인 압력에 굴하지 않는다(resisted enculturation). 항상 사회에 순응하며 살진 않는다. 겉으로는 평범해 보이지만 속으로는 반사회적이거나 부적응자의 심리를 갖고 있기도 하다.

⑦ 민주적인 가치를 존중한다(democratic values). 인종, 문화, 개인의 다양성에 열린 자세를 취하며 우호적이다.

⑧ 인간적이다(humane). 사회적 관심, 동정심, 인간미를 지니고 있다.

⑨ 심오한 인간관계를 한다(intimate personal relations). 수많은 사람들과 피상적인 관계를 맺는 것보다는 가족이나 소수의 친구들과 깊은 대인관계를 유지하고 형성한다.

⑩ 공격적이지 않은 유머를 즐긴다(un-hostile sense of humor). 자기 자신을 조롱하는 유머를 즐겨 사용한다. 적의가 있는 유머, 음탕한 유머, 우월적인 유머, 남을 비웃거나 모욕하는 유머 등은 삼간다.

⑪ 자신과 남을 있는 그대로 받아들인다(acceptance of self and others). 남들이 자신을 바라보는 시선이나 태도에 연연하지 않고 자신을 있는 그대로 바라본다. 남에게도 마찬가지로 남을 가르치거나 바꾸려 하지 않고, 사람들의 결점에 대해서도 관대하다. 자신의 본성과 타인을 그대로 수용한다.

⑫ 자연스러움과 간결함과 솔직성을 좋아한다(spontaneity and simplicity). 자신의 행동을 인공적으로 꾸미는 것보다는 있는 그대로, 자연스럽게 표현하는 것을 더 좋아한다. 또한 삶의 모든 측면에서 솔직하며, 행동을 개방적이고 직접적인 방식으로 한다.

⑬ 풍부한 감성(freshness of appreciation)으로 반복적인 감상에도 새로운 것처럼 지속적으로 신선함을 가져야 한다. 주위의 사물이 평범한 것일지라도 감동으로 바라볼 수 있다.

⑭ 창의적이다(creative). 순수하게 어린아이처럼 창의적이고 독창적이며, 발명가적 기질이 있다.

⑮ 최대한 많은 것을 알고 경험하려 한다(peak experiences). 학문, 종교, 철학, 스포츠 등의 경험의 정점에 다다르기를 좋아하며, 경험의 순간이 최고조에 달했을 때 황홀한 기쁨과 자유를 경험한다.

(4) 욕구 5단계

매슬로는 1954년 자신의 저서 『동기와 성격(Motivation and Personality)』에서, 인간의 욕구는 단계로 배열되어 있다고 보았다. 그는 인간의 동기가 작용하는 양상을 설명하기 위해 동기를 생리적 욕구, 안전의 욕구, 애정과 소속의 욕구, 존중의 욕구, 그리고 자아실현의 욕구 등 5단계로 구분했다. 5단계의 욕구 중에는 어떤 욕구는 다른 욕구보다 우선권을 가진다. 이러한 욕구의 위계적 계층은 고정되어 있는 것이 아니라 상대적으로 나타나는 것이다. 그러나 하위욕구가 충족되어야지만 유기체는 상위욕구를 추구하게 된다. 예를 들어, 배고픔과 같은 강한 생리적 욕구를 가지고 있는 사람은 다른 어떤 욕구에 의해서도 동기화되지 않는다. 그러므로 일단 이 욕구가 충족되면, 다음 단계의 욕구인 안전에 대한 욕구를 추구하게 된다. 안전에 대한 욕구가 충족되면 마찬가지로 다시 세 번째 수준의 욕구로 옮겨가게 되며, 다시 네 번째와 다섯 번째 욕구르 넘어간다. 또한 다섯 가지 욕구는 동시에 발생하는 것이 아니라 어떤 특정한 순간에 한 가지 욕구가 다른 욕구보다 더 강하게 나타난다.

욕그위계의 5가지 욕구 중에서 하위단계의 4가지 욕구는 충분히 충족되지 않거나, 부족할 경우 문제를 일으킬 수 있기 때문에 매슬로는 이들을 '결핍욕구(deficiency needs)'라고 명명했다. 기본적인 욕구충족을 넘어서 지속적인 성장을 위해 노력하는 사람들의 동기, 즉 5번째 욕구인 자아실현의 욕구를 '성장동기(meta motivation, 메타 동기)' 또는 상위욕구라는 용어로 설명했다. 경우에 따라 1, 2단계를 물질적 욕구, 3에서 5단계까지를 정신적 욕구로 분류하기도 한다.

① 생리적 욕구

생존을 위해 필요하고 불가결한 음식, 물, 공기, 수면, 성과와 같은 욕구들로 구성된 생리적 욕구는 모든 욕구 중에서 가장 강렬한 것이다. 이러한 생리적 욕구가 계속해서 만족되지 못하면 더 높은 단계로 나아가지 못하게 된다. 하지만 이러한 욕구가 충족되면 다음 단계인 안전과 보안의 욕구를 충족시키고자 한다.

② 안전의 욕구

생리적 욕구가 만족하고 나면 사람은 안전의 욕구로 동기가 생성된다. 안정의 욕구에는 안전한 보호, 안정감, 보호 질서 및 불안감과 두려움으로부터 해방 등과 같은 요구가 포함된다. 인간의 욕구가 생기는 중요한 이유는 사람이 자신의 현재와 미래에 대한 확실한 상태, 안정감 그리고 예측성을 인정받고 싶어 하는 욕구에서 생성된다.

③ 소속과 사랑의 욕구

소속과 사랑의 욕구는 기본적인 생리현상 및 안정감의 욕구가 충족되면 나타난다. 이러한 욕구가 실현되면 타인과 함께 즐기며 애정을 표출하고 싶어 하는 욕구가 강하게 나타난다. 즉, 대인관계에서 친밀한 교류와 동료들과 같은 의식구조를 갖고자 하는 욕구가 생긴다.

④ 존경의 욕구

사랑과 소속의 욕구가 만족되면 동기의 힘은 없어지고 자존심에 대한 욕구가 생긴다. 매슬로는 이 부분을 두 가지로 분류하였는데 하나는 '타인적 자기존중(명성, 인정, 주목, 평가, 명예로움 등)' 또 다른 하나는 '자기적 자기존중(기량, 신뢰성, 개인적 능력, 적합성, 성과, 독자성, 자율 등)'이다. 타인이 자기를 귀하게 여기기 때문에 갖게 되는 것이다.

일반적으로 모든 사람은 존경과 인정 등에 의해 현실에서 자기 자신을 확고하게 혹은 높이 평가하고 싶어 하는 욕구가 있다. 이러한 욕구가 만족이 되면 자신감, 위신, 지배 등과 같은 감정이 생기게 되고, 자기도 유능한 사람이고 주위에 대하여 영향력을 가지고 있다고 생각한다. 그러나 부정적으로 존경의 욕구가 만족되는 경우는 주의를 끌기 위해서 파괴적이고 미숙한 행동에 의존하는 경우가 있다. 즉, 다른 사람의 존경과 인정을 받기가 어렵다고 느끼는 사람들은 그 약점을 극복하기 위해 일부러 다른 사람의 주의를 집중시키려고 애를 쓴다.

⑤ 자아실현

지금까지 모든 욕구가 충족된다면 우리는 마지막 단계인 자아실현의 욕구를 충족하고자 한다. 매슬로는 자아실현을 자신이 달성할 수 있는 모든 가능성을 이루려는 욕구로 설명했다. 자아실현에 도달한 사람은 자신의 재능, 능력, 잠재력을 충분히 발휘하기 위해 노력하게 된다. 이는 자아증진을 위한 개인의 욕망으로서 잠재력을 실현하려는 갈망을 갖고 있다. 다시 말해, 자기가 원하는 종류의 사람이 되고 자신의 잠재력을 최대한 발휘하는 것이다. 작가, 화가, 운동선수, 사업가 등이 자아실현을 이루는 사례로 볼 수 있다.

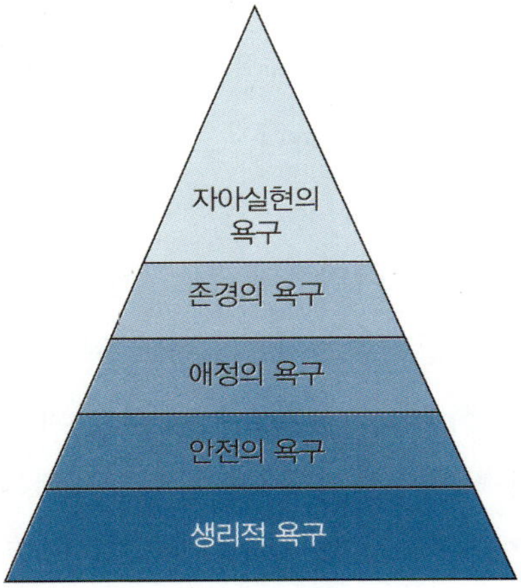

그림 10-2 매슬로의 욕구5단계

3) 사회복지실천과 연관성

매슬로는 인간의 본성을 긍정적인 시각으로 바라보았다. 즉, 인간은 스스로 자신의 행동을 통제할 수 있는 존재로 바라보았던 것이다. 매슬로의 인간에 대한 이러한 관점은 사회복지실천에 있어서 중요한 시사점을 제공한다. 매슬로의 이론은 클라이언트가 아무리 어렵고 힘든 상황에 놓여 있더라도 이를 이해하고 수용하며 존중하면서 접근해야 한다는 사회복지실천의 철학적 기반을 제시하고 있다. 즉, 인간에 대한 긍정적이고 희망적이며 낙관적인 견해를 바탕으로 인간의 건전성과 창의성의 가능성을 신뢰하는 것이 필요하다. 매슬로의 욕구이론에서 보여 준 바와 같이 인간의 욕구를 체계적으로 이해하고 이를 바탕으로 사회복지기관에서 클라이언트의 욕구가 무엇인지를 파악하여 그에 맞는 서비스를 제공해 주고, 클라이언트의 욕구 수준을 고려한 다양한 프로그램을 개발하고 적용하는 일이 이루어져야 한다.

인간의 문제행동은 욕구충족이 실패했을 때, 상대적으로 역기능적이거나 혼란 상태에서 유발되기 때문에 욕구를 충족시켜 회복됨으로써 역기능을 치유할 수 있다. 하나의 기본적인 욕구의 충족은 다음 단계의 욕구 충족으로 옮아간다고 보기 때문에 사회복지실천현장에서는 개인의 욕구 충족의 내용과 수준을 파악하는 일이 매우 중요하다. 그러므로 사회복지 개입의 목표는 단순히 문제를 해결하는 것만이 아니라 클라이언트의 성장과정을 원조함으로써 현재의 문제, 그리고 미래에 다가오게 될 문제에 대해 잘 대처할 수 있도록 도와 독립성과 통합성을 달성하는 데 있다(구혜영, 2020). 매슬로의 욕구이론에서 보여주는 통합성은 사회복지사와 클라이언트와의 관계가 촉진적 관계가 되어야 함을 보여주고 있다. 사회복지실천현장에서는 이러한 점에 유념하여 클라이언트와의 관계에서 감정을 솔직하게 표현하고 정직한 대화를 나누는 일이 중요하다. 대화상대인 클라이언트를 하나의 소중한 인격체로 인식하고 그대로의 모습을 수용할 수 있는 자세가 필요하다. 감정이입을 통한 진정한 의사소통이 이루어지도록 하는 일이 중요하다. 이 밖에도 사회복지실천과 관련하여 매슬로의 욕구단계이론을 다음 세 가지 관점에서 이해할 수 있는데 첫째, 사회적 자원은 한정되어 있으므로 프로그램의 효율성을 감안하여 욕구위계설에 따라 낮은 수준부터 높은 수준의 욕구해결을 위한 방안을 마련하는 일이고 둘째, 욕구단계이론은 사회복지사가 클라이언트의 욕구를 평가하는 데 유용한 지침이 될 수 있다는 점이며 셋째, 사회복지 프로그램을 비교 연구하는 데 기준이 된다는 점이다.

2. 로저스의 인간중심이론

1) 생애

그림 10-3 로저스(Carl Rogers, 1927~1987)

로저스(Carl Rogers, 1927~1987)는 매슬로와 더불어 1960년대 인본주의 심리학을 이끌었던 인본주의 심리학자이다. 그는 미국 일리노이주에서 6남매 중 넷째로 태어났다. 그는 고등학교를 2년 이상 다닌 곳이 없을 정도로 사회적으로 고립된 상태에서 생활을 했다. 그의 부모는 근본주의 기독교인이었다. 그 가정은 표현의 억제, 열심히 일하는 것을 미덕으로 삼았다. 그는 농업을 연구하기 위해 부모의 모교인 위스콘신 대학에 입학했다. 그리고 그는 유니온 신학교에 입학하여 목사가 되고자 하였다. 그는 인근에 있는 컬럼비아 대학에서 심리학 강의를 듣고 새로운 관심을 갖게 된다. 그는 컬럼비아 대학에서 1931년에 임상심리학 학위를 받았다. 그리고 1957년에 위스콘신 대학에 와서 1963년까지 머물면서 행동심리학과 싸우고, 미국 심리학회에서 심리학에 기여한 공로로 첫 번째 공로상을 수상한다.

로저스는 인간 유기체가 분화, 자기책임감, 협동과 성숙의 방향으로 나아가려는 선천적 경향성을 가지고 있다고 보았다. 특히 개인의 주관적 경험과 감정, 개인적 견해와 사적 개념을 다루었으며, 그의 심리학은 인본주의의 범위를 사회적으로 더욱 확장시키는 계기가 되었다. 그는 사람이 어떻게 행동하는가는 그가 세계를 어떻게 지각하느냐에 달려 있다고 생각했다. 즉, 행동이란 개인이 세계를 지각하고 해석한 직접적인 사건의 결과로 발행하는 것이다. 이러한 접근에서는 특히 자기(self)가 강조된다. 그래서 로저스의 이론을 흔히 자기 이론(self theory)이라고 한다. 로저스는 훌륭한 삶이란 목적지가 아니라 방향이라고 주장하였으며, 자신의 잠재력을 인식하고 능력과 재질을 발휘하여 자신을 완벽히 이해하고, 경험을 풍부하게 하는 방향으로 나아가는 사람이 훌륭한 삶을 사는 것이라고 보았다. 이러한 사상은 상담, 성격, 치료 분야에 실질적으로 많은 공헌을 하였다.

2) 주요 개념

(1) 인간관

로저스의 인간중심이론에서 인간을 바라보는 관점은 낙관론적, 유전론적, 자유롭고 전체적인 관점이라고 할 수 있다. 로저스의 인간에 대한 기본시각은 선한 존재이며 자유롭고 낙관론적인 것이다. 인간을 자기가 통제할 수 없는 어떤 힘에 이끌리는 피조물이 아니라 미래의 목적과 자기 지시적 목적으로 지향된 에너지를 가진 능동적인 존재로 간주하였으며 긍정적 방향으로 나아가려는 경향이 있다고 하였다. 또한 모든 인간은 자신의 과거와 현재의 생활 상태를 정확히 인식할 수 있기 때문에 자신의 삶과 미래를 능동적으로 선택할 수 있다. 유전론적인 입장으로는 인간은 선천적으로 타고난 성장 가능성을 실현하는 과정에서 자신의 인생 목표와 행동 방향을 스스로 결정하고, 이러한 결정에 따르는 책임을 수용하는 자유로운 존재로서 자기를 조절하고 통제하는 능력이 있다고 보았다.

그러므로 적절한 조건만 제공된다면 인간은 마치 씨앗이 한 그루 나무로 성장하듯이 타고난 잠재력을 건설적으로 발달시킬 수 있는 존재라고 하였다. 이러한 자기실현의 경향을 발휘하기 위하여 항상 노력하고 도전하며 어려움을 극복하여 진정한 한 사람으로 성숙해 간다고 보고 있다. 이러한 관점을 갖고 있기 때문에 그의 이론을 '인간중심적인 접근' 혹은 '클라이언트 중심적 이론'이라고 한다. 따라서 인간중심적인 그의 이론은 심리적인 부적응을 겪고 있는 사람들은 물론 심리적 부적응을 겪지 않는 일반인에게도 가능성과 잠재력을 실현하도록 적용할 수 있다. 또한 인간을 유기체로 보아 전체 경험으로서 인간행동을 이해하고 설명하고 있다. 인간의 각 행동을 단편적인 사건으로 분석하기보다는 전체적으로 기능하는 개인이라는 관점에서 이해하였다. 따라서 로저스는 참다운 인간의 특징을 다음과 같은 다섯 가지로 설명하고 있다.

첫째, 인간은 자발적인 존재로서 존재하고자 한다. 즉, 인간은 어떤 행위가 자신에게 의미 있는가를 스스로 결정하며, 진정한 자신이 되기 위한 자유는 상당한 책임을 수반한다는 것을 아는 존재이다. 둘째, 인간은 개방적으로 유동성 있게 변화하는 존재가 되려고 한다. 로저스는 인간은 형성되어 가는(becoming) 과정 속에 있으며 계속 변화하는 존재라고 설명하였다. 셋째, 인간은 자신의 경험에 대하여 개방성을 지니고 있다. 인간은 자신의 경험이 무엇을 지니게 되는가에 대해 더 이상 두려워하지 않고 그 경험을 자신의 일부로서 자유롭게 받아들인다.

넷째, 인간은 자신을 신뢰하는 방향으로 나가려고 한다. 인간은 그의 유기체가 실존적 상황에서 가장 만족할 수 있는 행동을 선택한다고 믿는다. 다섯째, 인간은 실존적으로 살려고 한다. 다음 순서에 되어야 할 것과 행하고자 하는 것은 순간으로부터 형성되는 것이지 자신이나 타인에 의해 미리 예견되는 것이 아니다. 즉, 실존적인 삶은 유동적인 것으로 경험 안에서의 구조 발견과 자아의 인격 변화를 의미한다. 따라서 로저스는 인간을 수동적인 존재가 아닌 미래의 목적과 자기지향적 목적을 향한 에너지를 가진 활동적인 존재로 바라보았다.

앞에서 제시한 것들이 가능하게 될 때 비로소 인간은 전체적으로 조화된 유기체적 존재, 즉 진정한 자신이 될 수 있다고 보았으며 이렇게 자신의 잠재력을 인식하고 능력을 발휘하여 자신에 대한 완전한 이해와 경험을 풍부히 하는 사람을 '충분히 기능하는 사람(the fully functioning person)'이라고 설명하였다.

(2) 주관적 경험과 행동

경험과 행동 간의 관계를 이해하는 것은 로저스의 현상학적 이론의 중요한 주제이다. 로저스는 인간은 자신이 사건에 대하여 어떤 인상을 갖느냐에 따라서 행동한다고 하였다. 이는 인간의 행위를 지배하는 것은 자극 상황에 대한 주관적인 해석과 그것에 대한 개인적 의미이다. 그러므로 어느 누구도 자기의 현실을 타인에게 강요할 권리를 가지고 있지 않다. 인간의 행동을 이해하기 위해서는 행동이란 과거에 일어난 어떤 것에 의하여 결정된 것이라고 보아서는 안 되고, 현재 처해 있는 환경과의 관계성을 파악하는 것이 필요하다. 즉, 현재의 행동에 영향을 끼치는 것은 과거의 경험이 아니라 과거 경험에 대한 현재의 해석이다. 그러므로 인간의 행동이나 성격은 '현재 – 미래'의 틀 속에서 연구되어야 한다는 입장이다.

(3) 자아실현의 경향

로저스는 인간이 가진 욕구와 동기 중에 가장 기본적 욕구는 자기를 유지하고, 향상시키며 실현하려는 욕구라고 하면서, 이 세 가지 개념을 묶어 자아실현경향(self-actualization tendency)이라는 용어로 압축하였다. 그는 모든 인간은 성장과 자기 증진을 꾀하기 위해 끊임없이 노력하며, 생활 속에서 부딪히는 고통이나 성장 방해 요인을 극복할 수 있는 성장 지향적 유기체라고 보았다. 비단 인간만이 아니라 다른 모든 유기체들도 좀 더 향상된 방향으로 나아가고자 하는 진화적인 경향성이 있다. 이 경향성은 성장의 신체적·심리적 요소들을 총망라한 것이다.

자기실현 경향성은 유기체의 성숙과 성장을 촉진시키며 긴장을 감소시키지만, 단순히 유기체의 긴장 감소만을 목적으로 하지 않으며 때로는 긴장을 증가시키기도 한다. 예를 들면 유아가 걸음마를 배우는 과정에서 비틀거리고, 수없이 넘어지는 시행착오를 거친 후 마침내 걷는 것을 볼 수 있다. 그 걷고자 하는 노력이 애처롭게 느껴질 정도이지만 유아는 그 넘어짐의 공포를 아랑곳하지 않고 끝내 걷게 되고 그 다음의 단계로 계속 발달하게 된다. 유아는 왜 그렇게 계속적으로 집요하게 노력을 하는가? 이 물음에 대한 답으로 로저스는 자기실현 경향성의 동기가 발달하고자 하는 노력이 포기하는 충동보다 훨씬 더 강하기 때문이라고 하였다.

로저스는 자기실현 경향성이 성장과 퇴행 중 어느 하나를 선택해야 하는 상황에 처하게 될 때, 더욱 두드러지게 나타난다고 보았다. 즉, 그는 모든 인간이 퇴행적 동기도 지니고 있지만 그보다는 성장지향적 동기, 즉 자기실현 욕구가 기본적 행동동기라고 보았다. 그런데 현실지각이 왜곡되어 있을 경우, 퇴행적 동기가 더 우세하게 유아적 수준의 행동을 나타내는 경우도 있다. 그렇지만 자기실현의 과정은 완전한 최종의 상태를 말하는 것이 아니라, 죽을 때까지 보다 유능한 인간으로 되어가는 과정이므로 이러한 과정을 통하여 모든 인간은 삶의 의미를 찾고 주관적인 자유를 실천해 나감으로써 점진적으로 완성되어 간다는 점을 로저스는 강조했다.

(4) 무조건적인 긍정적 관심

무조건적인 긍정적 관심(unconditioned positive regard)은 다른 사람을 대할 때 하나의 인격체로서 무조건적으로 존중하고, 있는 그대로의 모습으로 봐주면서 모든 것을 수용하는 것이다. 또한 그의 감정, 사고, 행동 등에 대하여 어떤 판단이나 평가도 하지 않은 채, 있는 그대로 존중하고 받아주는 것을 의미한다. 부모가 아기를 무조건적으로 사랑하듯이 어느 개인의 잘못과는 무관하게 긍정적인 관심을 주는 것이다. 하지만 부모가 항상 아이가 행하는 것은 어떤 것이거나 용서하고 수용한다는 것을 의미하지는 않는다. 아이가 그 존재 자체로 귀중한 한 생명체로서 사랑받고 있다는 분위기를 마련하는 것을 뜻하는 것이지, 다른 아이와 비교해서 긍정적으로 관심받을 가치가 있다거나 없다는 판단을 하는 것은 아니다.

아이가 부모로부터 한 인간으로서 존중해 주는 무조건적인 긍정적 관심을 받을 때 그 아이는 자신을 가치 있는 존재로 인식하며, 긍정적인 자아개념에 따라 행동할 수 있게 된다. 이를 로저스는 인간의 건강한 성격발달을 위해 중요한 요소라 하였으며, 클라이언트와의 상담장면에서도 필수적인 상담자의 태도이자 기술이라고 보았다. 이것은 실제로 적용하기가 매우 어렵지만, 타인과의 상호작용의 특성과는 관계없이 타인에 대한 관심 및 수용과 존중에 대한 사고와 감정을 유지해야 하는 것이 중요하다.

(5) 충분히 기능하는 사람

충분히 기능하는 사람(the fully functioning person)이란 좋은 삶 혹은 이상적인 삶을 사는 사람을 의미한다. 즉, 자신의 잠재력을 인식하고 능력과 재질을 발휘하여 자신에 대한 완벽한 이해와 경험을 풍부히 하는 방향으로 나아가는 인간을 말한다. 패터슨(Patterson, 1980)은 한 인간이 완전한 기능을 한다는 것은 최적의 심리적 적응, 최적의 심리적 성숙, 완전한 일치, 그리고 경험에의 완전한 개방성 등과 동의어로 볼 수 있다고 했다. 충분히 기능하는 사람으로 도와주는 것이 인간중심이론의 궁극적인 목표라고 볼 수 있다. 로저스는 충분히 기능하는 인간의 특성을 다음과 같이 주장하였다.

① 경험에 대한 개방성(openness to experience)

자신의 경험에 충분히 개방할 수 있다면, 모든 자극들을 방어기제에 의하여 왜곡됨이 없이 신경계를 통해서 이루어지는 경험에 대해 보다 더 잘 느낄 수 있게 되고, 두려움이나 좌절 혹은 고통들을 더 잘 포용할 수 있게 된다. 따라서 그는 자신의 감정들을 있는 그대로 자유롭게 각성할 수 있게 되고, 또한 그들에 대해 자유롭게 대처해 나갈 수 있게 된다. 즉, 심리적으로 자유로운 사람은 보다 충분히 기능하는 인간이 될 수 있는 것이다.

② 실존적인 삶의 태도(existential living)

삶의 순간순간 보다 충실하게 살고자 하는 경향, 즉 실존적 삶의 태도가 증가되는 것이 두 번째 특징이다. 자신의 새로운 경험에 대하여 방어적이지 않고, 완전히 개방적인 사람은 삶의 순간이 새로운 것임을 깨달을 수 있다. 완전히 기능하는 사람은 자아구조가 그때그때의 새로운 경험들을 이전에는 결코 비슷한 방법으로 존재하지 않았던 것처럼 새롭고 신선하게 느낀다. 완전히 기능하는 사람은 고정된 자아를 갖지 않으며, 경험을 다스리거나 조정할 필요도 없기 때문에 경험에 자유롭게 참여할 수 있다.

③ 자신의 유기체에 대한 신뢰감(organismic trusting)

로저스는 "어떤 상황에 대한 나의 전체적 유기체의 감각이 나의 지성보다 더 신뢰로움을 알았다"고 했다. 즉, 건강한 사람은 경험에 대하여 완전히 개방적이기 때문에 그는 의사결정에 유용한 모든 정보들에 접할 수 있게 된다. 그들은 모든 관련된 요소들이 신중하게 고려되고 조화가 이루어져 그 상황의 모든 측면을 가장 잘 만족시키는 결정에 도달할 수 있다. 그들은 결정에 도달하는 데 사용된 자료가 왜곡되지 않고 정확하므로 그들 스스로를 신뢰하듯 그들의 결정도 신뢰한다. 타인보다는 자기 자신을 믿고 의지하는 것이다.

④ 경험적 자유(experiential freedom)

충분히 기능하는 사람은 선택과 행동에 대한 자유의식을 가지고 있다. 자신이 선택한 인생을 자신이 원하는 대로 자유롭게 살아가고 있다는 느낌을 가진다. 로저스는 인간의 행위가 신체구조나 사회적 압력, 과거의 경험에 크게 영향을 받지만, 인간은 자기가 선택한 인생을 자유스럽게 살아갈 수 있다고 보았다. 이러한 경험적 자유는 인간이 자신의 행동과 그 결과에 책임을 지는 것은 자신뿐이라는 뜻을 담고 있다. 그러나 완전히 기능하지 못하고 방어적인 사람은 삶에 대한 지배감을 갖지 못하고 무한한 가능성을 느끼지 못하며, 선택이 제한되어 있고, 미래에 대한 시야도 좁다.

⑤ 창의성(creativity)

충분히 기능하는 사람의 삶은 모두가 창의적이다. 그들은 모든 영역에서 창의적인 삶으로 스스로를 표현한다. 이들은 자신의 깊은 곳에 있는 욕구를 만족시키며, 사회 속에서 살지만 사회에 얽매이지 않는다. 충분히 기능하는 사람은 주변 환경의 급작스런 변화에 보다 더 잘 적응하며, 살아남을 가능성이 더 많다고 믿는다.

3) 사회복지실천과 연관성

인간을 이해하는 데 있어 긍정적인 관점은 인간을 전체로 다루고, 환경과 상호작용하는 존재로 보았다. 자신의 경험에 관한 해석과 이해를 존중하고, 클라이언트 중심의 개입을 가능하게 하였다. 이러한 관점은 사회복지실천의 기본적인 원칙과 가치에 잘 부합하는 측면이다. 특히, 욕구단계이론은 사회복지실천 현장에서 사회복지사가 클라이언트의 욕구를 사정과 개입계획을 세우고 평가하는 데 유용한 지침이 될 수 있다. 사회복지사가 클라이언트를 처음 접하고 충분한 정보가 없는 상태에서 우선 사정하고 개입계획을 세워야 할 때, 매슬로의 욕구단계는 든든한 근거를 제공해 준다. 클라이언트에게 충족되어야 할 욕구가 무엇인지, 어떤 욕구가 가장 시급한지를 찾고 그것부터 충족하도록 해야 하는 것이 사회복지사의 가장 기본적인 역할과 의무이기 때문이다. 물론 사회복지현장에서는 여러 가지 욕구를 동시에 충족되도록 도와야 하는 경우도 다수 발생하기 때문에 사회복지사들의 업무는 때로 시간을 다투고 긴급할 때가 많다(유수현 외, 2015a). 결론적으로 인간본성에 대한 매슬로의 이론의 긍정적 견해는 사회복지실천에 중요한 시사점을 제공하였다.

인본주의이론은 심리치료 및 상담 분야에서 변화를 가져온 주요한 원동력이다. 로저스는 인간본성에 대해 낙관적인 관점을 가지고, 상담가가 감정이입적, 무조건적인 긍정적 관심으로 클라이언트를 이해하고 수용하면 자신의 경험을 더 개방하고 변화가 일어난다고 보았다. 이러한 클라이언트 중심모델은 사회복지사와 클라이언트의 관계를 위계적, 지시적 접근에서 수평적 관계로 전환시켰고, 이는 사회복지실천 영역에서 사회복지사와 클라이언트의 관계를 설명하는 데 중요한 기반이 되었다. 또한 실천현장에서 인본주의이론의 중요한 원칙들이 사회복지실천에 많은 영향을 주었으며, 오늘날 사회복지실천 현장에서는 인본주의이론의 효과성이 입증되면서 활발하게 적용되고 있다.

사회복지사는 인간중심의 접근기술을 활용하여 클라이언트의 문제해결을 원조한다. 이 이론의 기본 철학으로 가장 중요하게 여기는 것이 인간의 존엄성이다. 모든 사람이 사랑과 수용에 대한 기본적인 욕구가 있다고 전제한다. 이에 상담자는 내담자에 대한 감정이입, 존중하기, 진실성에 초점을 맞추면서 개입해 나간다. 사회복지사는 클라이언트의 인격과 문제를 분리하여 바라보려는 노력, 즉 사람은 사람으로, 문제는 문제로의 시각이 필요하다. 이러한 관점은 한 개인에 대한 왜곡된 평가를 막을 수 있기 때문이다. 이와 함께 변화할 수 있다는 긍정적인 측면에 관심을 기울이면서 상담기술을 효과적으로 적용해야 한다(김경은 외, 2020). 그러므로 로저스의 이론은 다양한 학문적 배경을 가진 상담전문직뿐만 아니라 사회복지학의 발전을 가져왔다. 특히, 인간중심치료는 교육, 건강, 산업, 군대 등 다양한 분야에서 상담기술을 훈련하는 사람들의 개입모델이 되었다.

PART 03

사회환경과 사회체계

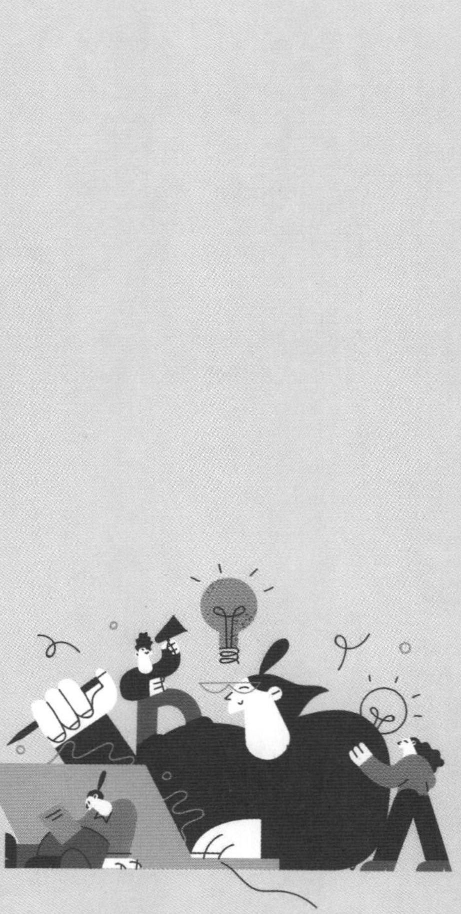

CHAPTER

11

체계이론

1. 일반체계

1) 일반체계의 개념

일반체계이론(General system theory, GST)은 유기체와 환경 간의 체계적인 상호작용, 상호 관련성에 대해서 전체성, 상호성, 개방성의 개념으로 설명하고 분석하려는 이론이다. 즉, 체계를 구성하는 속성과 이들 간 상호작용의 속성을 이해하고, 복잡한 체계의 관계 속성 또는 체계 내부에서 이루어지는 상호작용의 특성을 파악하기 위해서 개발된 이론이다. 개인과 환경을 원인과 결과라는 인과적 관점에서 보는 것이 아니라 두 체계를 상호보완적인 전체로 파악하여 인간과 환경 간의 상호작용, 개인과 체계가 효율적으로 기능할 수 있게 하는 데 관심을 둔다. 따라서 개인과 사회문제의 원인을 직선적 원인으로 해석하기보다는 결과와 상호 연결된 전체로 파악한다. 개인과 환경 어느 쪽도 일방적으로 영향을 미치는 관계가 아니라 상호 인과적 관계, 즉 순환적 원인론을 제시하고 있다. 이러한 관계 속에서 체계의 구성요소들 간의 관련성을 파악하고 설명한다.

체계란 상호 의존적이고 상호작용하는 부분으로 구성된 전체이며, 부분들 사이의 관계를 맺고 있는 일련의 단위들이다. 또한 상호관계를 맺고 있는 구성단위들의 집합체이지만 구성단위들의 단순 집합이 아니라 구성단위 간의 상호작용 또는 관계 양상을 포함하는 하나의 전체 또는 단위를 의미한다. 체계는 목적이 지향하는 바에 따라서 항상성과 규칙을 유지하면서 끊임없이 변화한다. 조직화, 상호인과성, 항구성, 공간성, 경계의 기본적인 속성이 있다.

체계는 어떤 형태의 상호작용이나 상호의존성에 의해 통합된 조직이다. 한 체계의 요소들은 상호 간에 영향을 미치고, 상호작용에 의해 구성된 요소들이 독특한 전체를 구성한다. 그러므로 체계의 전체는 각 부분들의 합보다 큰 비총합성을 이룬다.

체계는 전체를 형성하기 위해 서로 조화로운 통합된 부분으로 구성되어 있다. 체계는 자체의 경계를 초월하여 외부 환경과 지속적인 에너지 교환으로 생존하며, 내적기능의 변화와 발달이 이루어진다. 또한 이러한 체계의 변화가 환경의 변화를 야기한다. 더불어 비교적 안정된 구조를 지니고 있으며 부분들 간의 지속적인 관계를 맺음으로써 비교적 안정된 상호작용의 유형을 지니고 있다.

체계는 매우 다양한 수준에 걸쳐 존재한다. 체계의 구조적 특성에는 경계, 개방, 폐쇄, 대상, 상위, 하위 등의 체계로 나누고 또한 공유영역, 홀론, 엔트로피, 역엔트로피(넥엔트로피), 시너지, 호혜성이 있다. 체계의 진화적 특성에는 균형, 항상성, 안정상태로 구분된다. 체계의 행동적 특성에는 투입-전환-산출-환류(피드백), 정적환류, 부적환류, 동등결과성, 다중결과성으로 분류된다.

2) 체계의 특성

(1) 체계의 구조적 특성

① 경계(boundaries)

체계를 외부환경으로부터 구분해 주는 눈에 보이지 않는 선 혹은 테두리이다. 체계는 체계 내부의 관계를 특징짓고 체계에 특정 정체감을 제공하며, 체계 내부로의 에너지 흐름(투입)과 외부로의 에너지 유출(산출)을 규제한다. 체계에 둘러 있는 경계의 속성에 따라 개방체계와 폐쇄체계로 구분할 수 있다. 건전한 체계는 반투과성의 경계를 가지며, 이 경계를 유지한다. 반투과성 경계는 체계가 성장하고 발달하기 위해 적절한 수준에서 개방적인 체계를 말한다.

② 개방체계(open system)

체계가 그것을 둘러싸고 있는 환경과 상호작용하는 것으로 인식하는 것을 의미한다. 그리고 이 체계는 다른 체계와 에너지, 정보, 자원 등을 상호 교류하는 것으로 체계 내 사람들이 환경 또는 다른 체계들과 서로 주고받으면서 상호작용을 하는 경우를 말한다. 반투과성 경계를 갖고 있는 체계이며, 체계의 성장 및 발달에 필요한 정보나 에너지를 외부로부터 자유롭게 받아들임으로써 체계 자체의 기능을 유지 혹은 발전시킬 수 있다.

③ 폐쇄체계(closed system)

다른 외부체계들과 상호 교류가 없거나, 혹은 교류할 수 없는 체계를 말한다. 다른 체계와 상호작용하지 않아 고립되어 있는 체계이며, 정보나 에너지의 투입 또는 산출이 거의 없다. 뿐만 아니라 폐쇄체계를 구성하고 있는 부분들은 시간이 지남에 따라 구성원들 사이의 구별이 거의 없어지게 되며, 이후 시간이 지나감에 따라 점차 동일성을 띠게 된다. 따라서 체계 내의 조직 구성 및 그 기능이 쇠퇴하게 된다. 이러한 상태를 엔트로피 상태라 하는데, 엔트로피 상태가 지속되면 체계는 소멸된다. 사회조직에서 폐쇄체계의 예로는 정신과의 보호병동, 교도소 등이 있다. 개방체계와 폐쇄체계를 구분하면 〈표 11-1〉과 같다.

표 11-1 개방체계와 폐쇄체계

체계	내용
개방체계	• 환경과 역동적으로 연결되어 빈번하게 상호작용하는 체계 • 체계 안팎으로의 정보·자원·에너지의 투입이나 산출이 자유롭게 일어난다. • 환경과의 경계: 명확하면서도 유연하고 반투과적이다. • 속성: 항상성, 역엔트로피
폐쇄체계	• 다른 체계와 상호작용하지 않아 고립되어 있는 체계 • 속성: 균형, 엔트로피(entropy)

자료: 생각의 마을(2018).

④ 대상체계, 상위체계, 하위체계

먼저 대상체계는 분석 대상이 되는 체계이다. 예를 들면, 가족 갈등이 관심사라면 이 가족체계는 대상체계이다. 상위체계는 대상체계 외부에 있으면서 그 체계에 기능적으로 영향을 미치는 사회단위이다. 예를 들어, 가족이 다니는 교회(종교기관)는 대상체계의 상위체계이다. 하위체계는 2차적, 종속적인 체계로 큰 체계 속에 있는 더 작은 체계를 말한다. 대상체계 내부에 있으면서 내부의 다른 하위체계들과 상호작용하면서 체계를 구성한다. 예를 들어, 가족체계의 하위체계에는 부부체계, 부모-자녀체계, 형제체계 등이 있다.

⑤ 공유영역(interface)

공유영역은 두 개의 체계가 함께 공존하는 곳으로 체계 간의 교류가 일어나는 곳이다. 즉, 어떤 대상체계가 상위체계나 하위체계와 교류하면서 만들어지는 독특한 상호작용의 유형 혹은 공유된 경계이기도 하다. 다른 체계들과 접촉을 하거나 의사소통을 하는 지점을 말하며, 예로는 실습지도자와 실습생의 서면계약서도 여기에 해당된다.

⑥ 홀론(holon)

중간체계가 갖고 있는 이중적인 성격을 나타내주는 말로써 하나의 체계는 상위체계에 속한 하위체계이면서 동시에 다른 것의 상위체계가 된다는 개념이다. 예로는 가족체계는 부부체계의 상위체계이지만, 지역사회의 하위체계이다.

⑦ 엔트로피(entropy)

체계 구성요소 간의 상호작용이 감소함에 따라 유용한 에너지가 감소하는 상태로 체계가 서서히 무질서와 혼돈의 상태를 향해 나아가는 것이다. 뿐만 아니라 체계 내부의 에너지를 소모해 감으로써 점차 쇠약해지는 경향성이다. 이와 함께 체계 내에 질서, 형태, 분화가 없는 무질서한 상태로 폐쇄체계에서 일어나는 현상이다. 또한 외부체계와 교류가 차단되어 외부의 에너지 투입이 이루어지지 않는다.

엔트로피의 예로는 가족 안에서 부부 사이가 나빠서 대화가 없어지고 긴장이 흐르게 되면 그로 인해 부모-자녀관계도 불안정해질 수 있다. 이때 자녀가 일탈에 빠진다면 부모-자녀 간 상호작용의 감소되고 가족 내 질서, 위계를 불안정하게 만들게 된다. 또한 이러한 일들은 부모-자녀 간 경계도 불명확하게 만들게 된다. 따라서 이러한 역기능적 행동의 증가가 바로 엔트로피 상태인 것이다.

⑧ 역엔트로피(넥엔트로피, negentropy)

체계 외부로부터 에너지를 유입함으로써 체계 내부에 유용하지 않은 에너지, 즉 이용 불가능한 에너지가 감소되는 것을 말한다. 또한 체계 내에 질서, 형태, 분화가 있는 상태로 개방체계에서 나타나는 특성이다. 넥엔트로피가 증가하면 체계 내에 질서와 법칙이 유지되고 정보의 필요성이 높아지며, 엔트로피의 반대되는 경향이다.

역엔트로피의 예로는 부부갈등으로 인해 가족 내 엔트로피가 증가한 경우, 부부가 외부 자원인 상담실을 통해 부부상담을 받고 난 뒤 부부관계가 회복되는 계기를 맞게 된다. 따라서 외부 도움으로 가족 내 역기능적 관계가 개선되고 가족원 간의 긴장이 감소하게 되면 이러한 상태는 넥엔트로피에 해당된다.

⑨ 시너지(synergy)

체계 내에 유용한 에너지가 증가하는 것을 말한다. 체계 구성요소 사이에 상호작용이 증가하면서 나타난다. 더불어 개방체계의 속성인데, 개방체계는 에너지를 고갈시키지 않고 구성요소의 상호작용을 촉진함으로써 계속해서 에너지를 만들어 내기 때문이다.

시너지의 예로는 부부갈등이 있는 가족이 외부 상담을 통해 부부관계가 개선되면 가족 전체의 분위기가 긍정적으로 바뀌는 경우로 예전에 없었던 가족 단위 모임이나 행사에 적극 참여하거나 자녀들이 더욱 성숙해지는 등의 긍정적 변화가 나타날 수 있는데, 이러한 것이 시너지 효과에 해당된다.

⑩ 호혜성(reciprocity)

한 체계에서 일부가 변화하면 그 변화가 모든 다른 부분들과 상호작용하여 나머지 부분들도 변화하게 된다는 개념이다. 이러한 호혜성의 원리는 어떤 문제나 현상에 대해 한 가지 원인에 따라 결과가 단선적 인과성(linear causality)이 아니라, 관련된 부분요소들 간의 쌍방적 교류과정에서 원인과 결과를 해석하려는 순환적 인과성(circular causality)을 의미하기도 한다. 호혜성의 원리와 관련된 개념이 동등결과성과 다중종결성이다.

(2) 체계의 진화적 특성

① 균형(평형상태, equilibrium)

외부환경으로부터 새로운 에너지의 투입 없이 현상을 유지하려는 체계의 속성이다. 체계가 고정된 구조를 가지고 주위환경과 수직적인 상호작용을 하기보다 체계 내에서 수평적인 상호작용을 하면서 거의 교류를 하지 않는 상태이다. 주로 폐쇄체계에서 나타나며, 체계의 구조 변화가 거의 없는 고정된 균형상태이다. 또한 변화보다는 현상 유지를 가장 바람직한 상태로 여기면서 조직이나 집단과 거의 교류를 하지 않는다. 균형의 예로는 폐쇄적인 관료조직이나 엘리트 집단 등이다.

② 항상성(homeostasis)

비교적 안정적이며, 지속적인 균형상태를 유지하기 위한 체계의 경향을 말한다. 체계가 균형을 위협받았을 때 이를 이전에 상태로 회복하고자 하는 체계의 경향을 말한다. 비교적 안정적으로 지속적인 균형상태의 일관성을 유지하기 위한 체계의 속성이다. 주로 개방체계에서 나타나는 균형상태이다. 환경과 지속적으로 상호작용하면서 정적인 균형보다는 역동적인 균형을 이루고 있는 상태로 이때 체계의 구조는 달라지는 것이 거의 없다. 항상성과 균형의 유사점이 체계의 구조가 크게 달라지지 않는다는 점이라면, 차이점은 균형은 체계 간 교류가 없는 반면 항상성에서는 체계 간에 역동적 교류가 있다는 점이다. 그러므로 개방체계에서 보면 균형, 항상성, 안정상태 순으로 역동적이라고 할 수 있다. 항상성의 예로는 부부가 심각한 갈등을 반복하면서 지내오다가 자녀가 아프면 자녀를 치료하는 동안 잠시 덮어두었다가 자녀가 완쾌하면 예전과 같이 갈등상태에 돌입하게 되는 경우이다.

③ 안정상태(steady state)

균형이나 항상성에 비해 더욱 개방적이고 역동적이다. 항상성이 체계의 일관성을 유지하기 위해 일정한 범위 내에서만 변화하려고 하는 데 비해, 안정상태는 체계 자체를 변화시키는 노력을 통해 외부자극을 받아들인다. 안정상태의 예로는 자녀가 성인이 되었는데도 기존 방식대로 아버지가 자녀의 일을 결정하려 한다면 이는 의사결정을 아버지가 주도하는 기존 체계의 일관성을 고수하려는 항상성에 해당된다. 그러나 이 경우보다는 자녀의 성장에 맞게 환경 변화로 체계를 수정하고자 아버지의 결정에 자꾸 반발하는 자녀를 더 꾸짖는 방식으로 반응을 하는 것이 아니라 그 변화를 인정해 주는 것이다. 그러므로 안정상태에서는 체계가 붕괴되지 않도록 환경 변화에 맞게 체계 자체를 변화한다. 즉, 아버지의 주도적인 의사결정을 자녀가 주도하는 방식으로 바꾸거나 여럿이 함께 의사결정하는 방향으로 체계의 구조를 변경해 가는 것이다.

(3) 체계의 행동적 특성

① 투입(input)-전환(conversion operations)-산출(output), 환류(feedback)

- 투입은 환경에서 체계로 자원, 에너지, 정보 등이 유입되는 것을 말한다. 과업 관련 투입과 유지 관련 투입이라는 두 형태가 있다. 과업 관련 투입은 사회체계가 관심을 갖는 욕구, 문제 혹은 기회로 발생하는 것을 말한다. 예로는 사회복지기관에서 클라이언트 문제이다. 유지 관련 투입은 욕구를 충족하거나 문제를 다루거나 기회를 모색하거나 이용하는 데 필요한 자원을 말한다. 예로는 사회복지사 또는 원조에 필요한 자원이다.

- 전환은 투입된 자원, 에너지, 정보 등을 가지고 체계 내에서 산출하기 위해 처리하는 과정을 말한다.
- 산출은 체계가 처리한 결과를 환경에 배출하는 것을 말하며, 이는 다른 체계에는 투입으로 작용하는 동시에 그 자체의 환류를 통해 다시 투입으로 작용한다. 과업산출, 유지산출, 소모로 나눈다. 과업산출은 과업 관련 투입으로 처리된 결과이다. 예로는 사회복지기관의 경우 원조를 요청한 클라이언트 문제를 종결한 결과를 말한다. 유지산출은 유지 관련 투입의 결과이다. 예로는 클라이언트가 사회복지기관과 접촉해서 습득한 대인관계에 대한 지식과 기술 등이 있다. 소모는 과업산출과 유지산출을 낳는데 자원이 비효과적·비효율적 혹은 부적절하게 사용된 경우를 의미한다. 예로는 사회복지사의 소진(bum-out) 등이다.
- 환류는 자신이 수행한 것에 관한 정보를 체계가 받는 것이다. 환류는 정보의 투입에 반응하는 행동을 가져오며, 새로운 정보에 자신의 행동결과를 포함시켜 다음의 행동을 수정하는 의사소통의 조직망을 의미한다. 체계의 순환적 성격을 잘 나타내주는 개념으로 작동을 점검하고 적응적 행동이 필요한지를 판단하여 이를 수정하는 능력을 의미한다.

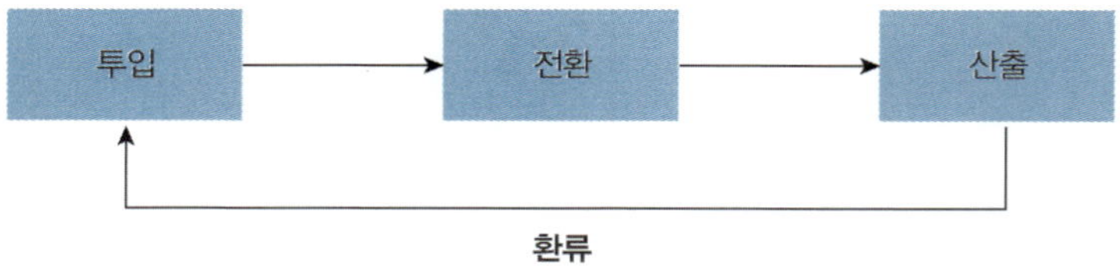

그림 11-1 투입, 전환, 산출의 환류과정

② 정적환류

체계가 한쪽 방향으로 이탈되어 가는 것을 말하며, 엔트로피가 증가하고 있는 체계에서 나타난다. 또한 체계에 급진적이고 불연속적인 변화를 통하여 체계를 변화시키는 환류를 의미한다. 정적환류의 예로는 부부 싸움이 심각해져서 어떤 배우자도 결과를 통제할 수 없는 상태에 도달한 경우를 말한다. 또 다른 예는 사회복지사의 도움에도 불구하고 아동의 분노의 문제가 전혀 해결되지 않고 오히려 분노의 빈도가 심각해진 경우를 들 수 있다.

③ 부적환류

체계의 이탈을 수정하거나 변화시키는 것을 말한다. 또한 원래의 행동을 감소시키거나 혹은 지속하지 못하도록 상호작용의 형태를 바꾸거나 목표를 수정하는 것을 의미한다. 체계의 항상성을 유지하고, 변화를 극소화하면서 체계 자체를 유지하는 환류, 즉 체계 내의 부분만을 변화시키고 체계 전체는 유지하는 기능을 한다. 부적환류의 예로는 아동이 밖에서 놀다가 밤늦게 들어온 경우 부모는 아동의 행동을 야단치면서 똑같은 행동을 반복하지 않게 한다.

④ 동귀결성(equifinality results, 동등결과성)

다른 체계들이 초기에는 각각 다른 상태였으나 투입(input)이 같은 경우에는 비슷한 안정상태의 결과에 도달할 것이라는 의미이다. 즉, 처음의 조건, 수단이 어떠하든 결과는 동일하다는 개념이다. 이러한 결과는 다양한 방법으로 동일한 결과를 얻을 수 있기 때문에 한 가지 사고에만 집착하지 말라는 것으로 중요함을 시사한다. 동등결과성을 예를 들면 사회복지사는 한 가족을 위해 여러 곳에서 필요한 자원을 얻을 수 있다. 생계급여, 주거수당, 식품권, 보조금, 개인적인 후원 등이 있을 수 있으며, 그 중 가능한 대안을 선택한다.

⑤ 다중귀결성(multifinality results, 다중종결성)

처음의 조건과 수단이 비슷하다고 할지라도, 다른 결과가 야기되는 것을 말한다. 이것은 체계이론의 기본 가정이다. 사회복지사가 동일한 치료적 방법으로 개입을 하더라도, 그 치료의 효과는 체계에 따라 달라질 수 있음을 이야기한다.

3) 일반체계와 사회복지실천

일반체계이론을 일반적인 과학에서뿐만 아니라 생물학, 물리학 등의 자연과학 분야로부터 사회학, 심리학, 정신병리학, 인류학, 역사학, 심지어는 철학 등에도 적용하여 인간의 행동과 사회 현상 및 문화 현상까지를 설명하고자 하였다. 또한 일반체계이론은 전체성의 과학으로 비유되는 질서이론이다. 인간행동을 이해하는데 단선적인 인과관계 관점의 의료적 모델에서 다원론적 관점으로 전환시킨 점에 기여하였다. 직선적인 인과관계모델에서 탈피하여 순환적 인과관계로 전환하게 하였고, 총체성(holism)을 강조하는 체계적 사고를 강조함으로써 사회복지실천이 클라이언트와 체계들 간의 상호작용을 향상하도록 하였다. 더불어 한 가지의 문제 발생에는 여러 가지 요소들이 관여된다는 점을 고려하였다. 즉, 부인 입장에서는 남편이 환경이 된다는 것도 설명하여 인간이 상호작용하는 많은 체계를 고려하게 하여 사회복지실천의 사정과 개입영역을 확대시켰다.

2. 사회체계

1) 사회체계의 개념

인간은 사회환경체계와 분리되어서 존재할 수 없으며, 개인과 환경체계의 지속적 상호작용을 통하여 발달해 간다. 환경 속의 인간을 강조하기 시작한 심리사회적 이론의 발달 이후 인간행동에 대한 관심은 인간과 환경의 상호작용에 초점을 두고, 사회복지실천적 접근이 이루어졌다. 사회체계이론에서는 인간의 욕구는 자신이 살고 있는 보다 큰 사회체계로부터 분리해 생각할 수 없다. 즉, 사회복지에서는 개인과 환경 간의 상호작용을 강조하며, 사회복지사는 사회문제나 개인문제에 연관된 다양하고 복잡한 생리적·심리적·사회적 요인을 파악한다. 따라서 인간행동을 정확히 이해하고 효과적인 사회복지실천을 위해서는 인간은 내면체계뿐만 아니라 그를 둘러싸고 있는 환경체계가 인간에게 미치는 영향과 상호작용에 대한 정확한 이해를 갖추어야 한다(김상아, 2014).

사회복지실천에서 가장 많이 활용되고 있는 이론은 개인과 환경의 상호작용과 상호관계를 설명하는 데 가장 적합한 이론으로 일반체계이론, 인간행동의 사회적·문화적·자연환경적·시간적 맥락을 종합적으로 고려할 수 있게 해 주는 생태학이론이다. 사회체계이론은 개인, 가족, 집단, 조직, 지역사회 간의 상호작용의 관계를 연결하고 구체화할 수 있도록 도와준다. 생태체계이론은 생태학과 체계이론에 기초하고 있으며, 생태체계이론에 대한 명확한 이해를 위해서는 관련 이론들에 대한 이해가 선행되어야 한다. 생태학은 자연과학영역에서 생물집단과 환경과의 상호관계를 연구하는 자연생태학에서 발달한 학문으로, 이를 인간과 환경과의 관계, 즉 모든 체계들이 서로에게 어떻게 적응해 나가고 맞추어 나가는가에 특별히 초점을 맞추어 접근한 이론이다.

사회체계이론은 광범위한 의미를 포괄하며 개인, 집단, 조직, 지역사회 간의 관계를 강조하면서 인간과 환경 간의 이해를 필요로 하는 현장에 다양하게 적용할 수 있는 다양한 사회체계 간의 상호작용을 강조하는 이론이다. 이 이론에서 체계는 상호의존적이며 상호작용을 하는 부분들로 구성된 전체 또는 부분들 간에 관계를 맺고 있는 일련의 단위이다. 즉, 체계는 인과적인 관계 속에서 직·간접적으로 관련된 구성요소들의 복합체이며, 각 구성요소들은 어떤 특정한 기간 내에서 안정적으로 다른 구성요소와 관련되어 있다. 체계는 구성요소 간 상호작용은 구성요소의 개별적 특성과 발견되지 않는 총체적인 특성을 포함한다. 그러므로 구성요소들 간의 상호관계는 부분들의 집합 이상의 전체를 창조한다.

2) 사회체계의 속성

사회체계의 특징을 중심으로 한 기본 속성은 다음과 같다. 첫째, 전체성(집합성)이다. 하나의 체계가 구성되기 위해서는 몇 개의 부분이 모여야 되고, 이 집합체는 기능 면에서 부분과는 달라야 한다. 예를 들면, 벽돌이 몇 개 쌓여 벽을 이루고, 또 몇 개의 벽이 모여 건물이라는 하나의 체계로서 전체를 이룬다고 보면 어떤 벽돌이건 전체에 공헌하지만 전체라는 건물은 부분인 벽돌과는 전혀 다른 기능을 한다.

둘째, 상호관련성이다. 하나의 체계는 각 구성요소들이 단순히 접한 것이 아니라 모든 요소 간에 유기적 관련성이 있어 상호영향을 주고받아 비로소 존재한다. 따라서 한 부분은 전체 속의 한 부분이며 다른 부분들과 복합관계를 맺고 있어 한 사물의 변화는 모든 사물들과 전체에 변화를 일으킨다. 셋째, 목적 추구성이다. 어떠한 체계이든 전체로서의 공동 목적을 가지고 있으므로 체계는 그 목적을 지향한다. 그런데 이 목적은 하나가 아닌 복수의 경우가 많다. 그러므로 어떤 것이 과연 체계의 존속에 결정적 영향을 주는 것인지를 충분히 인식하여 그의 고유한 목적을 추구하여야 한다.

넷째, 환경 적응성이다. 하나의 체계는 암흑상자로 존재하는 것이 아니고 외부환경의 변화에 적응하면서 그 생명을 존속 및 유지한다. 즉, 체계는 외부환경과의 역동적 균형을 유지하기 위하여 환경으로부터 자원, 에너지, 정보와 같은 투입요소를 받아들이고 이것을 체계 부분 요소들의 상호작용을 통하여 재화나 서비스와 같은 형태로 변형시켜 환경으로 산출함으로써 존속, 성장 및 발전할 수 있는 것이다. 이와 같은 체계는 환경과의 관계에 있어서 개방적일 뿐만 아니라 체계 부분 요소 간의 상호작용이 전체로서의 체계에 영향을 미친다. 다섯째, 계층성(연속성)이다. 하나의 체계 속에는 다수의 하위체계가 존재하고 그 하위체계 속에는 또 다른 다수의 하위체계가 존재한다. 이것은 마치 하나의 조직체가 위계질서와 안정을 유지하기 위하여 국장 밑에 과장이 있고 과장 밑에 계장이 있는 것과 같은 것이다.

3. 생태체계

1) 생태학이론

(1) 생태학이론의 특징

생태학이론의 핵심은 '환경 속의 인간'의 관점이다. 인간을 생태계의 한 구성원으로 보고, 인간과 환경의 상호작용을 연구하는 관점이다. 인간이 자연과 독립적으로 존재하는 존재가 아니라, 자연 일부이며, 자연과 상호작용하면서 생존하고 번성한다는 점을 강조한다. 환경 문제를 해결하고 지속 가능한 사회를 만드는 데 중요한 역할을 한다.

브론펜브레너의 생태학적 체계이론은 인간과 환경의 상호작용을 강조하는 이론이다. 이 이론에 따르면, 인간과 환경은 서로 영향을 주고받으며, 이러한 상호작용은 인간의 발달에 영향을 미친다. 따라서, 인간의 발달을 이해하기 위해서는 인간과 환경의 상호작용을 종합적으로 고려해야 한다. 브론펜브레너의 생태학적 체계이론은 인간과 환경의 상호작용을 다섯 가지의 체제로 구분한다. 미시체계는 개인과 가장 가까운 환경, 중간체계는 미시체계와 미시체계가 상호작용하는 환경, 외체계는 미시체계와 직접적인 관계는 없지만, 미시체계에 간접적인 영향을 미치는 환경, 거시체계는 가장 큰 환경을 말하며 시간체계는 개인의 발달이 시간의 흐름에 따라 변화하는 것을 말한다.

(2) 인간관과 기본 가정

① "환경 속의 인간" 관점은 인간을 이해하는 데 매우 유용한 관점이다. 이 관점은 인간을 환경과 상호작용하는 존재로 보며, 인간의 발달과 행동이 환경에 의해 영향을 받는다는 것을 강조한다. 따라서 이 관점은 인간을 돕기 위해 환경을 변화시킨다. 예를 들어, 부모는 자녀의 발달을 돕기 위해 자녀와의 상호작용을 늘리고, 자녀가 지역 사회에 참여할 수 있

는 기회를 제공할 수 있다. 정부는 교육, 의료, 복지 등과 같은 정책을 통해 개인의 발달을 돕는 환경을 조성할 수 있다.

② 인간은 환경과 사회적 지지를 이용할 수 있고, 환경 속에서 효과적으로 수행할 수 있는 능력을 가지고 있다. 인간은 항상 새로운 것을 배우고, 새로운 도전을 받아들이며, 새로운 환경에 적응할 수 있는 능력을 가지고 있다. 인간은 또한 다른 사람들과 관계를 맺고, 협력하고, 공동체를 형성할 수 있는 능력을 가지고 있다. 이러한 능력들은 인간이 환경 속에서 효과적으로 기능할 수 있도록 해준다.

③ 인간은 환경과 상호작용을 한다. 타인과 관계를 맺는 인간의 능력은 타고난다고 할 수 있다. 인간은 태어날 때부터 다른 사람과 접촉하고, 의사소통하고, 관계를 맺는 능력을 가지고 있다. 인간은 또한 다른 사람과 함께 배우고, 성장하고, 발전할 수 있다. 다른 사람과의 관계를 통해 배우면서 경험을 할 수 있다.

④ 인간은 사회적 관계를 맺는 능력을 타고나지만 보다 효과적인 사회적 관계를 형성하려면 학습과 사회화가 필요하다. 인간은 이러한 사회적 기술을 배우고, 발전시킴으로써 보다 효과적인 사회적 관계를 형성할 수 있다. 효과적인 사회적 관계는 인간의 삶에 많은 이점을 가져다준다.

⑤ 인간은 환경에 적응하고 환경을 자신의 요구에 맞게 변화시키고 수정할 수 있다. 예를 들어, 인간은 농사를 짓기 위해 숲을 개간하고, 물을 길어오기 위해 댐을 건설하고, 집을 짓기 위해 땅을 파는 등의 활동을 통해 환경을 변화시켰다.

⑥ 유전적 및 생물학적 요소들은 환경과 어떤 상호작용을 하는 가에 따라 다양한 방식으로 표출된다. 예를 들어, 키는 유전적으로 결정되는 요소이지만, 환경적 요인에 의해서도 영향을 받을 수 있다. 영양이 풍부한 음식을 충분히 섭취하고, 적절한 운동을 병행하면 키가 더 클 수 있다. 반대로, 영양이 부족한 음식을 섭취하고, 운동을 하지 않으면 키가 작을 수 있다.

⑦ 인간과 환경은 서로 영향을 미치는 호혜적 관계를 이룬다. 인간은 환경에서 필요한 자원을 얻고, 환경을 변화시킨다. 환경은 인간에게 필요한 자원을 제공하고, 인간을 변화시킨다. 이러한 관계는 인간과 환경이 함께 번영할 수 있도록 해 준다.

⑧ 인간은 목적지향적이며 보다 유능하고자 노력한다. 그래서 인간은 자신의 목표달성을 위해 다양한 방법을 사용한다. 예를 들어, 인간은 계획을 세우고, 노력하고, 실패하고, 다시 시도한다. 인간은 또한 다른 사람과 협력하고, 도움을 구하고, 지원을 받는다. 또한 인간은 자신의 능력을 향상시키기 위해 다양한 방법을 사용한다. 예를 들어, 인간은 교육을 받고, 훈련을 받고, 경험을 쌓는다. 인간은 또한 다른 사람과 경쟁하고, 도전하고, 자신의 한계를 극복한다.

⑨ 개인이 환경과의 관계에서 주관적 의미가 발달하는 열쇠이다. 개인이 환경을 어떻게 이해하고, 어떻게 해석하느냐에 따라 개인의 발달이 달라진다. 예를 들어, 어떤 사람은 환경을 위협으로 인식하고, 두려움과 불안을 느낄 수 있다. 반대로, 어떤 사람은 환경을 기회로 인식하고, 도전과 성장을 추구할 수 있다.

⑩ 성격은 개인과 환경 사이에서 관계의 오랜 산물이다. 성격은 개인의 유전적 특성과 환경적 요인에 의해 형성된다. 유전적 특성은 개인이 타고난 성격의 기초를 제공한다. 환경적 요인은 개인의 성격을 형성하는 데 중요한 역할을 한다. 예를 들어, 부모, 형제, 친구, 교사, 문화, 사회 등과 같은 환경적 요인들은 개인의 성격에 영향을 미친다.

⑪ 긍정적 변화는 생활 속 경험에서 야기될 수 있다. 긍정적인 생활 속 경험은 개인의 성격, 가치관, 신념, 행동 등에 영향을 미친다. 긍정적인 생활 속 경험을 통해 개인은 더 행복하고, 건강하고, 성공적인 삶을 살 수 있다.

⑫ 생활하면서 생기는 문제는 전체적인 생활공간 속에서 이해되어야 한다. 개인의 생활공간은 개인의 삶에 큰 영향을 미친다. 따라서, 생활상의 문

제를 해결하기 위해서는 개인의 생활공간을 이해하는 것이 중요하다.

⑬ 사회복지사는 클라이언트를 돕기 위해 그들의 생활공간 어디에든 개입할 준비가 되어 있어야 한다. 사회복지사는 클라이언트의 생활공간을 이해하고, 클라이언트의 삶을 변화시키기 위해 노력해야 한다. 사회복지사는 클라이언트의 가족, 친구, 직장, 학교, 지역사회 등과 같은 다양한 요인들과 협력해야 한다. 예를 들어, 사회복지사는 클라이언트에게 교육을 제공하거나, 클라이언트를 치료하거나, 클라이언트에게 자원을 제공할 수 있다.

(3) 주요 개념

① 적합성(goodness of fit)

개인이 자신의 환경에 잘 적응하고 있는 정도를 말한다. 적합성이 개인의 발달에 중요한 역할을 한다고 주장했으며, 적합성이 높을수록 개인은 자신의 환경에서 성공할 가능성이 커진다. 적합성 이론은 개인의 발달을 이해하고 개입하는 데 도움이 되는 유용한 이론으로 적합성을 높이기 위해서는 개인의 특성, 환경의 특성, 개인과 환경의 상호작용을 고려해야 한다. 적합성을 결정하는 요인에는 개인의 특성으로 개인의 유전, 성격, 능력, 경험 등, 환경의 특성으로 가족, 학교, 지역사회 등, 개인과 환경의 상호작용으로 개인과 환경이 어떻게 상호 작용한다고 주장했다.

② 적응성(adaptiveness)

개인이 환경의 변화에 적응하는 능력을 말한다. 적응성은 개인의 발달에 중요한 요소로, 적응성이 높은 개인은 환경의 변화에 적응하여 성공적으로 발달할 가능성이 크다. 적응성을 높이기 위해서는 개인이 환경에 대한 이해를 높이고, 환경의 변화에 유연하게 대처할 수 있는 능력을 키워야 한다. 또한, 개인이 환경의 변화에 적응하는 데 도움이 되는 사회적 관계를 형성하는 것도 중요하다. 적응성을 세 가지 요인으로 개인의 특성은 개인의 성격, 능력,

경험 등, 환경의 특성은 환경의 요구 수준, 환경의 유연성 등, 개인과 환경 간의 상호작용은 개인이 환경을 어떻게 인식하고, 환경을 어떻게 다루는가 등으로 개인의 발달에 중요한 요소로, 적응성을 높이기 위해서는 개인이 환경에 대한 이해를 높이고, 환경의 변화에 유연하게 대처할 수 있는 능력을 키워야 한다. 또한 개인이 환경의 변화에 적응하는 데 도움이 되는 사회적 관계를 형성하는 것도 중요하다.

③ 유능성(competence)

개인이 자신의 환경에 적응하고, 목표를 달성하고, 변화를 끌어낼 수 있는 능력이다. 유능성은 개인의 내적 요인(예: 지능, 성격 특성)과 환경적 요인(예: 가족, 학교, 지역사회)의 상호작용에 의해 영향을 받는다. 유능성의 세 가지 차원에 개인적 유능성은 개인이 자신의 내적 능력을 개발하고 활용할 수 있는 능력이다. 대인 관계적 유능성은 개인이 다른 사람들과 효과적으로 상호 작용할 수 있는 능력이다. 환경적 유능성은 개인이 자신의 환경을 변화시키고 통제할 수 있는 능력이다. 유능성이 뛰어난 사람들은 자신의 목표를 달성하고, 변화를 끌어내며, 행복한 삶을 살 가능성이 크다. 유능성을 향상시키기 위해서는 개인의 내적 요인을 향상시키기 위해서는 교육, 훈련, 상담 등의 개입을 제공하고 환경적 요인을 향상시키기 위해서는 가족, 학교, 지역사회를 지원하는 정책을 개발하고 시행할 수 있다.

④ 상호 교류(transaction)

개인과 환경이 상호 작용하는 과정을 의미한다. 즉, 개인은 환경의 영향을 받지만, 또한 환경에도 영향을 미친다. 개인과 환경의 상호작용을 미시체계, 중간체계, 외부체계, 거시체계, 시간체계로 설명할 수 있다.

- 미시체계: 개인이 직접 참여하는 가장 가까운 환경으로 가족, 친구, 학교, 직장 등이 포함된다.
- 중간체계: 미시체계 간의 상호작용으로 이루어진 환경으로 가족과 학교,

가족과 친구 등이 중간체계에 해당한다.

- 외부 체계: 개인이 직접적으로 참여는 하지 않지만, 개인의 발달에 영향을 미치는 환경으로 지역사회, 문화, 사회 정책 등이 포함된다.
- 거시체계: 가장 큰 환경으로, 개인의 발달에 영향을 미치는 가장 큰 틀을 제공한다. 역사, 경제, 정치 등이 포함된다.
- 시간체계: 개인의 발달을 설명하기 위해 고안된 다섯 가지 계층 구조 모델이다. 시간체계 모델은 개인의 발달이 개인, 가족, 사회, 문화 및 역사적 환경 등 여러 요인에 의해 영향을 받는다는 점을 강조한다. 시간체계는 발달이 시간의 흐름에 따라 어떻게 변화하는지 설명한다. 이러한 요인 간의 상호작용을 고려한다. 또한 발달이 시간의 흐름에 따라 어떻게 변화하는지 설명한다.

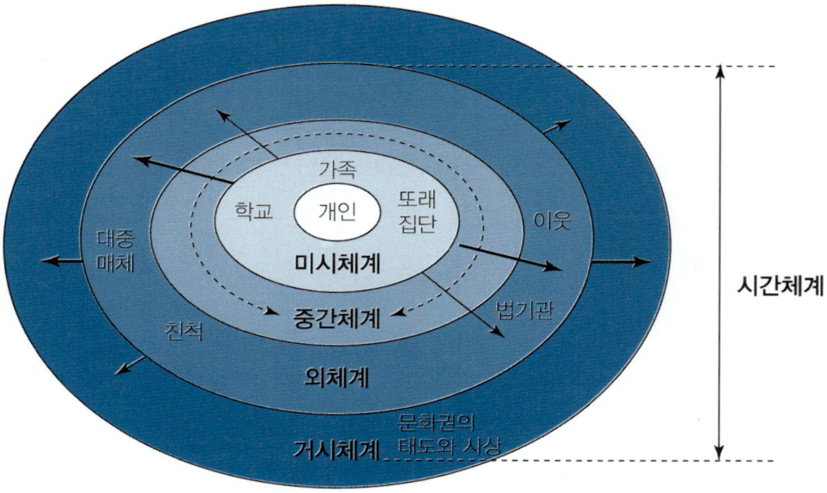

그림 11-2 브론펜브레너의 생태학 이론

(4) 생태학 이론에 대한 평가

인간발달에 영향을 미치는 환경을 체계적으로 구조화하며 인간발달을 이해하는 데 유용한 이론으로 평가받고 있다. 인간발달을 개인과 환경의 상호작용으로 설명하기 때문에, 인간발달을 이해하는 데 도움이 되며 인간발달의 다양한 요인을 고려하기 때문에, 인간발달을 보다 포괄적으로 이해하는 데 도움이 된다. 하지만, 인간의 내적 요소는 거의 논의하지 않는 점과 환경과 인간이 어떻게 서로 영향을 주고받는가에 관한 구체적인 부분과 세부적인 방법에 관한 언급이 부족하다. 그리고 인간발달의 다양한 요인을 고려하기 때문에, 인간발달을 이해하기 어려울 수 있다 점이 한계로 나타나고 있다. 이러한 한계에도 불구하고, 인간의 발달을 이해하는 데 매우 유용한 이론이다. 이 이론은 인간의 발달이 개인의 내부적 요소와 환경적 요소의 상호작용에 의해 이루어진다는 것을 강조한다. 따라서, 인간의 발달을 돕기 위해서는 개인의 내부적 요소와 환경적 요소를 모두 고려해야 한다.

2) 생태체계의 개념과 특성

(1) 생태체계의 개념

생태체계(ecosystem)는 생태학과 일반체계 이론을 포함한 개념으로, 생태학의 상호적응의 개념과 일반체계의 상호작용을 하는 요소와 인간, 환경 등의 변수 간의 체계적인 상호 관련을 기술한다는 점에서 이 두 이론의 개념을 종합한 의미이다. 즉, 생태체계 이론은 인간과 다른 체계 간의 교류를 설명하고 각 체계 간의 영향에 의한 상호작용 등이 인간행동에 영향을 미친다고 설명하였다. 따라서 생태체계 관점은 인간의 행동이 그들의 사회체계에 대한 설명 없이는 이해할 수 없다. 생태체계 이론은 사회복지실천 분야의 근간이며 포괄적인 시각을 사회복지 전문가에게 제공해 줌으로써 인간의 행동을 이해하는 데 널리 사용되고 있으며, 인간이 어떻게 환경과 상호작용하는지를 통합적으로 살펴볼 수 있도록 해 준다(김동배 외, 2003). 생태체계 이론은 인간이 인간을 둘러싼 환경 속에서 어떻게 평형상태를 유지하고 변화되어 가는지를 설명해 준다. 이때 평형상태는 주변의 환경에 적응할 수 있도록 인간이 능동적 혹은 수동적으로 변화함으로써 유지하게 된다. 즉, 사회복지는 인간과 그를 둘러싼 환경과의 상호작용을 중요시하는 '환경 속의 인간(person in environment)'이라는 관점을 중요시한다. 생태 이론은 인간의 행동을 단선적이고 인과론적 시각으로 이해하던 것에서 벗어나 환경을 고려하면서 인간과 환경 간의 순환적인 관계에 초점을 두고 이해할 수 있도록 하였다.

(2) 생태체계의 응용

인간이 어떤 환경 속에 존재하고 있는가에 따라 인간의 행동은 변화될 수 있으며, 그에 따른 삶은 정해진 것이 아니라 변화될 수 있다. 그리고 인간의 발달을 설명하기 위해서는 인간의 발달 과정, 발달이 일어나는 환경, 모든 인간이 처해 있는 다차원적인 환경들 간의 상호작용과 상호연계성을 규명하는 것이 중요하다(홍정미, 2008). 이런 점에서 사회복지실천현장에서는 생태체계 이론을 활용한 인간에 대한 상황을 이해하려고 한다. 예를 들어, 노인의 정신건강을 이해하기 위해서는 노인 개인과 노인을 둘러싼 다양한 환경체계와의 상호작용을 통해 노인의 정신건강을 파악할 수 있는 틀을 제공해 주거나(손덕순, 2004 재인용) 생활시설에서 거주하는 아동의 학교적응에 영향을 미치는 요인을 찾고자 아동 개인관련 요인, 가족관련 요인, 시설관련 요인, 지역사회관련 요인 등을 찾는 연구(이지영, 2011) 등 사회복지 실천가·연구자에게 폭넓게 응용되고 있다.

즉, 생태체계 관점(perspective)은 사정(assessment)에 특히 유용하며(Grief, 1986) 시각적인 도구로서 가계도와 생태도(ecomap)를 사용하면서 가족의 관계망과 환경적 지지를 사정하는 데 초점을 둔다(Malcolm Payne 저, 서진환 외 역, 2001). 즉, 개별 유기체를 둘러싼 미시체계, 중간체계, 외체계, 거시체계 등 사례의 중요한 요소들을 포함하고 그 요소들을 둘러싸고 있는 경계를 보여준다. 이를 통해 사회복지사는 자신과 함께하고 있는 클라이언트의 개인적인 부분에서 전체적인 상황을 파악하고 다양한 상호관계를 파악할 수 있도록 기회를 제공해 준다.

(3) 생태체계 이론의 특성

생태체계 이론의 특성은 첫째, 상황 속에서 인간의 다양한 변화 가능성을 제시한다. 둘째, 클라이언트체계의 강점을 강조한다. 셋째, 현재 행동을 '상황 속의 개인'의 편안한 적합성으로 설명한다. 넷째, 역기능을 상황 속에서 적응적이거나 합리적인 것으로 개념화한다. 다섯째, 개인의 사회집단 및 사회적·물리적 환경 안에서 변화를 위한 여러 가지 대안을 탐색한다(전재일 외, 2004; 이종복·전남련, 2011).

또한, 생태체계 이론에서의 '체계적 사고'는 개인의 존재에 대한 초점을 유지하면서, 개인에게 환경의 관계 상황을 인식, 이해, 개입하도록 만들어준다. 체계적 사고는 사물이 어떠한가에 초점을 두는 존재론적인 것이 아니라, 요소들이 서로 상호작용하는 방법에 관한 것이다. 체계적 사고는 사례에서 여러 가능한 개입지점을 볼 수 있게 한다. 사물의 성질에 관심을 두는 것이 아니라 현실의 구성, 인간과 사건을 함께 묶는 과정에 관심을 기울이기 때문이다. 그러나 '단선적 사고'는 "x가 발생하면, y가 따른다"와 같은 단순한 인과관계의 확실성을 제시하지만, 이것은 개인의 중요한 차원을 간과할 수 있다는 단점이 있다는 점에서 인간을 바라보는 관점에서도 단선적 사고가 아닌, 체계적 사고를 필요로 한다(이선영, 2004 재인용).

(4) 생태체계 이론의 관점의 사회복지실천 간의 관계

생태체계 이론이 사회복지실천에 주는 가장 큰 시사점은 개인을 개인 혼자의 문제가 아닌, 환경과 상황을 그것 자체의 독립 변수로 취급하지 않는다는 것이다. 인간은 환경과의 상호교류와 작용을 통해 자아를 형성하고 삶의 문제에 대처하며, 환경 또한 다양한 체계 간의 복잡한 관계 속에서 파악되어야 하는 대상으로 간주된다. 각각의 체계는 유기적으로 연결되어 서로 영향을 주고받으면서 변화와 안정 속에서 발달과 성장의 과정이 끊임없이 연속된다(이효선 외, 2012 재인용).

사회복지사는 다른 휴먼서비스 전문가와는 다르게 개인뿐만 아니라 환경

양자 모두에게 관심을 갖고 있어야 한다. 사회복지는 개인의 사회적 기능 향상을 통해 스스로 자신의 문제에 대해 살펴보고, 그 원인을 찾아 해결하거나 자신의 강점과 자원을 활용하여 삶의 질을 개선할 수 있도록 변화시키는 것이다. 또한 사회복지사는 개인문제와 사회문제에 연관된 다양하고 복잡한 모든 요인들을 찾아내고 이 요인들이 문제를 발생시키는 데 어떻게 상호작용하는가를 이해해야 한다. 이것은 결국 개인에 대한 개입부터 전 사회 차원으로까지 이르는 개입과정과 전략을 결정할 수 있도록 전문화되어야 하는데, 이를 위해서는 이론적 틀이 필요하다.

많은 사회복지사들은 생태체계 접근을 통해 인간과 인간을 둘러싸고 있는 물리적·사회적 환경 간의 교환을 개념화함으로써 유용한 방법들을 설명할 수 있게 되었다(Germain, 1987; Germain & Gitterman, 1980). 생태 이론에서 문제는 병리적 상태로서의 반영이 아니라 주위 사람, 사물, 장소, 조직 등을 포함하는 생태체계의 여러 요인들 간의 상호작용 결과로 발생하는 생활상의 문제로 정의된다(강흥구, 2004). 개인과 개인에게 영향을 주는 사회적·물리적 환경 간의 역기능적 교류를 개념화하고 사회복지사는 개인과 환경 사이의 역기능적 교류에 개입해야 한다고 주장하였다(엄명용 외, 2005).

생태체계 이론은 어느 하나의 개입기법을 가진 모델이 아니며, 문제를 가진 개인과 그를 둘러싼 환경에 대한 개입에 있어 다양한 기술과 기법을 필요로 하는 사회복지사에게 통합적 접근을 가능하게 만들어주었다. 따라서 예비 사회복지사가 전문 사회복지사가 되고자 할 때, 인간에 대한 행동과 그에 따른 결과를 분석하는 경우에는 개인에 대한 초점뿐만 아니라 개인을 둘러싼 가정(가족지지 및 구성원의 관계 등), 학교(또래·교사와의 관계 등), 직장(직장 상사 및 동료와의 관계 등), 지역사회 등의 환경에 대해 체계적이고도 통합적인 시각을 가져야 한다.

CHAPTER

12

사회 주요체계

1. 가족의 이해

1) 가족의 의미와 특성

인간이 태어나서 처음으로 맺는 관계가 바로 가족과의 관계이다. 가족은 혼인관계로 맺어진 부부와 혈연관계로 맺어진 그 자녀들로 구성되는 사회의 기본단위이다. 가족은 인간의 성장발달에서 매우 중요한 역할을 하며 우리는 누구나 가족의 사랑과 보호를 받으면서 성장하고, 여러 가지 생활규범을 배우고 익히며, 사회생활에 적응할 수 있는 능력을 기른다.

- 가족은 혼인이나 혈연 또는 입양에 의해서 이루어진다.
- 가족 성원은 대체로 한 지붕 밑에 같이 살고 있는 단일 가구로 형성된다. 과거에는 3대 이상의 자손들이 모여 가족원을 구성하였다.
- 가족은 남편과 아내로서, 또는 어머니, 아버지, 자녀로서, 형제, 자매로서 사회적 역할을 수행하며 상호작용하는 사람들의 결합체이다.
- 가족은 그 사회의 기본적인 문화를 소유하면서 이를 유지한다. 그러나 사회가 복잡해짐에 따라 가족이 소유하고 있는 기본문화에서 여러 가지 파생문화를 생성시킨다.

2) 가족의 형태

가족의 형태는 구성 상태에 따른 구분 6가지로 구분할 수 있다. 첫째, 핵가족이다. 가족 형태 중 가장 작은 단위이다. 핵가족은 부부와 미혼 자녀로 구성된 2세대로 형성되어 있다. 산업사회에서 오는 현상이다. 둘째, 확대가족이다. 한 집에 여러 세대가 사는 가족으로서 자녀들은 결혼해도 분가하지 않고 부모와 함께 산다. 결국 확대가족은 핵가족이 종적·횡적으로 연결된 가족형태인 것이다. 셋째, 노인가족이다. 노인만으로 이루어진 가족, 핵가족의 증가, 노인인구의 증가, 가치관의 변화 등으로 노인가족이 크게 증가하고 있으며,

앞으로도 계속 증가 추세로 보인다. 대부분의 노인가족은 저소득이며 다양한 문제를 보이고 있다.

넷째, 한부모가족이다. 한부모가족은 부모 중에서 어느 한쪽이 없는 가족인데, 대부분 편모가족이 더 많다. 한부모가족은 혼전임신, 별거, 이혼, 사망, 입양 등으로 인해 형성되는데, 과거에는 비정상적인 가족으로 간주되었으나 오늘날에는 흔한 가족형태가 되었다. 다섯째, 가족의 해체이다. 결혼의 해체는 주로 성년기에 일어나는 현상이다. 여성은 남편에게 경제적으로 덜 의존하며, 따라서 불행한 결혼생활을 덜 참는 경향을 보여준다. 법적인 장애도 거의 없으며 이혼에 대한 종교적 제재나 이혼에 따르는 사회적 오명도 이전보다 덜하다. 과거에는 '자식들' 때문에 참고 살았지만, 오늘날 그것이 최선의 방법이라고 생각하지 않는 부부들이 늘어나고 있다. 여섯째, 가족의 재형성이다. 최근 들어 주변에서 이혼이나 재혼한 사람들을 찾아보기란 그다지 어렵지 않을 정도로 산업화 이후 급변하는 한국 사회의 사회변동과 관련된 가족변동의 양상을 단적으로 잘 나타내는 현상이 이혼과 재혼의 증가이다. 그러나 이혼이나 재혼 같은 직접적인 가족행동상의 변화는 현저하게 달라졌으나, 우리 사회에서 이혼자나 재혼자 또는 그 가족을 보는 시각과 가치관에 있어서는 부정적인 고정관념이 여전히 강하게 자리 잡고 있는 실정이다. 또한 재혼이나 이로 형성된 새로운 가족은 우리사회는 물론 동서고금을 막론하고 존재해왔지만 오늘날의 재혼과의 차이점은 과거에는 배우자의 사별로 인한 재혼이 전형적이었으나 오늘날은 이혼자의 재혼이 지배적이라는 점이다. 이렇게 이혼과 이로 인한 재혼이 증가하는 현실을 볼 때 이제는 이혼과 재혼에 대한 부정적인 사회적 통념과 고정관념에서 벗어나 보다 객관적인 관점에서 이혼, 재혼의 문제를 생각해 볼 인식의 전환이 필요하다.

3) 가족관계

(1) 부부관계

부부는 혼인 의식 또는 제도에 의해 이루어지는 관계로 비혈연적이기는 하지만 가장 친밀한 인간관계이다. 부부는 생리적·심리적·사회적 욕구를 충족하는 보완적인 관계이다. 부부는 '너와 나'의 합의가 아닌 '너와 나'의 공동으로 이루어지는 새로운 우리의 관계이다. 부부는 수직적 관계가 아닌 수평적 관계이다. 부부는 일시적 관계가 아닌 지속적 관계이다. 부부는 바른 지식과 가치관과 의식적인 노력이 없으면 가장 불편한 관계가 될 수 있다. 부부의 역할은 전통적인 남편의 역할은 가족의 균형 유지와 대외 목적에 대한 바람직한 관계를 수립한다. 전통적인 아내의 역할은 가족 구성원을 통합하고 긴장을 완화시키는 표현적 역할을 한다. 그러나 현대 사회는 맞벌이 증가로 남녀평등의 가치관으로 인해 공동으로 가족을 위한 역할을 수행한다.

(2) 부부의 상황적 요인들

부부는 결혼생활을 하면서 다양한 상황에 처하는데, 이것은 부부만족도에 영향을 미친다. 결혼 생활 속에서 여러 가지 상황적 스트레스가 가중되더라도, 부부가 서로 깊은 관심과 애정을 보이면서 부모의 역할을 함께 풀어나간다면 부부만족도는 신혼기처럼 유지되거나 더 증가할 수 있다.

(3) 부모-자녀 관계

결혼을 하여 자녀를 갖는 것은 인생에서 중요한 사건이다. 자녀양육은 성인으로서의 인식과 책임감, 부부의 삶의 방식과 결혼생활을 많은 부분에서 달라지게 한다. 부모가 되면서 자녀를 양육하기에 급급하기보다는 먼저 부모됨에 대한 역할과 부모-자녀 관계에 대한 준비가 필요하다. 결혼을 하고 가족이 형성되고 자녀를 낳고 자녀들을 키우며 돌보는 일은 인생에서 가치 있고 의미 있는 과업임을 인식하게 해 주는 교육이 필요하다.

자녀를 어떻게 잘 양육시킬지에 대한 부모로서의 역할을 생각해 볼 필요가 있는데, 이에 바움린드(Baumrind)는 수용과 반응이라는 차원과 요구와 통제라는 차원에 의해 부모의 양육방식을 권위주의적 양육방식, 권위 있는 양육방식, 허용적인 양육방식, 무관심한 양육방식이 있다고 하였다. 자녀양육 스트레스와 자녀가 성장함에 따른 부모-자녀 관계에 대한 스트레스는 사회문제가 되고 있다. 부부의 맞벌이 증가로 자녀양육은 주로 조부모나 어린이집과 같은 보육시설에서 이루어지는 경우가 대부분인 현실에서 부모교육에 대한 다양한 프로그램들이 활성화되고 있는 실정이다. 부모교육의 핵심은 부모됨에 대한 가치를 알게 해 주는 것이 되어야 할 것이다. 자녀양육의 가치를 심어주며 가족 간의 의사소통을 증진시키고 자녀의 발달에 대해 이해하게 되며 보다 효율적인 양육 전략을 적용할 수 있게 된다(유성이, 2017).

4) 가족변화와 문제

우리나라는 급격한 산업발달과 경제성장의 문제로 가족의 형태가 급격히 변화하고 있다. 이로 말미암아 핵가족화, 1인 가족, 개인주의 현상이 급격하게 일어나고 있는 실정이다(장수한, 2017). 첫째, 가족의 규모가 급격히 축소하고 있다. 둘째, 가족의 형태는 부부와 자녀로 구성된 2세대가 보편화되고 있다. 노인 가구와 소년소녀 가장이 증가, 이혼으로 인한 한부모가족 증가, 여성 세대주가 증가하고 있으며, 이는 사회문제가 되고 있고 이로 인한 정부정책이 급격하게 바뀌고 있는 실정이다. 셋째, 가족관계는 권위적이고 지배적인 부부관계에서 민주적이고 대등한 관계로 부부의논형으로 바뀌고 있다. 넷째, 가족기능은 전통적인 생산기능이 쇠퇴하고 소비기능과 문화기능이 강화되고 있다. 다섯째, 가족문제가 증가하고 있다. 경제부양부담의 증가, 신체적인 보호기능의 약화, 정서적 기능의 약화, 결손가정의 증가 등이 있다.

2. 집단의 이해

1) 집단의 개념

집간이란 두 사람 이상의 개인들이 다른 구성원들을 알고 자신이 그 집단의 구성원임을 인식하여 소속되어 있어야 하며, 서로 공동의 목적과 관심사를 달성하기 위해 상호의존관계에 있는 상태를 말한다. 또한 의사소통 및 인지와 반응 등을 통해 상호작용하며, 집단의식을 가지는 사회적 집합체라고 할 수 있으며 2차 집단이다.

집단은 가족 다음으로 가장 친숙하고 직접적이며, 활발한 상호작용으로 한 개인의 성장과 발달에 큰 영향을 미치는 환경체계이다. 개인은 유아기에 유치원의 또래를 비롯하여 학교, 학급, 동아리, 직장, 사회단체, 지역사회 등에서 다양한 목적과 조건에 따라 많은 집단을 경험하게 된다. 개인이 경험하는 집단의 유형과 그 집단 속에서 수행하는 과업과 역할은 그 개인의 성격형성, 인간관계 및 사회성 등으로 생활과업의 수행에 직·간접적으로 영향을 미친다(이명호 외, 2018). 그러므로 집단경험은 한 개인이 전 생애에 걸쳐 성격형성 및 발달에 다양한 영향을 미칠 뿐만 아니라, 인간의 행동변화에도 영향을 미친다.

인간은 환경적 요구에 적절하게 적응하고 때로는 환경을 자신에게 맞게 공유하고 변화시켜 나감으로써 성장하고 발전한다. 인간이 경험하게 되는 집단의 유형과 성격, 집단 내에서 차지하는 지위와 과업 등은 그 집단에 소속되어 있는 개인과 끊임없는 상호작용을 함으로써 개인의 인격형성에 영향을 미치게 된다. 일반적으로 집단은 한 개인들과 집단의식에 대한 의식을 인식하고 공유하며, 상호작용하는 사회적 실체로서 그 집단의 소속감 및 구성원의 집단과 관련된 행동에 의해 영향을 받으며, 표현적 행동이 지배적인 사회적 조직형태이다.

집단의 목적은 서로 목적이 관련되어 있는 사람들의 집합이기 때문에 성원들 개인적 목적과 그 집단의 기관들의 목적으로 통합이 되어 공동 전체의 목적일 수 있다. 그러나 이러한 집단의 목적 역시도 하나일 수도 있고 복합적일 수도 있어 하위목적을 가질 수도 있다.

집단은 단순 집합이 아니며, 집단 내에 있는 사람들의 관계가 구조화되고 유형화된 하나의 조직된 체계라고 규정할 수 있다. 이러한 조직형태는 집단의 역동적인 상호작용의 유형에 의해 기둥형, 순번형, 자유부동형, 뜨거운 자리형으로 나눈다.

먼저, 기둥형은 성원과 지도자 간의 의사소통이 활발하며, 소속된 지도자가 중심적 위치를 차지한다. 순번형은 집단상담과 모임처럼 서로 돌아가면서 의사소통을 하는 것이다. 자유부동형은 성원들이 자유롭게 의사소통을 하는 것으로 조절이 안 되면 난상토론으로 될 가능성이 높은 유형이다. 마지막으로 뜨거운 자리형은 모든 성원들이 지켜보는 가운데 한 성원과 지도자만이 의사소통을 하는 유형이다.

2) 집단의 특성

집단은 다수의 개인적으로 단순히 모여서 만들어진 모임이라기보다는 두 사람 이상이 하나의 단체를 이루어 공통의 목적 또는 관심사를 위해 상호 간에 역동적인 교환행동이다. 따라서 상대에게 영향을 주고받는 형태라고 할 수 있다. 그러나 집단참여의 한계는 구성원들이 가족 이외의 다양한 집단에 참여하는 것으로 자신의 관심사에 기초하여 자발적인 참여를 결정한다. 그러므로 참여구성원들의 응집력과 에너지가 필요하며, 구성원의 참여정도와 횟수는 제한적일 수 있다. 이러한 집단의 특징은 다음과 같다(생각의 마을, 2018).

일정한 구성원의 규모(크기)가 비교적 작다. 최소 둘 이상의 사람으로 이루어져야 되지만 최대한 어느 정도인가에 대해서는 한정되지 않는다. 그러나 너무 많은 구성원으로 직접적인 상호작용이 되지 않는다면 집단이라고 하기 어렵다.

집단은 공통된 목표가 존재하기 때문에 보통 집단성원이 집단에서 이탈하거나, 새로운 성원이 들어오는 경우에도 집단의 목표와 규칙(규범)은 그대로 지속되는 특성을 갖는다. 또한 집단의 목표는 집단성원의 욕구에서 나오며, 명시적이지 않고 묵시적인 경향이 있다.

집단성원들 모두는 공통된 집단의 정체성을 가지며, 집단을 하나의 실체로 지각한다. 다양한 집단활동을 통해 '우리'라는 의식이 형성된다. 예를 들면, 우리 반, 우리 동네, 우리 동아리 등이다. 집단성원 간 상호작용은 주로 대면적이며, 협의로 정의된 역할에 전적으로 근거하기보다는 전인격적으로 이루어진다. 또한 집단성원 간 관계와 상호작용 속에서 구성원들의 행동은 이성적 요소들보다는 정서적 맥락들에 의해 주로 유발된다.

집단은 집단과 관련된 구성원들의 행동에 영향을 미치는 규범체계를 포함한 하위체계를 갖는다. 이러한 부분적 규범들은 각 구성원들에게 내면화되고 각자의 가치체계, 즉 자기인식의 일부분으로 내면화된다. 이를 통해 어떤 방식으로 행동해야 하는지에 대한 사회적 통제 및 사회화의 기능을 수행한다. 따라서 집단은 사회체계 중에서 가장 배타성을 가지므로 집단 구성원들만의 자기본위 의식을 소유하고 있다. 그러므로 집단 구성원의 관계는 개인적으로 이루어지나 내부에서 나타내는 감정은 집단에 대한 소속감 등으로 이루어지기 때문에 가장 배타적이다. 이러한 배타성은 집단의 잠재적인 안정성으로 집단을 유지하는 힘이 되고 있다.

3) 집단의 유형

(1) 일차집단과 이차집단

집단은 상호작용을 하는 구성원들로 이루어져 있으며, 구성원들 간의 상호작용은 개별 구성원뿐만 아니라, 집단 전체에도 영향을 미친다. 뿐만 아니라 집단구성원 각자는 다른 구성원들로부터 영향을 받게 되며, 자신의 행동을 통해서 다른 구성원에게 영향을 미친다. 이러한 상호작용과 결속의 정도를 따라 일차집단과 이차집단으로 구분하였다.

일차집단(primary group)은 어떠한 특정의 목적이 없으며, 혈연과 지연을 바탕으로 자연발생적으로 이루어지는 집단으로 가족, 친구, 친인척, 이웃, 동료 등이 있다. 이 집단은 아주 친밀하기 위해 자주, 긴밀하게 접촉을 하면서 관계를 맺는다. 구성원들의 공통의 도덕규범 및 행동형성과 발달, 사회화 등에 영향을 미친다. 이러한 집단을 자연발생적 집단으로 말하기도 한다.

이차집단(secondary group)은 정서적, 애정, 의사소통의 부족 등의 결속력은 약하고 직접 대면해서 접촉하는 것은 일차집단보다는 적거나 없을 수도 있다. 특정한 목적을 달성하기 위해 상호작용하는 집단으로 인위적으로 계약에 의해 구성된 집단이다. 또한 집단 내에서 수행하는 구성원 개인의 기능과 역할을 중시하므로 목적에 효율성이나 능률을 높이는 데 있다. 이러한 집단을 인위적 형성집단으로 말하기도 한다.

(2) 개방집단과 폐쇄집단

집단구성원의 가입과 탈퇴를 자율성에 따라 분류되는 개방집단과 폐쇄집단이 있다.

개방집단(open-ended group)은 집단이 구성되어 운영이 되어도 언제나 구성원들의 입·탈퇴가 자유로워 무제한으로 구성원을 계속해서 받을 수 있다. 또한 집단을 떠나는 구성원을 대신하는 새로운 구성원의 가입이 허용되는 집단의 유형이다. 때때로 이 개방적 집단을 종결 시간을 미리 정하지 않고 모이는 집단으로 보기도 한다. 그러나 이러한 집단의 장점은 입·탈퇴가 자유롭기 때문에 새로운 구성원들의 가입으로 새로운 제도와 생각, 신념, 가치관들이 유입되는 점이며, 단점은 오리엔테이션 반복, 목표에 대한 성장의 정체, 구성원들의 불안 유발 등이 있다.

폐쇄집단(close-ended group)은 집단이나 단체의 구성과 관련하여 먼저 가입조건이 설정되어 가입 및 참여의 기회가 없거나 닫혀 있어서 외부인들이 마음대로 가입하거나 참여할 수 없는 집단을 말한다. 이러한 집단의 장점은 구성원들이 동일하기 때문에 집단의 응집력이 높아 개인의 목표와 집단의 공동목표를 모두 효과적으로 달성할 가능성이 높다. 그러나 단점으로 처음부터 구성원 선정과 목표선정에 오류가 있다고 하더라도 수정할 수 있는 여지가 적다. 그리고 집단 운영 중도에 탈퇴하는 구성원들이 많다고 하면 집단 구성원의 인원수가 적어 집단의 역동성과 집단의 유지가 어려워지는 경우가 발생할 수 있다.

(3) 치료집단과 과업집단

집단의 목적과 활동에 따라 구분할 경우 다양한 구분이 존재하지만 크게 치료집단과 과업집단으로 분류한다. 치료집단(treatment group)의 집단 목표는 성원의 사회·정서적 욕구에 대한 만족의 증가에 심려를 기울인다. 또한 실천방식은 공개적인 의사소통과 적극적인 상호작용을 위해 성원을 격려한다. 집단 내에서 성원의 역할은 서로 상호작용을 통해 결정되고 집단과정은 집단에 따라 유연하거나 형식적이다. 이러한 치료집단의 특성은 자기 개방(self-disclosure), 즉 자기공개성이 높으며, 진행과정은 집단 내에서만 이루어진다. 또한 치료목표가 성공적으로 충족되었을 때 집단의 성공 여부가 결정 난다. 치료집단을 주된 목적에 따라 세분화하면 교육집단, 성장집단, 치유집단, 사회화 등이다.

과업집단(task group)은 집단의 목표는 과업달성, 성과물 산출, 명령수행에 적극적이다. 또한 실천방식의 의사소통은 특정 과업에 관한 것의 논의에 집중되어 있다(이인정·최해경, 2020: 580). 집단 내에서 성원의 역할은 각 성원들의 과업이 할당되고, 집단과정은 집단에 따라 보통은 형식적인 일정과 규칙이 있다. 이러한 과업집단의 특성은 자기 개방(self-disclosure), 즉 자기공개성이 낮으며, 진행과정은 대중에게 공개적일 수도 있고 은밀하게 진행할 수도 있다. 또한 치료목표가 성공적으로 그 과업이나 명령을 달성했는가 혹은 산출물에 대한 성과를 냈는가를 집단의 성공 여부로 결정 난다. 과업집단의 예로는 자문위원회, 연합체, 대표위원회, 협의체, 이사회 등이 있다.

4) 사회체계로서 집단

집단의 체계를 베일즈(Bales)는 체계이론을 토대로 집단체계의 기능을 설명하면서 집단이 어떤 문제를 해결하려는 목적으로 상호작용을 하는 사람들이 모인 체계라고 전제하였다. 집단은 하나의 사회체계로서 구성원들의 상호작용을 바탕으로 개인의 사회적 관계를 증진시키며, 다양한 욕구를 충족시키고 문제를 해결한다. 집단은 구성원들의 활동에 따라 구성원 각자와 사회에 유익하기도 하지만, 부정적인 영향력을 미치기도 한다. 한편, 집단은 다른 집단에 의해 영향을 받으며, 지역사회나 국가의 기대, 가치관, 문화 등에 의해 영향을 받는다(이근홍, 2020). 더불어 구성원 각자에게는 물론 집단 전체에 영향을 미치게 되며, 이러한 상호작용에 의해 집단 변화에 미치는 힘을 '집단의 역동성'이라 한다. 집단의 역동성은 구성원들의 의사소통, 집단의 목적과 규범, 구성원의 역할과 정서적 유대, 하위집단 등의 다양한 요소들에 의해서 영향을 받는다. 이러한 요소들을 적절히 활용하게 되면 집단의 발전은 물론 구성원들에게 긍정적 결과를 가져올 수 있다(이근홍, 2020). 그러므로 집단에서는 응집력이 중심적 역할을 하는 요소이기 때문에 긍정적인 힘으로 반드시 독려해야 한다. 이것을 '집단의 응집력'이라고 한다. 집단의 응집력은 구성원들 간의 매력을 느끼는 힘으로 지도자에 대한 중요한 역할이다. '우리, 우리들, 우리의' 등을 언급하면서 참석자를 하나로 모이게 하는 행위로 구성원의 특성, 집단의 목적, 집단의 분위기, 집단의 활동성, 집단참여의 필요성 등이 결집되는 복합적인 힘이다.

5) 집단과 사회복지실천

집단을 활용한 사회복지실천의 역사는 인보관운동, 성인교육, YMCA 등과 같은 기관 내에서 1890년대쯤부터 시작되었다. 집단을 서비스의 단위로 분류하게 된 것은 대부분의 기관들이 사회적 변화로 인한 재인식으로 노력한 결과이다. 특히 이러한 기관들의 목표는 빈민들의 사회적 조건을 변화시키고

서비스 제공을 통해 사람들의 민주적, 사회적 및 도덕적으로 발달시킬 수 있도록 환경과 사회에 영향력 있는 변인들을 확인하는 데 있었다.

빈곤지역에 인보관과 기관 등에서 시민들의 교육, 사회화, 지역사회에 대한 적응을 향상시키고자 하였다. 또한 상호지지의 관계를 형성하며, 사회 변화를 위한 힘의 결집이 필요하였기 때문에 주로 집단을 중심으로 한 사회복지실천이 전개되었다. 이러한 배경으로 집단사회복지실천이 발달되었다(이영호 외, 2018).

집단사회복지실천은 집단을 매개의 수단으로 목표지향적인 활동, 즉 의도적인 집단경험을 통해 개인의 문제해결, 개인의 강점강화, 집단 또는 지역사회가 당면한 문제를 효과적으로 돕는 것이다. 또한 집단사회복지실천은 집단이 개인에게 미치는 영향을 중요시하며, 개인 및 집단의 목표달성을 위해 집단과정의 활용으로 사회적 기능의 향상과 사회적으로 바람직한 목표달성을 위해 집단 속의 사람을 대상으로 하는 사회복지실천의 한 방법이다.

인간은 성장해 가는 동안 다양한 집단을 경험하게 된다. 인간은 집단을 떠나서는 생활할 수 없으며, 성장과 발달을 가져올 수도 없다. 급격한 사회 변화로 인해 사회적 소외, 소속감의 상실, 가족 기능의 저하와 같은 문제에 직면해 있는 현대인에게 집단은 직·간접적으로 영향을 미치는 중요한 체계다(정은, 2014). 그러므로 집단을 이끄는 사회복지전문가는 프로그램 활동을 통해 상호작용으로 그들의 문제나 욕구를 환경수준에 따라 해결할 수 있도록 해야 한다. 그 실천 대상인 집단의 다양한 유형과 특징에 대하여 전문적인 지식과 기술을 습득해야 한다. 더불어 집단구성원이 직면하게 되는 복잡한 문제와 상황을 체계적인 관점에서 사정하며, 효과적으로 해결할 수 있도록 부단히 노력하여 성장과 변화를 꾀해야 한다.

3. 조직의 이해

인간에게 조직은 매우 중요하면서도 복잡하게 관련되어 있다. 조직이란 일정한 구조를 가지고 특정한 목적을 달성하기 위해서 의도적으로 설립한 사회체계이다. 조직은 업무분단 및 권력통제가 필요하며, 적절한 지도력과 책임성이 부여되어야 한다. 인간은 조직을 이용하여 자신의 사회적 욕구나 야망을 실현하고 각 개인은 여러 유형의 조직과 관계하면서 자신에게 부여된 임무를 수행한다.

1) 조직의 개념과 특성

(1) 조직의 개념

조직은 특정한 목적을 달성하기 위해서 의도적으로 설립한 체계로서 일정한 크기와 구조를 가지고 구성원들이 업무에 의해서 상호 관련되어 있는 사회적 단위이다.

조직은 위원회, 클럽, 정당의 형태를 취하면서 합당한 권리를 행사할 수 있는 체계를 갖춘 집합체이다. 파슨즈(Parsons, 1960)는 조직을 특정한 목표를 추구하기 위해서 의도적으로 구축한 사회적 단위로 보고 회사, 군대, 학교, 병원, 교회, 교도소 등이 여기에 속하며 부족, 계급, 인종집단, 친목집단, 가족은 제외된다고 정의한다. 종합해 보면 조직은 구체적이고 명백한 목표와 목적을 달성하기 위해 구성원들이 비교적 좁은 행동 범위에 그들 스스로 제한하고 권위와 위계적 통제의 형태로 제각기 권력을 행사하며, 체계의 목표에 순종하고 규정된 역할에 충실한 사회체계로 정의할 수 있다.

(2) 조직의 특성

조직은 일정한 형태를 가지고 있으면서 특정한 목적을 달성하기 위해 설립된 집합체이다. 이러한 조직은 체계적인 업무수행을 위해 일정한 구조를 가지고 있다. 구성원들이 통제와 지도력을 바탕으로 분업을 통해서 각자의 책임을 수행한다.

① 특정 목적

조직은 구성원들 간에 묵시적 혹은 명시적으로 합의된 공통의 목적을 달성하고자 노력하며 이러한 목적은 조직이 실현하고자 하는 하나의 바람직한 상태인 것이다. 특히 조직은 특정한 목적을 명확하게 설정해야 구체적인 활동계획을 세울 수 있으며 조직을 편성하거나 관리할 수 있게 된다.

② 분화

조직이 특정한 기능을 효율적으로 수행할 수 있도록 영역별로 나눈 형태를 분화라고 한다. 조직이 목적을 달성하기 위해서는 구성원 간에 업무가 적절하게 분배되어야 하며, 합리적인 조정이 있어야 한다. 구성원들에게 업무수행에 대한 권한이 적절히 위임되었을 때 그들에게 안정감과 만족감을 제공할 수 있다.

③ 지도력

지도력은 조직의 목적을 달성하기 위해서 구성원들을 조정하여 활동하게 하는 기술이나 영향력이다. 지도력은 조직의 목적 달성과 구성원들의 역할행동에 크게 변화를 가져올 수 있으므로 조직환경에 적절한 지도력을 발휘할 필요가 있다.

④ 권력과 통제

권력은 힘을 사회적 상황에 도입시키는 능력으로서 조직의 질서를 유지하는 데 필요하다. 권력이 없으면 조직도, 질서도 존재할 수 없다. 조직이 다른 사회체계들과 다른 특성 중 하나는 권력을 명시한다는 것이다. 조직을 성공적으로 이끌기 위해서는 구성원들에 대한 통제가 유지되어야 한다. 통제는 계획적이고 신중하게 이루어져야 하며, 이에는 신체적·물질적·상징적 통제가 있으며 이들은 조직환경에 적절하게 활용되어야 한다.

⑤ 구조

조직은 특정한 목적을 달성하기 위해 체계적인 구조를 가지고 있으며, 조직이 업무를 기획하고 수행하며 통제하기 위해 기반을 이루는 구조는 구성원들에게 전문적으로 업무를 분화하고 조직의 질서를 유지할 수 있도록 한다.

⑥ 책임성

조직은 목적을 달성하기 위해 구성원들에게 일정한 업무를 부여하며 담당 업무에 대해서 책임을 지도록 한다. 책임성은 구성원들에게 자신이 조직을 위해서 무엇을 해야 하는가를 인식하도록 하여 조직의 발전에 기여할 수 있는 기초가 된다.

2) 조직유형

모든 조직에는 고위 관계자와 하위 관계자가 있으며, 고위 관계자가 이용할 수 있는 세 가지 권력은 물리적 힘을 사용하는 강제적 권력, 물질적 보상을 사용하는 보상적 권력, 도덕적인 설득 혹은 사회적 수용의 보장을 사용하는 규범적 권력 중 어느 것을 사용하느냐에 따라 조직을 구분할 수 있다. 첫째, 강제적 조직은 구성원들의 의사와 관계없이 조직의 목적을 달성하기 위해 강제적으로 통제하는 조직으로 주요 권력의 형태는 억압이고, 대부분의 구성원들은 소외감을 느끼며 행동의 제약을 받는다. 교도소, 군대, 폐쇄병동 등이 여기에 해당한다.

둘째, 공리적 조직은 구성원들이 실리적인 목적하에 소속되며 돈과 같은 인센티브를 사용하여 조직의 목표를 달성하도록 한다. 구성원들은 자신의 이익을 위해 조직에 가입하기 때문에 조직의 목표를 어느 정도 지지하는 경향이 있으며 보상이 매력적일수록 더욱더 개입한다. 회사, 은행, 경제단체 등이 해당되며, 가입과 탈퇴가 자유롭다. 셋째, 규범적 조직은 흔히 자발적 협회라 불리며, 조직의 주요 권력형태는 규범이다. 구성원들의 개입은 도덕적이며 조직에 높은 귀속감을 가지고 있다. 종교단체, 정당, 자원봉사단체 등이 이에 속한다.

넷째, 혼합조직은 앞의 세 가지 권력이 각기 다양하게 복합적으로 사용되는 조직을 말한다. 현실적으로 한 가지 유형의 권력에 의존하는 조직은 없다. 교도소는 재활프로그램을 통한 규범적 권력을 사용할 수 있지만 강제적인 권력에 의존하며, 회사는 구성원들을 고무하기 위해 독려할 수 있지만 그들의 참여는 주로 임금에 의존하게 된다.

4. 지역사회의 이해

1) 지역사회란

지역사회에 대한 영어 표현은 community이다. 이는 '공통의(common)' 또는 '공공의(communal)'와 같은 어원을 가지고 있으며, 공동소유, 공동체, 공동운명체 등의 뜻을 지니고 있다. 이처럼 지역사회라는 말은 공동체라는 말로 동일하게 사용되고 있는데, 이를 어원을 통해 확인하면 다음과 같다. 커뮤니티(community)는 라틴어의 cum과 munus(또는 munere)라는 두 어원에서 유래했다고 하는데, cum은 '함께', '서로'라는 말이며, munus는 '선물', munere는 '주다'라는 뜻이라고 한다. 이러한 어원을 종합하여 의미를 살펴보면, community는 '서로 선물을 주는 것'의 의미로 파악되어 지역사회는 공동체의 의미가 강하며(김종일, 2006; 홍현미라 외, 2010 재인용), 즉 상호부조의 의미를 내재하고 있다. 이는 거주의 장이면서 동시에 관계의 장으로서 지역사회가 설명되고 있다는 것으로, 전통적 근린지역이나 이웃의 개념처럼 지리적 경계를 바탕으로 정의되어 온 정의와 공동체 구성원의 공동관심에 초점을 둔 정의 등이 함께 혼용되어 사용되고 있다(감정기 외, 2009).

맥키버(R. M. Maciver)와 갈핀(C. J. Galpin)은 지역사회를 사회학적 관점에서 정의하고 있다. 지역사회에 대해 맥키버는 공동생활권으로 정의하며, 지역사회의 핵심을 지역성과 공동성 그리고 지역사회 의식이라고 강조하였다. 지역사회의 지역성과 공동성은 사회적 유사성, 공통된 사회적 관심, 공통된 전통, 공통된 관습, 공동소속감에서 찾고 있으며, 지역사회 의식의 구성요소로 동료의식, 역할의식, 의존의식을 지적하고 있다. 갈핀은 지역사회의 개념을 교역권이라고 했는데, 이는 분산된 토지에 거주하는 농가가 교역을 중심으로 주민과 상호작용하면서 교역관계를 맺고 있는 시장권을 지역사회라고 하였다(이태희 외, 2010). 즉, 사회학에서는 지역사회를 생활권 혹은 시장권으로 인식하는가에 따라 차이가 있다는 점에서 우리나라의 지역사회를 사회학적 관점에서 볼 때 농촌의 경우는 전형적인 농촌지역사회가 되고, 도시의 경우는 시장, 학교, 직장 등 행정권이 도시지역사회를 결정하는 주요 요인이 된다(김영모, 2001).

다음으로 사회복지학적 관점에서는 물리적·지리적·지방적 분리성을 갖는 경계선 측면과 사회적·문화적 동질성, 합의, 자조 또는 공동행위와 상호작용 등의 관계성의 측면으로 두 가지 주요 특징을 가지고 있다고 본다. 펠린(Fellin, 1995)은 지역사회를 상호 연결되는 공통적인 어떤 것을 가지고 있는 사람들의 결합체라 할 수 있으며, 지역 성원들이 공유하는 특성을 지리적 위치, 관심사, 문화, 정체감 또는 공통된 활동 등을 포함한다고 정의하였다. 또한 최옥채(2000)는 다양한 욕구 혹은 문제를 가지고 있으며, 주민의 상호작용이 활발하게 이루어지고 지역사회의 욕구나 문제를 해결하기 위한 사회복지실천이 가능한 일정한 규모의 장이라고 정의하였다(설진화, 2009 재인용).

이러한 정의를 종합해 볼 때 설진화(2009)는 공동사회 또는 지역공동체로 불리는 지역사회라는 말은 원래 생물학적 용어로서 생물의 어떤 종이 지역적 또는 공간적으로 분포되어 한 곳에 모여 생활하는 모습을 나타내는 것이라고 설명하며, "사람들이 일정한 지역에서 단순히 함께 거주하는 것, 그 이상으로 상호관계를 맺고 서로의 생활과 행동 등에 영향을 미치는 성원들의 결합체"라고 정의하였다.

2) 지역사회의 주요 개념

지역사회에 대한 이해를 토대로 활발한 이용을 위해서는 지역사회의 주요 개념을 살펴보는 것은 매우 의미가 있다(양성관 외, 2013).

(1) 지역사회복지

지역사회복지(community welfare)는 주민의 복지증진과 삶의 질 향상을 위하여 지역사회 차원에서 전개하는 사회복지를 말한다. 또한 지역사회라고 하는 단위의 복지를 위한 총체적 활동을 말하며, 지역사회의 모든 구성원이 건강하고 행복하게 삶을 영위할 수 있도록 안녕상태를 유지하고 지속시키는 모든 총체적인 활동이 지역사회복지라고 할 수 있다. 최일섭·류진석(1997)은 "전문 혹은 비전문 인력이 지역사회의 문제를 예방하고 해결하고자 하는 일체의 사회적 노력", 김영모(2001)는 "지역사회조직을 지역사회 성원의 공통된 욕구를 해결하기 위하여 그 지역사회가 지니고 있는 인적·물적·내적·외적 자원을 동원하여 조정하여 주는 과정", 정무성(1997)은 "지역사회에의 조직적이고 체계적인 개입을 통해 주민의 삶의 질을 향상시키기 위한 사회복지적 지식과 기술을 활용하는 전문 실천방법"이라고 정의하였다. 이를 토대로 박태영(2010)은 "일정한 지역사회 내에서 주민의 생활문제를 사회복지사와 주민이 함께 공식적·비공식적 자원을 활용, 개발하여 해결하거나 예방하는 다양한 노력들"이라고 정의하였다.

(2) 지역사회조직

지역사회조직(community organization)은 지역사회를 구성하는 개인, 집단, 이웃이 사회적 복리를 향상시키기 위해 지역사회의 수준에서 전개되는 일련의 활동을 말한다. 즉, 지역주민의 공통적 욕구(needs)를 해결하기 위해 지역사회 내의 인적·물적·정보·문화 자원을 활용하여 지역사회 주민의 욕구와 연계로 지역사회가 바람직한 방향으로 발전할 수 있도록 조직화하는 활동을 의미한다.

(3) 지역사회복지실천

지역사회복지실천(community welfare service)은 개인, 가족, 지역사회를 대상으로 이루어지는 사회복지실천방법을 통합적으로 보는 실천의 관점에서, 지역사회의 변화를 목표로 하는 사회복지실천을 의미한다.

(4) 지역사회보호

지역사회보호(community care)는 가능한 한 사회적 보호를 필요로 하는 사람들의 가정 또는 그와 유사한 자신이 거주하고 있는 지역사회 내의 환경에서 서비스를 제공하는 사회적 보호의 형태를 의미한다.

(5) 지역사회 욕구

개인처럼 지역사회도 욕구를 지닌다. 즉, 개인이 스스로 안정을 유지하기 위해 욕구가 있는 것처럼 지역사회도 안정 상태를 유지하기 위해 욕구를 갖는다. 지역사회욕구(community needs)는 지역사회 전체나 대부분의 지역사회 주민이 공동으로 지니는 욕구이다.

3) 지역사회의 특성

지역사회의 특성은 지리적·경제적·심리적·문화적 특성으로 나눠 살펴보면 다음과 같다. 첫째, 지역사회는 지리적 위치에 의해 일정한 공간 위에 자리를 잡고 있는 공동체이다. 둘째, 지역사회는 경제적으로 협력하며 생활하는 상호부조의 공간이다. 셋째, 지역사회는 공동의식을 갖고 있는 구성원들로 구성되어 있다. 넷째, 지역사회는 전통, 언어, 생활습관 등과 같은 문화를 공유하고 있다(정지웅 외, 2000).

또한 지역사회의 특성을 역동성, 변화성, 서비스 요구성, 변화능력, 다양성, 시민의 변화를 위한 최적 단위 등으로 나눠 살펴보면 다음과 같다(최옥채 외, 2011). 첫째, 역동성은 지역사회를 구성하고 있는 지리적 공간, 생활공간, 주민, 조직, 상호작용 등의 지역사회가 추구하는 목표를 달성하기 위해 움직이는 상태를 의미한다. 둘째, 변화성은 주민의 제반 상황이 바뀌면서 지역사회가 처하고 있는 형편에 의해 긍정적 혹은 부정적인 변화를 끊임없이 시도한다. 이는 "지역사회는 정체된 상태로 남지 않는다."와 의미가 동일하다. 셋째, 서비스 요구성은 지역사회가 다양한 욕구와 문제를 가지며 적당한 시기에 욕구나 문제 상황에 맞는 도움을 받고자 한다. 즉 현재의 수준에서 향상되고 안정된 상태를 위해 도움의 필요성이 잠재되고 있다는 것이다. 넷째, 지역사회를 구성하는 지역주민은 스스로 문제를 해결할 수 있는 변화능력을 갖고 있으며, 이는 지역사회도 마찬가지라는 점이다. 따라서 낙후된 지역이라도 긍정적 변화의 가능성이 없다고 낙인하지 않도록 주의해야 한다. 다섯째, 다양성은 지역사회가 그 구성요소의 특성이 다르기 때문에 다양한 유형으로 존재한다는 것이다. 여섯째, 시민의 변화를 위한 최적 단위는 지역사회가 시민의 변화를 위한 개입활동에 최고 적합한 규모의 공간이라는 점이다. 이때 시민의 변화는 지역사회 단위로 이루어지는 것이 바람직하다는 것이다.

4) 지역사회의 유형

지역사회의 유형은 1800년대 독일 사회학자인 페르디난트 퇴니스(Ferdinand Tönnies)의 공동사회와 이익사회가 가장 오래된 구분이며, 이와 더불어 지리적 지역사회와 기능적 지역사회, 개인적 지역사회, 가상공동체 등이 구분되어 사용되고 있다(오봉욱 외, 2013).

(1) 공동사회와 이익사회

공동사회는 자연스럽고 인격적이며 직접적인 만남의 사회관계에 기초하며, 이익사회는 합리적인 자기 이해관계에 의해 특징이 지어진다(홍현미라 외, 2010). 퇴니스는 이 두 유형을 인간유대의 서로 다른 형태로 보았으며, 이익사회의 특성이 공동사회를 대체하는 것이 아니라 두 가지 유형 모두가 현대사회에서 불변적인 사회생활의 한 부분이 될 것이라고 보았다. 공동사회는 기능보다는 인격체로서의 만남이 중요하며 정서와 감정에 기반을 두고 사람들의 특성을 존중한다. 관습을 기반으로 하며 집단적 관계가 개인의 목적보다 우선시되며 가족, 전통적 공동체 내에 반영된 인간관계의 유형으로 본다. 이익사회는 의도된 관계 형성으로 집단의 이해관계가 개인의 이해관계보다 중요하며, 개인 간의 상호작용은 실용적 목적을 가지고 계약에 기초하여 형성된다. 사회적 통제는 공식화된 법과 규칙에 기반하여 이루어진다.

(2) 지리적 지역사회와 기능적 지역사회

로스(Ross, 1967)는 지역사회를 지리적 지역사회와 기능적 지역사회로 나누어 설명하고 있다(김범수 외, 2009). 첫째, 지리적 지역사회(geographic community)이다. 지리적 지역사회는 지리적 공간을 공유하며 밀접한 상호작용을 하는 사람들의 집단을 의미한다. 주로 행정구역에 의한 지리적 기준에 의한 범위로 읍·면·동 단위와 시장권, 학교권과 같은 자연스럽게 형성된 지역집단이 여기에 해당된다. 공간에 기초를 둔 지역사회로 크기, 영역, 조밀도 등에 따라 다르다. 그 예로는 아파트, 근린지역사회 등을 들 수 있다. 둘째, 기능적 지역사회(functional community)이다. 기능적 지역사회는 공간과 상관없이 특정한 공동의 관심과 기능을 공유하는 사람들의 집단을 의미한다. 앞서 정의에서 살펴보았던 공동체와 퇴니스의 유형 중 이익집단과 같은 의미로 사용된다. 그 예로는 사회복지학계, 야생동물보호 조직, 외국인근로자 인권 운동조직, 환경보호 운동조직 등이 있다.

(3) 개인적 지역사회(individual community)

지리적 의미의 지역사회와 기능적 의미의 지역사회의 특성을 모두 포함하는 것으로 개인이 자신의 관점에서 규정한 지역사회에 초점을 둔다. 개인의 참여와 관심의 정도에 따라 차이가 있고, 동시에 여러 지역사회에 속하게 되며, 지역사회에서 느끼는 소속감과 정체성은 각각 다르다(설진화, 2009).

(4) 가상공동체(virtual community)

정보통신의 발달로 인해 나타난 지역사회로 컴퓨터에 의해 매개되는 공동체이다. 이는 사람들 간의 직접적인 만남보다는 컴퓨터를 통해 의사소통하며, 퇴니스의 유형 중에서 구분한다면 이익집단으로 볼 수 있다. 개인적 이해관계와 기능적 특성에 따라 형성되며, 일대일 관계가 가능하며 직접적인 참여가 활발하고 비공식성이 공존하며 일시적 특성이 매우 강하다는 특징이 있다(홍현미라 외, 2010). 그 예로는 동일한 취미와 가치관을 갖고 만들어진 사이버 커뮤니티, 마을타운 커뮤니티 등이 있다.

5) 지역사회와 사회복지실천

사회복지사는 공인된 조직에 고용되어 조직의 비전과 미션에 맞는 전문적인 사회복지 서비스를 제공하는 활동을 한다. 그리고 그 조직은 어떠한 지역사회에 존재하며, 지역사회는 인간행동에 중요한 영향을 미치는 거시체계 중 하나이다. 또한 지역사회라는 거시체계도 인간행동을 이해하는 데 매우 중요한 부분을 차지한다. 예를 들어, 사회복지사가 클라이언트가 살고 있는 지역사회를 검토함으로써 개입방향과 방법이 달라질 수 있기 때문이다. 분명한 것은 특정 클라이언트에게 맞는 개별적인 상황이 있으며, 어떻게 기능하고 있는지 파악하는 것은 중요한 부분이다. 그러나 개인이 살고 있는 환경의 영향력을 무시할 수 없으며, 지역사회는 인간의 삶에 긍정적 혹은 부정적 영향을 주기 때문이다.

지역사회에서 사회서비스를 제공하는 사회서비스 조직은 조직이 위치한 지역사회의 영향을 받아 조직의 성격이 변화되고 조직은 지역사회의 하나의 부분으로 존재하기도 한다. 그리고 조직을 구성하는 조직구성원은 지역사회에 대한 이해가 선행되지 못하면 결국 지역사회구성원으로서 존재하는 데 어려움을 경험하기도 한다. 사회서비스 조직은 지역사회에서 인적·물적·문화 등의 자원을 찾고 개발하여 조직에 투입하고 서비스 제공과정에 영향을 미쳐, 결과를 산출하게 된다. 따라서 사회복지사는 지역사회에 대한 이해가 매우 중요함을 인식하고 지역사회의 특성과 기능 등을 이해함으로써 클라이언트인 지역 주민과의 관계가 만들어질 수 있다.

최근 북한이탈주민, 외국인근로자 등 밀집지역에서 활동하는 사회복지 조직과 사회복지사는 지역사회의 특성에 대한 이해를 기반으로 사회복지 프로그램을 개발하고 진행하는 전문성이 요구된다(오봉욱 외, 2010; 조상윤 외, 2010).

CHAPTER

13

사회환경의 이해

1. 사회환경

1) 사회환경의 개념과 관점

(1) 사회환경의 개념

환경(environment)이란 생활체계를 둘러싸고 직접 또는 간접으로 영향을 주는 자연 또는 사회의 조건이나 형편을 말한다. 즉, 인간생활에 영향을 미치는 모든 사물, 힘, 조건으로 개인이 수용할 수 있는 자극이라고 말할 수 있다. 인간에게 있어서 환경은 사회적·문화적·자연적인 제반 요소를 포함하는 개념적 특성을 갖는다. 따라서 인간을 환경과 분리하여 이해하는 것은 의미가 없으며, 인간행동을 이해하는 데에 있어 필수적으로 고려해야 하는 요소이다(천정웅 외, 2019). 또한 환경은 사회복지 현장에서 자원과의 밀접한 관계를 맺고 있다는 측면에서도 중요한 개념이다.

사회복지는 '환경 속의 인간'이라는 기본적인 철학을 바탕으로 이루어져 있기 때문에 사회복지사는 반드시 사회환경을 매우 깊게 이해해야 한다. 사회환경은 인간의 생존과 유지에 필수적인 요소로서 인간을 둘러싼 상황, 여건, 사람들 간의 상호작용으로 이루어진다. 이와 함께 사회가 추구하는 문화구조, 규칙, 사회제도, 전통에 의해서도 이루어진다. 인간이 사회환경의 요구에 얼마나 효과적으로 대처하며, 개인의 욕구에 적합하게 사회환경을 얼마나 변화시킬 수 있는가하는 것이다. 이러한 인간과 환경 간 상호작용의 질은 인간행동을 이해하는 데 필수적인 요소이다.

20세기 중반에 들어서면서 생태체계이론이 바탕으로 된 사회환경은 자연과 인공적 환경으로 더욱 넓은 개념으로 발전하였다. 예컨대, 자연환경으로 지형, 고도, 기후, 날씨, 천연자원 등을 들 수 있으며, 인공적 환경으로는 인간에 의해 만들어졌거나, 건설된 환경으로서 공동주택단지, 공장, 대중교통수단, 매연 등을 들 수 있다. 이뿐만 아니라 사회환경은 내부환경과 외부환경으로 나누기도 한다. 내부환경은 가족, 학교의 집단, 직장의 조직, 지역사회 등과 인간이 구성원이 되어 만들어진 환경이다. 외부환경은 자연환경과 인공적 환경을 포함하여 인간의 삶에 영향을 주는 환경이다. 또한 사회환경은 체계에 의해 연계되어 서로 영향을 주고받는 점을 강조한다. 이와 같은 개념은 사회환경의 범주를 확대함과 동시에 사회환경의 규모에 따라 상호교류를 강조함으로써 사회환경이 인간의 삶에 미치는 영향력을 밝힌 것이다. 이러한 사회환경은 인간에게 직접, 간접적으로 영향을 미치고 상황에 따라 크거나 작게 영향을 미칠 수 있다(이영호 외, 2018).

사회환경과 관련한 이해는 인간의 사회적 특징에 대한 이해를 필요로 한다는 점에서 친교형성, 집단소속감, 의사소통, 프라이버시(privacy) 등의 몇 가지가 있다. 그 내용은 다음과 같다(천정웅 외, 2019).

첫째, 인간은 친교형성의 사회적 특징을 갖는다. 친교는 공유된 관심이나 배경을 바탕으로 형성된다. 관심, 취미, 가족 또는 경력이 변함에 따라 사람들은 새로운 친교를 갖게 된다. 그래서 친교는 주로 기회의 영향을 주고받으며, 사람들은 학교, 직장, 이웃 그리고 클럽과 사회적 모임에서의 접촉으로부터 친구를 서로 사귀고 가까이 지낸다. 접촉은 이러한 과정에서 불가결한 부분이며, 이렇게 서로 소통과 근접하여 생활하는 결과로 생겨나고 접촉을 통해서 형성된 친교는 공유되는 관습이 지속되는 동안에는 유지되는 경향이 있다.

둘째, 집단소속감의 특징이 있다. 일정한 사회적 집단 속에 속한 구성원이냐 아니냐는 사람이 자신을 규정하는 방식의 한 부분이며 대부분의 사람들에게 중요한 문제이다. 그것은 친교를 이루려는 요구의 확장이며, 인류가 가진 사회적 성격의 표시이다. 보통 친목단체는 매우 작은 규모의 집단이다. 이러한 집단은 의사전달이 좀 더 용이할 수 있으며, 적절한 행태의 일반적 규칙이 쉽게 파악될 수 있다. 또한 작은 집단은 각각의 구성원에게 집단토의와 결정에 참여할 기회를 더 많이 제공한다.

셋째, 인간의 사회생활은 의사소통으로 가능하기 때문이다. 인간에게 있어서 의사소통의 주된 매체는 언어이다. 언어는 사회성원들의 교류와 대화에 의해서 기능을 발휘하며, 사회·문화의 특성을 담아내고 있는 그릇이기도 하다. 우리가 어떠한 행위든 취하지 않을 수 없는 것과 마찬가지로 타인과의 교류에서 잠시라도 의사소통을 안 하고 지낼 수는 없다. 세상에서 일어난 일을 알아내고, 정보를 교환하고, 다른 사람들에 대한 태도를 결정하고 생각과 감정을 표현하기 위해서 사람들은 의사소통을 한다. 현재 많은 의사소통이 인쇄된 글, 라디오, TV, 전화, 인터넷, 소셜네트워크(SNS) 등과 여러 매체의 형식으로 일어나고 있지만, 얼굴을 마주하고 하는 대화의 자세함과 상세함에 필적할 기술은 없는 듯하다.

넷째, 인간의 사회적 특징으로 프라이버시를 생각할 수 있다. 프라이버시(privacy)라는 말의 뜻은 사전적으로 개인의 사생활이나 집안의 사적인 일 또는 그것이 공개되지 않고 남에게 간섭받지 않을 권리를 뜻한다. 프라이버시는 타인에게서 보호받아야 하는 것뿐만 아니라 가족관계에서도 보호가 필요하다. 이렇듯, 프라이버시의 개념은 작게는 한 가족 내에서부터 크게는 인터넷이나 대중매체 등 매우 넓은 범위, 지역을 넘어서 사용한다.

결론적으로 사람들은 자신만의 공간을 소중히 여기고 그 공간을 침해받을 경우 다양한 반응을 한다. 사람들은 자신의 프라이버시가 유지될 때 안정감을 느낄 수 있으며, 가족 사이에서도 프라이버시는 존중되어야 한다.

(2) 사회환경 이해의 관점

각 세대의 이해를 위해서는 그 사람이 활동했던 사회·경제적 상황에 대한 이해뿐만 아니라 다른 세대와의 차별성에 대한 이해가 필요하다. 그 사람이 속한 세대를 설명하는 생애과정이론(life course theory)이 있다(Sampson & Laub, 1993). 이 이론은 한 개인을 이해하려면 그 개인과 관련된 역사적인 사건과 시대성을 고려해야 함을 강조하며 뿐만 아니라 한 개인의 가치관과 생활양식은 개인이 속한 시대의 문화, 가치관, 사회규범, 사회정체성 등에 밀접히 영향을 받는다고 주장한다. 따라서 그 세대에 속해 사는 사람들은 일정한 코호트 집단으로서 타 세대와 구별되는 특징을 드러낼 수 있다(노수희, 2022).

사회환경 이해에 대한 관점은 크게 초기에는 사회학의 기반을 둔 관점과 비슷한 시기에 강조된 생태체계이론, 일반체계이론, 사회체계이론 등에 기반을 통해 이해할 수 있다. 이러한 사회환경은 인간의 제반 생활에 직, 간접적으로 상호 교류하기 때문에 서로 영향을 주고받는다. 그러나 대부분은 하위체계가 상위체계보다 더 영향을 많이 받는다. 먼저, 초기 사회학에서 강조하는 사회환경은 인간에 의해 구성된 집합체에 중점을 두었고, 특히 이 관점은 이들 집합체가 독립적으로 존재하는 것으로 보았다. 초기 사회학의 관점은 주요 사회환경으로 가족, 집단, 조직, 지역사회에 주목하였고, 이들 환경은 체계수준을 형성하지 않고 각 환경체계 속에서 구성원 간 교류를 강조하였다. 따라서 이 관점에 의하면 인간행동에 영향을 미치는 체계 간 상호작용을 이해하는 데는 한계가 있다(이영호 외, 2018).

처음 생태학에 대한 관점은 인간이 접하고 있는 자연환경에 중점을 두어 인간이 살고 있는 거주지에 연결하고 있다. 이 관점은 개인을 포함한 사회조직들이 환경으로부터 받는 영향을 검증할 수 있는 틀을 제공하였다는 데 의의가 있다. 생태학이론은 즉시 체계이론과 결합하여 생태체계적 관점으로 발전하여 사회자원을 동원하여 활용할 수 있다고 주장한다. 일반체계이론은 한 체계가 다른 체계들과 상호작용하면서 변화된다는 이론으로 문제의 원인을 한 가지의 원인이 아니라는 점을 설명한다. 마지막으로 사회체계이론은 인간이 상호작용하는 구조에 대한 이론으로 클라이언트가 처한 상태를 다양한 체계를 보게 하여 인간에 대한 폭을 넓혔다.

2) 사회환경과 사회복지실천

사회복지실천은 클라이언트의 사회적 기능 회복과 유지, 강화시켜 사회에 적응하도록 하는 것에 목표를 두고 있다. 이러한 목표달성은 클라이언트가 처한 환경에 대한 이해가 선행되어야 한다. 사회복지실천은 '환경 속의 인간(person in environment)'이란 관점에서 클라이언트를 이해해야 한다. 즉, 인간을 적극적이고 능동적인 주체로서, 인간과 사회환경의 관계를 하나로 통합된 주체의 관계로 이해할 필요가 있다. 그 중에서 가족은 사회의 기본 단위이자 일차적으로 가족구성원을 보호하고자 하는 대상자의 정서적 욕구를 충족시켜 줄 수 있다는 점에서 가족에게 기대하는 사회복지실천 요구는 매우 크다. 가족에 대한 직접개입, 가족보호, 가족생활교육, 가족보존, 가족치료, 가족옹호 등의 서비스 실천을 통하여 가족구성원들의 보호와 보장, 원가족 유지를 도모할 수 있다.

집단은 인간에게 영향을 미치는 사회환경체계로서 인간문제를 예방, 해결, 해소하고 성장 및 발달을 촉진하기 위해 적극적인 사회복지실천방안으로 활용할 수 있다. 대인관계 개선, 재활, 교육 및 자조·치료를 목적으로 하는 자조집단, 치료집단, 성장집단, 대면집단, 상호부조집단, 과업집단 등을 조직하여 사회복지실천현장에서 활용할 수 있다. 지역사회는 인간에게 영향을 미치는 보다 넓은 형태의 환경체계로서 요구되는 기회와 자원을 위해 조직화할 수 있으며, 필요한 자원을 연계시킬 수 있는 장이 될 수 있다. 따라서 지역사회가 어떻게 영향을 미치는지, 필요한 자원은 존재하는지에 관하여 지속적으로 탐색하고 자원을 확보하는 노력이 요구된다(손병덕 외, 2019).

3) 인간행동 이해와 사회환경

(1) 사회환경 이해와 구조

대구는 1980~1990년대만 하더라도 '사과의 도시', '미인의 도시'로 불렸다. 그러나 지금 대구에서 과수원을 구경하기는 거의 불가능하다. 또 인근의 울릉도는 '오징어' 주산지로 섬 전체에 오징어가 넘쳐나는 지역으로 인식되어 왔지만 지금 울릉도는 오징어가 거의 잡히지 않는다. 이런 환경의 변화는 우리의 삶을 변화시키고 있다. 지구 온난화의 영향으로 기후가 변하면서 우리가 살고 있는 지역의 환경이 변화하고 있으며, 이는 곧 우리의 삶의 방식의 변화를 가져오게 되었고 앞으로 더 큰 변화를 가져올 것으로 예상된다.

우리 주변의 모든 환경은 우리의 삶과 연관성을 지닌다. 그래서 환경의 영향을 무시하고 인간의 행동을 이해하기란 불가능하다. 또한 사회복지실천의 장은 이제 지역을 기반으로 하는 지역사회복지가 중심이 되고 있으며, 사회복지실천의 주요 자원으로서 지역사회의 환경은 매우 중요한 사회복지실천의 영향요인이 되었다.

그러므로 사회복지서비스 실천가로서 사회복지사는 인간이해를 위한 기초지식으로서 심리학이론, 발달이론, 그리고 마지막으로 환경과의 관련성 속에서의 인간을 이해하기 위한 지식과 이론의 학습이 필수적으로 요구된다. 이와 관련된 분야가 바로 '사회환경적 관점'을 통한 인간이해에 해당한다. 아주 빈번한 우리 주변의 사회환경의 영향에 관한 인간행동의 예를 들어 보자. 필자는 보호관찰위원으로서 비행청소년의 상담과 지도에 몇 년간 참여하였다. 이때 상담위원들이 가장 많이 사용했던 표현 중의 하나가 비행청소년의 뒤에는 90% 이상의 비행가정이 존재한다는 표현이었다. 즉, 비행을 저지르는 청소년의 90% 이상이 가족관계의 역기능 혹은 문제를 지니고 있다는 사실이다. 부모가 이혼과 재혼을 반복하면서 친부와 친모가 누구인지도 모르고 자신을 가장 지지해 주어야 할 가족으로부터 버림받은 친구들이 낮은 자존감으로 비행에 관여하게 된다는 것으로서, 이는 경험의 법칙일 뿐만 아니라 많은 연구를 통해서도 그 인과관계가 규명된 사실이다. 따라서 우리는 인간을 이해하기 위해서 각 개인이 처한 환경을 고려하지 않고는 절대로 인간을 이해할 수가 없다.

인간과 환경의 관계에서 '인간의 제반 생활에 직접 혹은 간접으로 영향을 미치는 조건이나 환경'을 사회환경의 구조라 한다. 재스트로와 애쉬맨(Zastrow & Ashman)은 사회를 구성하는 대다수에 의한 공통된 성격(국민성), 문화를 형성하고 활용하는 체계, 제도와 전통, 인간을 둘러싸고 있는 조건과 상황, 인간의 상호작용을 포함하는 것들을 사회환경 구조로 정의하고 있으며 개인과 환경은 서로 영향을 주고받는다고 주장하였다. 그리고 윤혜미(1995의 견해에 따르면 환경은 보다 세부적으로 자연환경(지형, 기후, 고도, 날씨, 천연자원), 인공적 환경

(인간에 의해서 만들어진 환경, 주택단지, 공장, 대중교통)으로 구분하고 있으며, 이러한 사회환경은 체계를 이루고 이들 체계는 서로 연계되어 서로 영향을 주고받는 것으로 주장하였다.

(2) 사회체계적 관점의 인간이해

사회복지영역에서 체계이론에 대한 관심이 증대하게 된 배경으로 기존의 성격이론들이 개인의 내재적 문제 혹은 행동의 변화에만 초점을 두었지, 개인의 성격발달에 상당한 영향을 미치는 환경이라는 주요 변수를 고려하지 못하였기 때문이다. 따라서 생태학은 환경적 요인을 고려하여 인간의 행동을 이해하게 됨으로써 인간발달의 진화적·적응적 관점과 종의 특성들을 설명하는 데 유용한 개념이 되었고, 인간이 그들의 환경과 지속적인 상호작용을 하고 있다는 것을 강조함으로써 '상황 속의 인간'의 관점을 지향하는 기능주의를 넘어선 성격이론의 새로운 패러다임을 창출하였다.

체계이론의 관점은 자연과의 끊임없는 상호작용을 하는 인간의 실체를 규정하고 인간을 둘러싼 사회환경과 물리적 환경의 맥락을 통해 인간의 심리사회적 문제에 대한 깊은 통찰력을 제공하는 등 사회복지실천에서 인간의 문제에 대한 새로운 시각과 접근법을 개발하는 데 도움을 줄 수 있을 것이다. 사회복지영역에서 다루어지는 체계이론은 크게 일반체계이론과 생태체계이론 등으로 대표된다.

사회체계이론은 사회복지실천의 기초로서 인간행동에 대한 이해를 도울 수 있는 개인과 환경의 상호관계의 본질을 조명해 줄 수 있다. 사회복지실천에서의 유용성은 아래와 같다. 첫째, 과거의 다른 실천모델보다 넓은 관점과 관심영역을 포괄한다(손광훈, 2014). 문제를 사정할 때 문제와 관련된 많은 체계를 접촉하여 정보를 얻어내므로 개인으로부터 나오는 정보에만 의지하던 과거의 방법보다 훨씬 다양하고 객관적인 정보를 획득할 수 있다. 둘째, 개인, 집단, 공동체를 포함한 다양한 크기의 체계에 적용되는 이론이다. 개입을 위한 실천모델을 활용하는 데 어느 한 가지 모델에 치우치지 않고 보다 다양한 모델을 절충적으로 선택하고 활용할 수 있다. 따라서 사회복지사는 클라이언트를 돕기 위해 다양한 수준의 사람이나 체계와 일할 수 있으며, 다양한 실천모델을 적용할 수 있도록 해 준다.

셋째, 사회체계이론은 대상체계의 속성과 체계 사이의 상호연관성을 평가함에 있어 체계 간의 일관성과 상호성, 갈등의 정도와 상태를 규명할 수 있는 개념들을 제공하므로 사정의 도구로도 직접적 유용성을 지닌다. 넷째, 문제를 총체적인 관점에서 이해할 수 있으므로 사회복지사가 개입 시 체계 전체를 변화시키는 전략을 세우는 데 유용하다. 따라서 개입이 종료되어도 이미 발생한 체계의 변화는 체계 자체의 적응 기능에 의해 지속되는 특성이 있기 때문에 그 효과가 지속적으로 유지될 수 있다. 사회체계이론의 제한점은 이론이라기보다 하나의 모델로서 개념적 접근방법이며, 체계와 관련되는 복잡한 요인을 정확하게 측정하고 기술하기가 어렵고 인과관계를 구체화하기가 힘들어 과학적 검증이 어렵다는 점이다.

(3) 생태체계적 관점의 인간이해

생태학이론(ecological theory)을 인간발달에 적용한 대표적 학자는 브론펜브레너(U. Bronfenbrenner)이다. 브론펜브레너는 생태학이론을 '활동적이고 성장하는 인간과 환경 간의 일생 동안 이루어지는 진보적이고 상호적인 적응과정을 연구'하는 것으로 규정하고 있다. 브론펜브레너는 인간발달에서 '맥락 속의 발달' 또는 '발달의 생태학'을 연구해야 한다고 주장하며, 인간과 그들이 생활하는 환경적 상황과의 상호작용에 초점을 두었으며, 독창적인 이론화를 통하여 인간발달 연구의 방향을 근본적으로 변화시켰다(이근홍, 2015). 생태학이론은 인간이 환경의 제 요소들과 끊임없이 상호교류하면서 적응하고 진화한다는 견해를 바탕으로 인간이 그들의 물리적·사회적 관경을 변화시키며, 환경과의 지속적인 상호적응과정을 통하여 환경에 의해서 변화된다는 이론이다.

생태학이론의 주요 특성은 성장하는 유기체와 항상 변화하는 사회적·물리적 환경과의 특정 시점에서의 상호작용을 규명하는 이론이다. 즉, 이것은 인간이 환경의 제 요소들과 끊임없이 상호교류하면서 적응하고 진화한다는 견해를 바탕으로 하고 있다. 따라서 인간과 환경은 분리될 수 없으며, 항상 동시에 고려해야 한다는 것이다. 이러한 생태학이론은 가족, 집단, 조직, 지역사회, 문화 등 인간이 몸담고 있는 환경을 보다 체계적으로 구조화하고 이들 환경체계와 개인 간의 관계를 이해하는 것을 인간발달의 주요 과제로 삼고 있다.

브론펜브레너는 인간발달을 분석하는 가운데 체계론적 관점을 확대하여 '생태적 체계'라는 용어를 사용하여 인간을 둘러싸고 있는 생태학적 환경을 가장 가까운 것에서부터 가장 먼 것에 이르기까지 다섯 가지의 환경체계, 즉 미시체계, 중간체계, 외체계, 거시체계, 시간체계로 구분하였다. 생태학이론은 인간발달이 결코 진공상태에서 일어나지 않고 언제나 특정한 환경 안에서 환경과의 상호작용을 통해 일어난다고 보았으며, 사회적·물리적 환경을 다양한 체계수준으로 구분하여 개인과의 상호작용을 분석하고 있다.

2. 사회문제

1) 사회문제의 개념

사회문제는 '사회'라는 말과 '문제'라는 말의 합성어이다. 먼저, 사회(social)는 공동생활을 하는 사람들의 조직화된 집단이나 세계로 개념을 정리할 수 있다. 사회문제에서 사회는 문제의 영향을 받는 범위와 사람에 의해 만들어진 현상의 성격을 의미한다. 문제(problems)는 해결하기에 어렵거나 대응하기 곤란한 일로 개념을 정리할 수 있다. 사회문제에서 문제는 이 사회 현상이 부정적인 것임을 시사한다. 사회 현상이 부정적이고 바람직하지 않다고 판단하려면 일정한 기준과 근거가 필요하다. 일반적으로 그 기준과 근거는 사회 구성원들이 공유하는 가치, 규범, 윤리 등이 있다. 이와 같은 내용을 바탕으로 사회문제를 정의하면 다음과 같다. 사회문제는 사회의 가치, 규범, 윤리 등에 비추어 사회적 다수가 바람직하지 않다고 판단하거나 이들의 삶에 부정적 영향을 끼치므로, 시정이 요구되는 사회 현상이다(김종일 외, 2006).

2) 성립조건과 특성

사회문제를 구체적으로 이해하기 위해서는 사회문제의 성립조건 여섯 가지와 사회문제 특성 세 가지를 기초적으로 이해해야 하며 주요 내용은 다음과 같다(고명석 외, 2022). 사회문제의 성립조건은 크게 여섯 가지로 볼 수 있다. 첫째, 사회적 가치 또는 규범에서 벗어나야 한다. 둘째, 상당수의 사람들이 그 현상으로 인하여 부정적인 영향을 받아야 한다. 셋째, 그 원인이 사회적이어야 한다. 넷째, 다수의 사람들이나 영향력 있는 일부의 사람들이 문제로 판단하여야 한다. 다섯째, 사회가 그 개선을 원하여야 한다. 여섯째, 개선을 위한 집단적 사회적 행동이 요청된다.

사회문제의 특징으로 크게 상대성, 객관성과 주관성의 결합, 선별성으로 볼 수 있다. 첫째, 상대성이다. 어떠한 사회 현상을 '바람직하지 않다' 또는 '문제가 있다'라고 판단하는 기준은 한 사회의 가치와 규범이다. 이 가치와 규범은 고정불변의 것이 아니라 시간과 공간에 따라 달라진다. 따라서 사회문제는 본질적으로 상대적이다. 둘째, 객관성과 주관성의 결합이다. 사회 현상의 객관적인 측면에 초점을 맞춘다. 어떤 사회 현상이 '문제'로 판단되는 과정에서 중요한 역할을 하는 것은 객관적 현상 자체가 아니라 그것에 대한 사람들의 인식이다. 객관적 상황과 주관적 인식을 동시에 다루어야 한다. 셋째, 선별성이다. 우리가 사는 사회에는 숱한 문제 상황이 발생한다. 이 모든 문제가 다 사회문제로 규정되는 것은 아니다. 사회문제는 '선별'되는 것이다. 다수결의 원칙에 의해 선별되는 것보다 일반 대중이 어떤 상황을 인식하는 데 대중매체의 역할이 크다.

3) 시각과 해결주체

사회문제는 바라보는 시각에 따라 개념 정의와 해결방안이 달라진다. 사회문제를 바라보는 시각은 크게 기능론, 갈등론, 상호작용론으로 구분될 수 있으며 사회문제 해결 주체는 크게 국가, 시장, 제3섹터로 구분할 수 있다(김종일 외, 2006). 구체적으로 보면 사회문제를 바라보는 시각으로 첫째, 기능론이다. 사회문제는 사회의 안정과 질서를 방해하고 그것의 원활한 기능을 위협하는 모든 상황으로 정리한다. 둘째, 갈등론이다. 마르크스주의(Marxism)의 영향을 받았다. 갈등을 사회변화의 기본적인 변화의 원인으로 파악하고 있으며, 일정한 힘을 지닌 어떤 집단이 자신들의 가치와 이익이 제대로 지켜지지 않고 있다고 판단할 때 사회문제가 존재한다고 본다. 사회문제의 원인을 잘못된 사회 구조에서 찾는다. 셋째, 상호작용론이다. 사회 구조적 측면보다 개개인의 상황 정의에 주목한다. 한 학생이 훈계하는 선생님의 눈을 똑바로 쳐다보고 있는 상황에 대해 누군가는 예의 바르다고 생각하고, 누군가는 대들고 있다고 생각할 수 있다. 이는 상황에 대한 정의가 각자 다르기 때문이라고 이해할 수 있다.

사회문제 해결 주체로는 첫째, 국가이다. 국가는 공익의 수호자 역할을 한다. 종합적이고 장기적인 계획과 자원마련이 가능하다. 둘째, 시장이다. 국가의 역할 최소화, 관료제의 폐해, 개인의 자유 위축에 대한 입장이다. 시장은 효율성 중심으로 국가가 투입하는 비용의 일부만을 가지고도 더 나은 결과를 가져올 수 있다. 또한, 선택의 자유이다. 사회문제 해결에서도 다양한 길을 제시할 수 있다. 개인의 처지와 선호에 따라 원하는 기능을 선택하면 된다. 셋째, 제3섹터이다. 국가와 사장 사이의 영역을 의미한다. 지역사회, 자원봉사, NGO 등이 속한다. 국가의 문제점을 인정하면서도 그 대안이 시장이 되어서는 안 된다는 생각이다. 자유와 효율성 아래 상품화로 엮어버리고 있다. 사회적 기업으로 지역사회문제 해결을 일차적인 목표로 삼고 이윤 추구도 가능하다.

3. 사회적 차별과 다문화

1) 사회적 차별

차별은 편견과 선입견에 따라 소수자에게 부당한 대우를 가하는 것이다. 일반적으로 개인적 차별과 사회적 차별로 나눌 수 있다. 개인적 차별은 특정 사람을 기피하는 것이다. 참여기회를 박탈하고 한사람의 재산 또는 생명에 위협을 가도록 개인인적 수준의 폭력행위를 의미한다. 사회차별은 소수 집단의 성취를 저해할 목적으로 한 집단을 불이익을 당하는 위치에 두려는 것을 의미한다. 비교적 차별은 공공 서비스 접근과정에서 제한점이 생기는 '공식적 차별'과 일상 생활에서 나타나는 편견 어린 시선의 '비공식적 차별'로 나뉘어 볼 수 있다.

사회적 차별의 경우, 고정관념, 편견과 밀접한 관련이 있으며, 태도의 구성요소로 바라본다면 고정관념은 인지적, 편견은 감정적 측면으로 나타난다고 볼 수 있다. 차별은 행동적 측면에서 나타나는 요소라고 본다. 이러한 요소들뿐만 아니라 낙인 또한 차별적 관행으로 이어질 수 있는 편견적 태도이다.

사회적 낙인화란, 사회적으로 정의된 규칙이나 행동 기준, 혹은 사회적 규범에서 신체적·정신적·사회적으로 벗어났다고 여겨졌을 때 규범에서 벗어난 자에게 차별의 감정과 신념을 품는 것을 의미한다. 이러한 낙인은 자아개념, 자아존중감과 더불어 삶의 희망을 떨어 뜨리는 요인이 되며, 삶의 지향성에도 영향을 미친다. 이러한 사회적 차별은 소수자에게 빈번히 일어난다. 성소수자, 노인, 장애인 등 소수 집단에 속하는 이들은 사회에서 부당한 대우를 받기 쉽다. 특히 장애인의 경우, (1) 고용, (2) 교육, (3) 재화와 용역의 제공 및 이용, (4) 사법·행정 절차 및 서비스와 참정권, (5) 부·모성권 (6) 가정·복지시설, 건강권 등의 영역에서 기본적인 권리를 보장받지 못하고 있다.

2) 다문화주의

(1) 다문화주의의 개념

다문화주의는 다인종 또는 다민족 국가를 형성해온 북미를 중심으로 한 서구 국가들이 다인종·다종교·다문화의 사회로 발전되는 과정에 사회적·정치적·경제적 갈등을 해소하려는 목적에서 비롯되었다. 킴리카(Kymlicka, 1995)는 다문화주의를 "자유민주주의에 대한 광범위한 합의와 지지가 선결된 조건에서 다양한 문화적 주체들의 특수한 삶의 권리(politics of difference)에 대한 제도적 보장"(Kymlicka, 1995)으로 설명한다. 킴리카(2012)에 의하면 다문화주의는 다양한 문화 간의 경계 긋기를 하는 것이 아니라 다양한 문화의 공존을 통해 개인의 인권과 자유를 보장하는 데 기여한다고 주장한다(조희원, 2014). 다문화주의란 용어는 크게 세 가지 내용을 구성요소로 담고 있다(박동열, 2012). 첫째는 민족적·문화적 이질성을 특징으로 하는 다문화사회 자체이며, 둘째로 이질적 집단 간의 평등을 지향하는 하나의 다문화 이상이다. 마지막으로 공공 영역에서 사회적 소수의 정체성을 보호하기 위한 정부정책의 시행 및 제도적 보장을 그 구성요소로 한다.

다문화주의는 다문화 현상이 만들어지는 사회적 현실에 따라 지향하는 가치의 강조점과 정책 구현의 실천적 과제가 다를 수밖에 없다. 다문화주의를 표방하거나 실질적으로 적용하는 국가들도 인종관계, 식민지배의 유산, 구이민과 신이민의 상이한 이민자 구성 등에 따라 쟁점으로 부각되는 사회적 갈등이 다르기 때문에 각 사회가 구현하는 정책 방향이 판이한 경우가 많다(유네스코아시아·태평양 국제이해교육원, 2008).

특히 정부가 다문화주의를 공공정책이념으로 채택한 국가는 '다문화국가' 또는 '다문화사회'로 통칭된다. 이러한 사회에서는 민족적·문화적 다양성을 사회를 이루는 기본적인 원리로 받아들이고 이를 증진해가는 것이 사회발전에 긍정적인 것으로 받아들여지며 나아가 특정 사회를 구성하는 집단들이 서로 다른 문화와 이를 기초로 한 정체성을 유지, 발전시켜 가려는 움직임이 어느 정도 인정된다는 특징을 지니고 있다(한국여성정책연구원, 2007).

다문화주의는 정책의 지향점과 결과에 있어서 양면성과 다중성을 지니고 있어서 그것이 일방적으로 좋은 것이라거나 위험한 것이라고 규정하기보다는 다양한 역사적, 정치, 경제적 맥락에서 그 의미를 해석해야 한다는 점이다. 다문화주의는 국가와 시장의 경제적 필요성에서뿐 아니라 차이의 인정과 소통을 통해 시민사회가 타자와 자신을 성찰하도록 하고, 인권을 문화권 영역까지 확대시키고 공동체를 보다 평등하고 조화롭고 다양하고 역동적으로 만드는 것이기 때문에 국가, 시장, 시민사회가 모두 지향해야 하는 정책 이념이 되는 것이다(한국여성정책연구원·한국문화인류학회, 2007).

점차적으로 다문화와 다양성은 인종이나 민족뿐만 아니라 성별, 연령별 집단, 장애, 문화, 성적 지향 등을 포괄하는 개념으로 확대되고 있다. 다문화주의란 이질적인 문화로서 주변화되어 있는 여성 문화, 소수 문화, 비서양 문화 등과 같은 여러 유형의 소수민족 집단을 주류 문화의 제도권 안으로 수용하자는 입장을 의미한다.

(2) 다문화주의와 관련된 주요 개념

① 다문화사회 모형

다문화사회의 모형은 외국인들과 이민자들을 받아들이거나 혹은 배제함에 있어서 국가가 어떠한 정책과 제도를 채택하고 있으며, 그 근저에 일반 국민들이 외국인과 이민자들에 대해 어떠한 태도를 견지하는지에 따라 분류하는 것이다. 다문화의 3가지 모형은 다음과 같다(설동훈, 2005).

첫 번째 차별배제모형은 경제특구나 수출자유지역과 같은 특정지역이나 특정직업에 한하여 일부 영역 외에는 외국인이나 이민자의 유입을 배제하는 배타적인 외국인 이민정책이다. 두 번째 모형은 동화모형으로 외국인(이민자)들이 언어 문화 등 모든 면에서 주류사회와 똑같아져야 한다는 모형으로 1960년대 미국의 '용광로 정책'으로 대변된다. 이 모형은 외국인들이나 소수민족의 정체성을 무시하였다는 비난과 함께 소수민족에 대한 경제적·정치적 불이익과 편견을 간과했다는 비난을 면치 못하였다.

세 번째 모형은 다문화모형이며 앞서 두 모형과는 달리 다른 인종과 민족에 대해 포용적인 모형이다. 다문화 모형은 다시 문화다원주의(Cultural Pluralism)과 다문화주의(Multiculturalism)로 나뉘는데, 문화다원주의는 주류사회중심의 소수민족정책이나 이민자 정책을 포함하는 모형이고, 다문화주의는 외국인과 이민자들을 존중하면서 주류사회와 외국인(이민자)들 간의 보다 대등한 관계와 사회 전체의 소통과 교류에 초점을 두는 방식이다.

② 문화적응

문화적응은 문화적 배경이 다른 두 집단 혹은 개인의 지속적인 접촉으로 한 집단(개인) 또는 양 집단(개인) 모두의 고유의 문화적 양식이 변화되는 현상을 의미한다(김혜온, 2012). 문화적 배경이 다른 두 개 이상의 집단이 접촉함으로써 이루어지는 변화는 사회적 구조, 제도 생활의 변화뿐 아니라 개인적 행동양식에 이르기까지 다양한 영역에 이른다. 개인적 차원에서의 심리적 적응은 문화적응을 경험하는 집단에 소속된 개인의 행동, 태도, 가치, 정체성의 변화를 의미한다(김혜온, 2012).

③ 문화적 역량

수(Sue)가 정의한 문화적 역량은 다음과 같다. "문화적 역량은 내담자와 내담자 체계의 발달을 최대화할 수 있는 조건을 만들어 내거나 행동을 취할 수 있는 능력이다. 문화적으로 역량 있는 사회복지실천이란 서비스 제공자가 모든 집단에게 좀 더 반응적인 새로운 이론과 실천, 정책, 조직구조의 발전을 효과적으로 촉진하면서 다원주의적 민주사회와 조직적/사회적 수준에서 효율적으로 기능하는 데 요구되는 기술과 지식 및 인식(다양한 배경을 가진 내담자의 입장에서 의사소통하고 상호작용하며 협상하고 개입할 수 있는 능력)을 습득하는 것으로 정의할 수 있다." NASW 전미사회복지사협회는 문화적 역량(cultural competency)을 "개인과 가족과 지역단체의 가치를 인정하고 지지하며 중요시하고 각각의 존엄성을 보호하고 간직하는 태도로 모든 문화나 언어, 계층, 인종, 민족적 배경, 종교 또는 다른 다양한 요소를 가진 사람에게 개인이나 체계가 정중하고 효과적으로 반응하는 방식"으로 정의한다(이은주 역, 2010).

(3) 인간과 사회를 바라보는 관점

다문화사회복지실천에 있어서 인간을 바라보는 관점은 슈(Sue)의 세 가지 차원의 정체성에 대한 설명을 통해 확인해 볼 수 있다. 모든 사람은 개인, 집단, 보편적 수준의 정체성을 내포하고 있다. 개인의 정체성을 이해하기 위한 총체적 접근은 세 가지 모든 수준, 즉 개인(독특성), 집단(공유된 문화적 가치와 신념), 보편적(인간의 공통된 특징) 수준을 인식하는 것이다. 슈(Sue, 2001)의 세 가지 차원의 정체성에 대한 주요 내용을 요약하면 다음과 같다(이은주 역, 2010).

① 개인수준 : 모든 사람은 어떤 면에서 다른 사람과 전혀 다르다. 그 어떤 사람도 서로 같지 않다는 것을 보면 알 수 있다. 인간의 유전은 단 두 사람도 동일한 유전적 특징을 공유하지 않는다. 우리 중의 단 한 사람도 우리 사회에서 똑같은 사회적 경험을 공유하지 않는다. 심지어 일란성 쌍둥이도 이론적으로 같은 유전 풀(pool)과 같은 가정에서 양육되었을지라도 서로 공유된 또는 공유되지 않은 경험을 가지고 있다. 학교와 또래를 통한 다른 경험과 부모의 다른 양육 수준으로 개별적인 독특성을 형성할 수 있다.

② 집단수준 : 모든 사람은 어떤 면에서 다른 사람과 유사하다. 사람들은 우리 사회에서 만들어진 사회적·문화적·정치적 차원의 영향력에 따라 집단구성원은 사회가 사회인구학적 집단을 어떻게 바라보고 각 구성원이 자신과 다른 사람을 어떻게 바라보는지 영향을 받게 된다. 같은 집단에 속한 구성원은 같은 경험과 특성을 공유하게 된다. 사람들은 하나 이상의 문화적 집단에 속해있으며, 어떤 집단의 정체성은 다른 것보다 더 두드러지게 나타난다(종교적 성향보다 인종).

③ 보편적 수준 : 모든 사람은 어떤 면에서 다른 모든 사람과 같다. 우리의

보편적 공통점은 생물학적·신체적 유사성, 공통적인 개인경험(탄생, 죽음, 사랑, 슬픔 등), 자의식, 언어와 같은 상징을 사용할 수 있는 능력이다. 모든 인간은 보편적인 특성을 지닌다.

다문화사회복지실천에서 사회복지사는 개인적 수준, 집단적 수준, 보편적 수준에 따른 정체성의 특성을 고려하고, 다양한 문화권의 클라이언트 및 가족과 함께 일할 때 각 상황이나 개입단계에 따라 민감하게 대처해야 할 것이다.

3) 다문화가족

(1) 다문화가족의 이해

한국은 2000년대에 진입하면서 다문화사회로 인식되기 시작하였다. 이는 1988년 올림픽 이후 3D 업종 기피로 국내의 인력난이 심각해짐에 따라 산업연수생제도를 도입하면서 시작되었다. 2022년 여성가족부의 다문화가족 관련 연드별 통계자료에 따르면 2020년 11월 기준 결혼이민자와 국적취득자는 372,884명으로 남성이 76,555명, 여성이 296,329명으로 나타났다. 구체적으로 결혼이민자는 173,756명으로 남성이 35,679명, 여성이 138,077명이다. 국적취득자(혼인귀화자 + 기타사유 국적취득자)는 199,128명으로 남성이 40,876명이고, 여성이 158,252명으로 나타났다.

구체적으로 연도별 인원을 확인해 보면 2007년도 142,015명, 2008년도 168,224명, 2009년도 199,398명, 2010년도 221,548명, 2011년도 252,764명, 2012년도 267,727명, 2013년도 281,295명, 2014년도 295,842명, 2015년도 294,663명, 2016년도 318,948명, 2017년도 330,188명, 2018년도 343,797명, 2019년도 359,610명, 2020년도 372,884명으로 지속적으로 증가하였다. 2010년도에는 전체 221,548명으로 10년간 151,336명이 증가하였다.

2020년도 지역별 결혼이민자 및 국적취득자 현황을 보면 전체인원이

372,884명으로 경기도가 118,883명으로 전체 32%를 차지하였다. 다음으로 서울이 75,430명 20%, 인천이 27,871명으로 7%이다. 대부분이 수도권 주변에 집중되어 있다. 기타지역은 경남(20,778명), 충남(17,978명), 경북(15,756명), 부산(13,787명), 전남(13,148명), 전북(12,004명), 충북(11,486명), 대구(10,143명), 강원(명), 광주(7,206명), 울산(6,843명), 대전(6,766명), 제주(5,207명), 세종(1,607명) 순으로 나타났다.

2020년 국적별 결혼이민자 및 국적취득자 현황을 보면 한국계 중국이 121,615명으로 전체 32.6%로 가장 높게 나타났다. 그다음으로 베트남 85,283명 22.9%, 중국 71,145명 19.1%로 나타났다. 다문화가족 자녀 연령별 현황을 보면 275,990명으로 만 6세 이하가 115,579명, 만 7세~12세는 107,286명, 만 13세~15세는 34,445명, 만 16세~18세 18,680명으로 연령이 낮은 집단에 인원수가 더 높게 나타났다.

(2) 다문화가족지원법

① 다문화가족지원법의 개념

2008년 3월 21일 제정되어 2008년 9월 22일 시행된 다문화가족지원법은 결혼이민자 및 그 자녀 등으로 구성되는 다문화가족은 언어 및 문화적 차이로 인하여 사회부적응과 가족구성원 간 갈등 및 자녀교육에 어려움을 겪고 있음에 따라, 다문화가족의 구성원이 우리 사회의 구성원으로 순조롭게 통합되어 안정적인 가족생활을 영위할 수 있도록 가족상담, 부부교육, 부모교육 및 가족생활교육 등을 추진한다. 또한, 문화의 차이 등을 고려한 언어통역, 법률상담 및 행정지원 등의 전문적인 서비스를 제공하도록 하는 등 다문화가족에 대한 지원정책의 제도적인 틀을 마련하려는 것이다. 다문화가족 구성원이 안정적인 한국 생활을 할 수 있도록 국가와 지방자치단체에서 필요한 제도와 여건을 조성하며, 다문화가족 내 가정폭력을 예방하기 위하여 노력하고 대한민국에서 생활하는데 필요한 기본적 정보를 제공한다. 사회 적응교육과 직업 교육·훈련 및 언어소통 능력 향상을 위한 한국어교육 등을 받을 수 있도록 하며, 가정폭력으로 피해를 입은 결혼이민자 등을 보호하고 결혼이민자가 건강하게 생활할 수 있도록 영양·건강에 대한 교육, 산전·산후 도우미 파견, 건강검진을 지원하는 내용으로 구성되었다.

② 다문화가족지원법의 주요내용

다문화가족지원법의 주요 내용을 살펴보면, 첫째, 평등한 가족관계의 유지(제7조)를 위해 국가와 지방자치단체는 다문화가족이 민주적이고 양성평등한 가족관계를 누릴 수 있도록 가족상담, 부부교육, 부모교육, 가족생활교육 등을 추진하고, 문화의 차이 등을 고려한 전문적인 서비스가 제공될 수 있도록 노력하여야 함을 포함하고 있다. 둘째, 가정폭력 피해자 보호·지원(제8조)을 위해 국가와 지방자치단체는 결혼이민자 등이 가정폭력으로 혼인관계를 종료하는 경우 의견진술 및 사실 확인 등에 있어서 언어통역, 법률상담 및 행정지원 등 필요한 서비스를 제공할 수 있도록 하였다.

셋째, 다국어에 의한 서비스 제공(제11조)하기 위해 국가와 지방자치단체는 다문화가족에 대한 지원정책을 추진함에 있어 결혼이민자 등 의사소통의 어려움을 해소하고 서비스 접근성을 제고하기 위하여 다국어에 의한 서비스 제공이 이루어지도록 노력하여야 함을 포함하고 있다. 넷째, 다문화가족지원센터의 운영(제12조) 근거를 마련하여 여성가족부장관은 다문화가족 지원 정책의 시행을 위하여 필요한 경우에는 다문화가족 지원에 필요한 전문 인력과 시설을 갖춘 법인이나 단체를 다문화가족지원센터로 지정하여 운영하도록 하였다. 2022년 '다문화가족센터'에서 '가족센터'로 명칭이 변경되었다.

(3) 사회복지실천과 연관성

다문화주의에 입각한 사회복지는 다른 세계관도 정당하다는 것을 이해하고 인정해야 한다. 특정집단의 세계관만을 반영한 사정과 개입은 문화적 차별과 억압을 가져올 수 있고, 문화적으로 다른 이용자나 지역사회에 오히려 해를 미칠 수 있음을 인지해야 한다. 다문화사회복지실천에서 사회복지사는 클라이언트와 그 가족과 협력할 때, 성별, 인종 및 민족, 문화, 종교, 사회경제적 지위 등이 그 사람의 가치관과 행동에 미칠 수 있다는 중요성을 인식하고 실천을 수행하는 것이 필요하다.

다문화사회복지실천에 있어서 사회복지사들은 자신들의 태도, 지식, 기술에 대한 점검이 필요하다. 문화적 역량의 세 가지 주요 영역은 다음과 같다(이은주 역, 2010). 첫째, 태도/신념 요소로 문화적으로 다양한 사람에 대한 개인적 신념과 가치와 태도에 영향을 미치는 자기 자신의 문화적 조건화를 이해하는 것이다. 둘째, 지식 요소로 문화적으로 다양한 개인과 집단의 세계관에 대한 이해와 지식이다. 셋째, 기술 요소로 사회의 개별 집단에게 서비스를 제공할 때 문화적으로 적절한 개입 전략을 결정하고 사용할 수 있는 능력이다. 이러한 문화적 역량을 갖춘 사회복지사는 다양한 문화적 배경의 클라이언트 및 가족을 원조할 때 더 효과적으로 개입할 수 있다. 문화적 역량은 클라이언트의 문화적 맥락에서 더 효과적인 서비스를 제공하려고 노력하는 지속적인 과정이라고 할 수 있다.

사회복지실천을 위한 윤리강령에서도 다양한 문화이해에 따른 존중과 개입 지침이 제시되어 있다. 한국 사회복지사의 윤리강령에서 1. 전문가로서의 자세 2항에 따르면 "사회복지사는 클라이언트의 종교·인종·성·연령·국적·결혼상태·성 취향·경제적 지위·정치적 신념·정신·신체적 장애·기타 개인적 선호, 특징, 조건, 지위를 이유로 차별 대우를 하지 않는다."라고 규정되어 있다. NASW 윤리강령의 원칙의 '문화적 역량과 사회적 다양성'에는 다음과 같이 규정되어 있다.

① 사회복지사는 인간의 행동과 사회의 문화와 그 기능을 이해해야만 하고 모든 문화에 존재하는 강점을 인지해야만 한다. ② 사회복지사는 내담자의 문화에 대한 기본 지식을 가지고 있어야만 하고 제공되는 서비스에서 그 역량을 보여 줄 수 있어야 하는데, 그러한 서비스는 내담자의 문화에 민감하고 사람 사이 및 문화집단 사이의 차이에 민감해야 한다. ③ 사회복지사는 인종, 민족, 출신국, 피부색, 성별, 성적지향, 연령, 결혼 여부, 정치적 신념, 종교,

정신적 또는 신체적 장애의 관점에서 사회적 다양성과 차별의 본질에 대한 교육을 받아야 하며, 그에 대해 이해하고자 힘써야 한다.

문화적 역량을 갖춘 사회복지사의 실천원리는 다음과 같다(최명민 외, 2015). 첫째, 인종과 문화가 어떻게 개인, 가족, 지역사회의 독특성에 영향을 주었는지를 이해하고, 그 집단 간의 차이점을 인식하고 존중한다. 둘째, 문화적 자기 사정을 통해 실천가 자신의 문화를 인식하고 그것이 어떻게 자신의 개인적·전문적 신념 및 행동을 형성해 왔는지를 이해한다. 셋째, 클라이언트와 실천가의 기대, 상호작용, 자기노출의 정도, 클라이언트의 집합적 오리엔테이션(가족 및 지역사회), 인종주의 이슈, 관계, 신뢰, 수준의 맥락 속에서 다양성의 역동을 인식하고 이해한다. 넷째, 클라이언트의 배경(사회경제적 지위, 교육, 가족력, 민족 집단, 이민 등)과 지역사회(비공식적 사회지지, 원조를 주고받는 기준, 기관에 대한 인식 등)에 대한 문화적 지식을 획득한다. 다섯째, 클라이언트 문화의 욕구와 유형(문제 사정 및 지체된 개입 등)에 대한 개입 기술을 적용한다.

참고문헌

감정기, 백종만, 김찬우(2009). **지역사회복지론**. 나남출판.

강경미(2016). **발달심리학**. 경기: 양서원.

강세현 외(2016). **인간행동과 사회환경**. 경기: 양성원.

강흥구(2004). **의료사회복지 실천론**. 양서원.

고명석, 민혜숙, 박선태, 박용오, 박경미, 정상민, 이연중, 김경숙, 홍예람(2022). **현대사회의 문제**. 서울: 동문사.

고명석, 이정숙, 황춘화, 최연진(2018). **인간행동과 사회환경**. 서울: 동문사.

구혜영(2020). **인간행동과 사회환경**. 서울: 신정.

권중돈(2021). **인간행동과 사회복지실천**. 서울: 학지사.

김경은 외(2020). **인간행동과 사회환경**. 경기: 양성원.

김동배, 권중돈(2003). **인간행동과 사회복지실천**. 서울: 학지사.

김동배, 권중돈(2005). **인간행동이론과 사회복지실천**. 서울: 학지사.

김동배, 이희연(2003). 사회복지실천의 생태체계 패러다임과 연구방법론에 대한 고찰(1). **연세 사회복지연구, 9**, 27-58.

김범수, 신원우(2009). **지역사회복지론**. 공동체.

김상아 외(2014). **인간행동과 사회환경**. 경기: 공동체.

김성민(2001). **분석심리학과 기독교**. 서울: 학지사.

김영모(2001). **지역사회복지론**. 고현출판사.

김영미(2023). **인간행동과 사회환경**. 동문사.

김용엽(2009). **노인주거 복지시설론**. (주)SB21.

김종일(2006). **지역사회복지론**. 청목출판사.

김종일, 엄명용, 최경구(2006). **사회문제론**. 서울: 청목출판사.

김현택 외(2003). **현대 심리학의 이해**. 학지사.

김혜온(2012). **다문화교육의 심리학적 이해**. 학지사.

노수희(2022). 베이비붐세대의 노화태도가 행복감에 미치는 영향-생성감의 매개효과와 사회활동참여의 조절효과. 신라대학교 박사학위논문.

노수희(2022). **인간행동과 사회환경**. 동문사.

노수희(2023). **인간행동과 사회환경**. 동문사.

민영순(2004). **교육심리학**. 서울: 문음사.

박동열(2012). 다문화주의와 그 쟁점들. 다문화교육 연구와 실천 4권.

박종란 외(2021). **사회복지현장실습**. 서울: 조은.

박태영(2010). **지역사회복지론**. 학현사.

생각의 마을(2018). **인간행동과 사회환경**. 경기: 공동체.

서진환, 이선혜, 정수경 역(2001). **현대 사회복지실천이론**. Modern Social Work Theory. (Payne, M. S. 저) 나남출판.

설동훈(2005). **이민과 다문화사회의 도래**. **한국사회론**(김영기 편). 전북대학교출판부.

손광훈(2014). **인간행동과 사회환경**. 경기: 공동체.

손덕순(2004). 노인 정신건강에 영향을 미치는 생태체계 요인에 관한 연구. 강남대학교 박사학위논문.

손병덕 외(2019). **인간행동과 사회환경**. 서울: 학지사.

손병돈 외(2008). **사회복지와 인권**. 평택대학교 다문화가족센터 편. 양서원.

송길연 외 공역(2005). **발달심리학**. (D. Shaffer 저) 시그마프레스.

송명자(2008). **발달심리학**. 서울: 학지사.

신기원 외(2016). **인간행동과 사회환경**. 고양. 경기: 공동체.

양성관, 주익수, 박상진, 김동환(2013). **지역사회복지론**. 정민사.

엄명용, 김성천, 오혜경, 윤혜미(2005). **사회복지실천의 이해**. 학지사.

엄신자(2007). **인간행동과 사회환경**. 인간과복지.

엄태완 외(2020). **인간행동과 사회환경**. 경기: 공동체.

엄태완(2020). **인간행동과 사회환경**. 공동체

엄태완, 임성혜, 진은영, 강가영(2012). **인간행동과 사회환경**. 공동체.

오봉욱, 이명순, 이태희, 장수복, 전수미, 한주빈(2013). **사회복지개론**. 동문사.

오봉욱, 최종복, 권혁철(2010). 북한이탈주민의 생활실태 조사 경기도 부천시 원미구 춘의 임대아파트 거주자를 중심으로. **사회복지리뷰, 15**, 105-127.

오봉욱, 한주빈, 전수미, 이효순, 성치상, 최종복, 최세영, 전동일(2013). **사회복지실천기술론**. 동문사.

유네스코아시아태평양 국제이해교육원(2008). **다문화사회의 이해**. 동녘.

유미림, 탁수연, 김윤배(2024). **알기 쉬운 인간행동과 사회환경**. 동문사.

유성이(2017). **인간행동과 사회환경**. 동문사.

유수현 외(2015a). **인간행동과 사회환경**. 경기: 양서원.

유수현 외(2015b). **정신건강론**. 경기: 양서원.

유안진, 김혜선(1996). **인간발달**. 한국방송통신대학교출판부.

윤경원, 안외자, 박선태, 이규은, 이지복, 이경희(2022). **인간행동과 사회환경**. 동문사.

윤철수 외(2018). **사회복지개론**. 학지사.

윤혜미(1995). **사회적 행동과 인간환경**. (Muller, B. J. 저) 서울: 한울아카데미.

이근홍(2006). **인간행동과 사회환경**. 공동체.

이근홍(2010). **인간행동과 사회환경**. 공동체.

이근홍(2015). **인간행동과 사회환경**. 공동체.

이근홍(2020). **인간행동과 사회환경**. 공동체

이선영(2004). 생태체계관점에서 본 정신장애인 삶의 질 영향요인 연구. 서울여자대학교 박사학위논문.

이영호, 아영아, 송유미, 심경순, 김태준(2018). **인간행동과 사회환경**. 경기: 공동체.

이예승(2005). 노인의 죽음준비인식과 죽음불안에 관한 연구 노인복지관 이용자를 중심으로. 가톨릭대학교 석사학위논문.

이우언, 윤경원, 안외자, 박선태, 최병태(2017). **인간행동과 사회환경**. 서울: 동문사.

이원식(2018). 의료서비스 이용에 대한 종단연구. **사회복지정책, 45**(2), 05-37.

이윤환(2012). 노인의 건강 및 의료이용실태와 정책과제. **보건복지포럼, 192**, 40-51.

이은주 역(2010). **다문화사회복지실천**. 학지사.

이인정, 최해경(2020). **인간행동과 사회환경**. 서울: 나남.

이정연, 김순이(2011). 노인의 죽음불안에 영향을 미치는 요인. **한국보건간호학회지, 25**(1), 28-37.

이종복, 전남련(2011). **사회복지실천론**(제3판). 학현사.

이지영(2011). 시설보호아동의 학교적응에 영향을 미치는 생태체계적 변인 연구. 위덕대학교 석사학위논문.

이태혁, 전태숙(2010). **지역사회복지론**. 창지사.

이효선 정푸름(2012). **사회복지실천론**. 정민사.

이희세, 임은희(2015). **인간행동과 사회환경**. 경기: 양서원.

임경옥, 홍나미, 손경숙(2018). **아동권리와 복지**. 공동체.

장수복 외(2020). **인간행동과 사회환경**. 서울: 동문사.

장수복, 한주빈, 이예종, 양시영, 오봉욱, 고경은(2024). **인간행동과 사회환경** [제3판]. 동문사.

장수한, 김현주, 임혁, 채인숙(2017). **인간행동과 사회환경** [제3판]. 경기: 공동체.

전재일, 이종복, 조운희, 이준상, 이애재, 이성희(2004). **사회복지실천론**. 형설출판사.

정무성(1997). 지역사회복지 실천모델에 관한 이론적 고찰. 1997년 추계학술대회자료집. 한국사회복지학회.

정옥분(2008). **발달심리학-전 생애 인간발달**. 서울: 학지사.

정옥분(2015). **전생애 인간발달의 이론**. 서울: 학지사.

정은(2014). **인간행동과 사회환경**. 서울: 학지사.

정지웅, 이성우, 정득진, 고순철(2000). **지역사회학**. 서울대학교출판부.

조계화, 이현지(2011). 중 노년의 죽음불안과 죽음의 개인적 의미가 품위 있는 죽음태도에

미치는 영향 : 가족의사소통의 매개역할 검증. **성인간호학회지, 23**(5), 482-493.

조상윤, 오봉욱(2010). 농촌지역 독거노인을 위한 사회복지 실천전략과 과제. **사이버콘텐츠 연구, 5**, 122-135.

조희원(2014). 한국의 다문화주의와 단일민족주의: 공존과 사회적 통합을 중심으로 **분쟁해결연구, 12**(2), 5-30 중앙치매센터, 2019 전국치매역학조사.

천정웅 외(2019). **인간행동과 사회환경**. 경기: 양성원.

최명민, 김정진, 김성천, 정병오(2015). **사회복지실천론**. 사회평론아카데미.

최옥채(2000). **지역사회실천론**. 아시아미디어리서치.

최옥채, 박미은, 서미경, 전석균(2011). **인간행동과 사회환경**(제4판). 양서원.

최외선(2007). 노인의 자아통합감과 죽음불안에 대한 연구. **한국노년학회지, 27**(4), 755-773.

최일섭, 류진석(1997). **지역사회복지론**. 서울대학교출판부.

표갑수, 박영, 김현진, 김혜정, 유옥현, 박선희(2021). **인간행동과 사회환경**. 신정.

한국여성정책연구원(2007). 다문화 개념과 한국사회의 다문화 논의.

한국여성정책연구원·한국문화인류학회(2007). 다민족·다문화사회. 진전에 있어서의 사회갈등 양상과 극복과정－호주와 일본의 사례－. 경제·인문사회연구회 협동연구총서.

홍정미(2008). 다문화 가정 자녀의 학교생활 적응에 영향을 미치는 생태체계 변인, 숙명여자대학교 박사학위 논문.

홍현미라, 김가율, 민소영, 이은정, 심선경, 이민영, 윤민화(2010). **지역사회복지론**. 학지사.

Allen, B.(2003). *Personality Theories: Development, Growth, and Diversity*. 4th ed.

Allport, G. W., & Ross, J. M.(1967). Personal religious orientation and prejudice. *Journal of Personality and Social Psychology, 5*(4), 432-443.

Arlin Stoltzfus(1999). On the Possibility of Constructive Neutral Evolution. *Journal of Molecular Evolution 49*(2):169-181

Bandura, A.(1977). Self-efficacy: Toward a unifying theory of behavioral change. *Psychological Review, 84*(2), 191-215.

Bandura, A.(1977). *Social Learning Theory*. Prentice－Hall, Inc. New Jersey.

Fellin, P. (1995). The Community and The Social Worker. Itasca, IL: Peacock.

Flavell, J. H.(1985). Cognitive Development (2nd ed.). NJ: Prentice-Hall.

Johnson, L,. C. & Yanca, S. J. (2001). Social work practice A generalist approach (7th ed.). Jones, M. (1979). The Therapeutic Community. in R. D. Hinshelwood and Mick Manning. Ed. Therapeutic Communities. London : Routledge & Kegan Paul.

Kymlicka, W. (1995). Multicultural Citizenship: A Liberal Theory of Minority Right.

Oxford: Oxford University Press.

Kymlicka. W. (2012). Multicultural Odysseys: Navigating the New International Politics of Diversity. Oxford: Clarendon Press.

Maslow, A. H.(1971, 2018). The Farther Reaches of Human Nature. BN Publishing.

Parsons, T. (1960). *Structures and Process in Modern Societies*. Glencoe, Ill: Free Press.

Polan, E. U. and Taylor, R.(2015). *Journey Across the Life Span: Human Development and Health Promotion* (5 edition). F.A. Davis Company.

Ross, M. G. (1967). *Community Organization: Theory, Principles, and Practice*, 2nd ed., New York: Harper & Row.

Sampson, R. J., & Laub, J. H.(1993). *Crime in the making : pathways and turning points through life*. MA : Harvard University Press.

Sue, D. W. (2010). Microaggressions in Everyday Life: Race, Gender, and Sexual Orientation. John Wiley & Sons.

Werner, E., & Smith, R. (1982). Vulnerable but invincible: A longitudinal study of resilient children and youth. New York: Adams, Bannister and Cox.

Zastrow, C., & Kirst-Ashnman, K, K.(1997). *Understanding Human Behavior and the Social Environment*(4th ed.). Chicago, IL : Nelson-Hall Publishers.

저자소개

김윤배
건국대학교 일반대학원 졸업 (사회복지학박사)
현) 서영대학교 교수

간호옥
연세대학교 사회복지대학원 박사수료
현) 연성대학교 사회복지학과 전임교수
저서) 사회복지실천론, 사례관리론 등

김민정
신라대학교 일반대학원 사회복지학과 (사회복지학 석사)
중국산동대학교 문학과신문방송대학원 (중국어문자학 박사)
현) 부산과학기술대학교 사회적경제복지학과 전임교수 (학과장)

시옥진
대구가톨릭대학교 대학원 철학박사
현) 구미대학교 사회복지과 교수

김성수
대구가톨릭대학교 대학원 철학박사
현) 경북과학대학교 사회복지과 교수

최신 인간행동과 사회환경

초판 1쇄 발행 / 2025년 2월 28일
초판 2쇄 발행 / 2026년 1월 5일

•

공저자 / 김윤배 · 간호옥 · 김민정
시옥진 · 김성수
발행인 / 이 중 수
발행처 / **동 문 사**

•

서울특별시 서대문구 홍제원 1길 12
(홍제동 137-8)
Tel: 02)736-3718(대), 736-3710, 3720
Fax: 02)736-3719
등록번호: 1974.04.27. 제9-17호
가격: 21,000원

•

ISBN: 979-11-6328-673-8(93330)
E-mail: dong736@naver.com
www.dongmunsa.com